왜
사람들은 믿음을
갖지 않는가

왜 사람들은 믿음을 갖지 않는가

| 기독교 신앙에 대한 일곱 가지 도전에의 대응 |

폴 챔벌레인 지음

김희진 옮김

왜 사람들은 믿음을 갖지 않는가

초판 1쇄 발행 2019. 01. 18.

- ■지은이　폴 챔벌레인
- ■옮긴이　김희진
- ■펴낸이　방주석
- ■펴낸곳　베드로서원
- ■주 소　10252 경기도 고양시 일산동구 고봉로 776-92
- ■전 화　031-976-8970
- ■팩 스　031-976-8971
- ■이메일　peterhouse@daum.net
- ■창립일　1988년 6월 3일
- ■등 록　(제59호) 2010년 1월 18일

ISBN 978-89-7419-372-0 03230

책값은 뒤표지에 있습니다.

베드로서원은 말씀과 성령 안에서 기도로 시작하며
영혼이 풍요로워지는 책을 만드는 데 힘쓰고 있으며,
문서선교 사역의 현장에서 세계화의 비전을 넓혀 가겠습니다.

나의 힘이신 여호와여 내가 주를 사랑하나이다(시 18:1)

평범한 일상에서 재밋거리를 찾아낼 줄 아는 능력과 재치로
심각한 책을 쓰는 동안에도 마음의 여유를 누릴 수 있게 해 준
제임스에게 이 책을 바치고자 한다.
너로 인해 책의 집필 과정이 즐거울 수 있었기에...

내용

감사의 글

저자라면 누구나 알고 있을 것이듯 많은 사람들의 도움이 없다면 한 권의 책은 결코 세상에 나올 수 없다. 이 책의 저술은 내가 교수로 근무하고 있는 트리니티 웨스턴 대학교 산하 ACTS(캐나다 교파 연합 신학 대학원)의 학장인 하워드 앤더슨으로부터 처음 동기부여를 얻었다. 어느 날 그와 함께 종교와 기독교에 가해지는 최근의 여러 비판들과 각각의 문제점에 관해 논의하게 되었는데, 잊을 수 없는 그날의 대화 내용이 이후 이 책의 주제로 사용되었기 때문이다. 당시 다루어진 비판들에 대한 분석을 바탕으로 책을 집필해 볼 것을 권하는 그의 격려가 강력한 추진제의 역할을 했고, 실제 작업이 가능하도록 안식 기간을 허락해 준 일 또한 책을 성공적으로 완성하는 데에 매우 중요한 도움이 되었다.

이 책을 쓰는 동안 북미 곳곳에서 관련 주제에 대해 강연을 하며 청중들로부터 유익한 의견을 듣는 축복된 기회도 누릴 수 있었다. 나의 관점을 지지해 준 분들도 있고 비판을 한 분들도 있었지만, 그로 인해 나는 본 주제에 대해 더 잘 이해하게 되었다. 당시 나와 소통해 주신 청중들 모두에게 깊은 감사를 표한다.

자료 조사에 도움을 주면서 집필 기간 내내 책의 내용과 문체에 대한 비평과 반론 제시의 임무를 맡아 준 데이빗 런과 타일러 챔벌레인에 대한 감사도 여기에 빠질 수 없다. 그들의 조언 덕분에 책 전반의 질적 향상이 가능했을 뿐 아니라 주장된 각각의 내용들에 대한 방어 논리도 미리 준비될 수 있었다.

하지만 가장 큰 감사는 역시 나의 가족인 게일, 타일러, 레이첼과 제임스에게 보내고 싶다. 책을 쓰는 동안 늦게 귀가하거나 집을 비우는 일이 빈번했음에도 그들은 늘 변함없는 지지와 격려로 힘이 되어 주었다. 빠르게 변화하는 세상 가운데 한결같은 나의 기초와 중심이 되어 주는 그들에게 다시 한 번 감사의 마음을 전한다.

역자 서문

"아는 만큼 보이고 보이는 만큼 느낀다"는 말은 이제 워낙 널리 알려진 문구여서 아마도 들어 보지 못한 사람이 거의 없을 듯 하다. 원래는 문화 유적을 감상함에 있어 높은 수준의 안목이 중요함을 강조하면서 유행한 말이었지만, 기독교인의 입장에서는 하나님에 대한 이해의 폭과 깊이에 관련해서도 적절히 적용될 수 있는 표현이라 여겨진다. 하나님을 아는 지식이 얼마나 중요한지에 대하여는, 현실 상황이나 영적 상태 모두에 있어 바닥을 쳤던 이스라엘 민족을 향해 "내 백성이 [나에 대한] 지식이 없어 망하였다"(호 4:6)고 한탄하신 하나님께서, 미래에 완성될 완벽하고 이상적인 세상의 모습을 "물이 바다를 덮음 같이 여호와를 아는 지식이 세상에 충만"(사 11:9)한 상태로 묘사하신 것만 보아도 충분히 알 수 있으니 말이다.

포스트모더니즘이니 후기구조주의니 하는 개념들이 널리 회자되면서 이제는 국가와 지역을 불문하고 공통적으로 나타나는 현상이기는 하지만 특히 작금의 한국 사회에서 기독교를 백안시, 희화화하는 풍조가 유난히 범람하는 것을 목격하게 될 때마다, 이 같은 문제의 가장 근본적 이유가 하나님에 대해 전혀 알지 못하고 또 알려고도 하지 않는 세태에 기인한다는 우려를 떨칠 수 없다. 그런 관점에서 볼 때, 종교 비평가들의 기독교에 대한 무조건적 반대와 비난은 하나님에 대한 그들의 무지에서 비롯된다는 사실을 지적하면서 그분의 성품을 반영하는 — 또한 예수님 자신이기도 한 — 말씀, 즉 성경을 근거로 각 주장들에 대해 반박하고 있는 본서의 내용은 오늘날 우리의 상황에 시사하는 바가 크다. 더우기 지금 우리가 누리고 있는 온갖 편리와 유익들이 세상에 대한 기독교의 공헌으로 가능했다는 역사적 사실에 대한 지식 없이 그 혜택을 당연하게 여기며 감사하지 않는 현대인들을 향해 저자가 제시하는 수많은 사례들은 유용한 학문적 자료이기도 하다.

하지만 그리스도인들에게 요구되는 지식 추구의 방식은 이성에 의한 이해만으로 이루어지는 지적 수고가 아니라, 하나님에 대한 사랑과 경외를 바탕으로 한 영적 향유여야 한다는 점 역시 이 책을 통해 기억해 둘 필요가 있다. 많은 사람들에게 신앙과 이성의 관계에 대한 심오한 깨달음을 제공해 왔던, "나는 믿기 위해 이해하려는 것이 아니라 이해하기 위해 믿는 것이다(I do not seek to understand in order to believe, but I believe in order to understand)"라는 중세 신학자 안셀름의 촌철살인적 서술이 보여 주듯, 하나님과의 인격적 만남을 통한 온전한 믿음에 이르게 된 사람만이 그분에 대한 진정한 이해에 도달할 수 있는 것이며, 또한 이 상태가 바로 인간이 누릴 수 있는 지식과 지혜의 최고 수준이기 때문이다. 기독교인들이 추구해야 할 지식이 이성과 충돌하는 것은 아닐지라도 이성에 앞서는 무언가라는 점은, 주 그리스도 예수를 아는 지식이 가장 고상하기에 그 외의 모든 것을 배설물로 여긴다는(빌

3:8) 선언에서 바울이 말하고 있는 '지식'이 지적이고 이성적인 앎이 아니라 경험적이고 인격적인 앎, 즉 예수님을 자신의 주로 고백하게 하는 '믿음'을 가리키고 있다는 사실을 통해서도 잘 입증된다.

"물이 바다를 덮음 같이 **여호와를 아는** 지식이 세상에 충만할 것"(사 11:9)이라는 이사야 선지자의 선포는 사실상, "물이 바다를 덮음 같이 **여호와의 영광을 아는** 지식이 세상에 가득할 것"(합 2:14)이라는 하박국 선지자의 또 다른 선포와 결합되어야 완전한 예언이 될 수 있다. 그런 의미에서 본다면, 한동안 세상을 풍미하던 서두에 언급되었던 문구는 "느낀 만큼 보이고 보이는 만큼 안다"로 순서를 바꿔야 우리 그리스도인들에게 보다 적절한 표현이 될지도 모를 일이다.

2018년 10월
캐나다에서
김희진

① 종교가 갖는 힘

청년은 사람들 사이를 헤치며 나아갔다. 그의 윗옷 속에는 폭탄이 감추어져 있었다. 도심 공원은 사람들로 가득했고 공휴일인 이 날을 경축하기 위해 모여 있던 인근 주민들은 곧 이어질 음악회와 불꽃놀이 등의 행사를 기다리며 축제 분위기를 만끽하는 중이었다. 아이들의 손에는 풍선과 색 테이프가 들려 있었고, 스테이크와 버거 등을 요리하는 바비큐 냄새가 주위에 온통 가득했다.

혼자였던 청년이 밴드의 연주가 곧 시작될 단상 가까이에 자리를 잡는 동안 그에게 관심을 보이는 사람은 아무도 없었다. 그의 앞줄 좌석에는 연인임이 분명해 보이는 두 젊은이가 앉아 있었는데 그들 중 여성은 무척 흥분된 표정으로 저녁 무렵 공원에 도착하기로 되어 있는 부모님께 보여 드릴 약혼반지에 대해 상대 남성에게 이야기하는 중이었다. 시간이 지날수록 점점 더 많은 사람들이 밴드 근처의 자리에 앉기 위해 자신의 주변으로 모

왜 사람들은 믿음을 갖지 않는가

여드는 것을 청년은 말 없이 지켜보고 있었다.

사회자가 단상에 올라 환영사를 시작했을 때 청년의 주위는 이미 사람들로 가득 찬 상태였다. 그제서야 윗옷 속의 물건으로 손을 뻗친 그는, 자신은 물론 인근 20피트 이내의 모든 사람들을 살해할 수 있는 위력을 가진 폭탄의 안전 장치를 조금도 주저함 없이 잡아당겼다. 사람들의 잔해가 사방으로 흩어지면서 비명소리와 함께 큰 혼란이 일어났다. 그의 계획이 완벽한 성공을 거둔 것이었다.

곧 그의 영웅적 행동에 대해 알게 된 청년의 친구들은 사랑하는 친구의 죽음을 애도하는 것 못지 않게 현재 그가 천국에 있다는 사실에 희열을 느꼈다. 무엇보다 그가 불신자들에게 무서운 일격을 가했다는 점에서 그것은 분명 축하할 만한 일이었다.

위의 이야기가 가공의 내용이긴 하지만 21세기를 살아가고 있는 사람이라면 누구나 이것이 염려스러울 만큼 현실적이라는 사실을 잘 알고 있을 것이다. 최근 몇 년 동안 일어났던 수백 가지 사건들을 통해서만 보더라도 이 이야기에는 전혀 과장된 점이 없다. 비록 허구라고 할지라도 여기에 등장하는 청년은 수백 명의 실존 인물, 그리고 실제로 이와 같은 행위를 기꺼이 감행하려 준비 중인 많은 젊은이들의 모습을 대변하고 있기 때문이다.

미국의 신경 정신과 의사이자 유명한 무신론자인 샘 해리스(Sam Harris)는 종교와 그것이 세상에 초래하는 파멸에 대한 전방위적 공격을 목적으로 쓰여진 자신의 책, 신앙의 최후: 종교, 폭력, 그리고 이성의 미래(The End of Faith: Religion, Terror, and the Future of Reason)를 이와 유사한 이야기로 시작하고 있다. 그는 이 책에서, 그토록 끔찍한 행위를 저지르는 젊은이들에 대해 사실상 아는 바가 거의 없는 우리들이, 그럼에도 불구하고 그들의 종교에 관해 추측하는 일은 무척이나 쉬운 까닭이 무엇일까에 대해 질문을 제기하고 있다.[1]

해리스는 9/11이라는 악명 높은 테러리스트 공격의 다음날, 즉 2001년 9월 12일에 책의 집필을 시작했다. 그가 이 사건에 깊이 분개했다는 사실에 비한다면 너무나 간단하고 어쩌면 지나치게 단순화된 논증을 바탕으로 한 그의 책이 다루고 있는 내용은, 만약 청년들이 사람들을 살육하는 이유가 그들의 종교가 그렇게 하기를 명령하거나 격려한다고 믿어서라면 그처럼 시대착오적이고 해로운 미신으로서의 종교는 인류가 살아갈 안전한 세상을 위해 사라져야 한다는 말로 요약될 수 있다.

우리 대다수에게 애도곡처럼 들릴 이 신앙의 최후의 주장이 해리스와 다른 몇몇 사람들에게는 인류 발전을 위해 내딛어야 할 위대한 발걸음으로 여겨지고 있다. 사실 그것은 우리가 사는 세상 속의 많은 사람들이 느끼고 있으며 또한 여전히 증가 일로에 있는, 종교와 신앙에 대한 깊은 두려움을 드러내는 수많은 목소리들 중 하나일 뿐이다 — 때로는 적개심이나 의혹과 뒤섞여 있는 두려움 말이다.

해리스는 자신이 만든 가상의 이야기를 더 발전시키면서, 청년의 행동을 통해 우리가 그에 대해 추측해 낼 수 있는 사실들이 무엇일까를 질문한다. 그는 어떤 가정에서 태어나고 자랐을까? 학창 시절에는 성실한 학생이었을까? 지능이 높고 똑똑했던 인물일까? 대학 교육은 받은 사람일까? 그의 미래는 전망이 밝았을까? 청년의 행동만을 가지고는 이런 질문이나 유사한 수백 가지의 다른 질문들에도 아무런 답변을 제시할 수 없다고 해리스는 말한다. 결국 그에 대해 우리는 아는 바가 거의 없다라는 결론과 함께 해리스가 제기하는 다음 질문은 이러하다: "그런데도

왜 사람들은 믿음을 갖지 않는가

그 청년의 종교에 대해 추측하는 일만은 어째서 이렇게 시시할 만큼 — 절대적 확신이 가능할 만큼 — 쉬운 것일까?"[2]

도대체 종교의 어떤 면이 그토록 강렬한 열정을 불러일으키는 것인가? 그는 종교를 사람들로 하여금 폭력을 행하고 양심과 모든 도덕적 규례에 위배되는 행위들을 범하도록 부추기는, 세상과 조화하지 못하는 힘을 가진 무언가로서 규정한다. 해리스 자신의 표현을 빌면 우리가 사는 세상에서 종교는 이제 "폭력의 살아 있는 원천"이 되어 버린 것이다.[3] 이처럼 사람들이 가장 소중하다고 여기는 믿음의 어떤 부분이 종종 서로를 냉혹하게 죽이도록 만들기 때문에, 오늘날 세계 곳곳의 근본주의적 종교교육 안에서 가난하고 무지한 많은 아이들이 양육되고 있다는 사실에 우리 모두 두려움을 가져야 마땅하다고 그는 주장한다.[4]

현재의 상황을 대다수 사람들의 생각보다 훨씬 심각한 것으로 인식하고 있는 해리스는 오늘날 인류의 생존 자체가 위험에 처해 있다며 위협성 경고를 하기도 한다. 하지만 이 문제에 대해 우려의 목소리를 높이는 이가 비단 그뿐만은 아닌데,[5] 실제로 최근 50년간의 기술적 발전, 특히 전쟁 기술의 발전의 결과로 이제 우리의 종교적 '이웃들'이 화학 무기, 생물학적 무기, 그리고 핵무기로 무장하고 있는 국면을 맞게 된 것이다. 해리스와 그의 동료들은, 현실에 대해 전혀 모르는 사람이 아니라면 지금의 세상이 처해 있는 이와 같은 위험에 대해 불안하게 생각하지 않는 일이 불가능하리라고 말한다. 그러므로 하나님이나 알라와 같은 어휘들이 우리 모두를 파괴하지 않도록 하기 위해서는 아폴로와 바알이라는 단어들의 경우처럼 완전히 소멸시켜야만 한다는 것이다.

해리스는 우리의 현재 상황을 다음과 같이 설명하고 있다: 세상 사람들 중의 대다수는 우주의 창조자가 한 권의 책을 집필했다고 믿는다.

불행히도 그러한 책이 실제로는 여러 권 존재함에도 각 책들은 저마다의 유일한 무오성(無誤性)을 주장하고 있으며, 사람들은 이렇게 서로 상반된 주장 중 자신이 받아들이는 것에 따라 파벌을 형성한다. 교회주의와 자유주의의 정신이 세계 곳곳의 모든 종교에 영향을 미쳐 왔다는 사실에도 불구하고, 오늘날 각각의 종교에서는 타 종교의 기본적 가르침이 오류, 혹은 심각하게 불완전한 것이라는 신념을 그 중심 교리로 삼고 있다. 그러므로 해리스의 표현에 따른다면, 이러한 현실로 인해 "불관용이 모든 교리의 본질로 자리 잡았다"[6]고도 말할 수 있다.

종교에 대한 부정적 인상을 대중의 의식 속에 심어 준 요인이 단지 종교적 폭력[7] 행위만은 아니며 그 외의 다른 요소들 역시 비난을 받고 있기는 하지만, 책의 뒷부분에서 다시 다루어질 것이듯 여타의 요소에 가해지는 비방 중 상당 부분 또한 여러 면에서 이들 폭력과 밀접한 관련성을 갖고 있다.

이 사안을 주제로 북미 지역 여러 단체에서 개최해 온 강의들과 그곳에서의 의견 교환을 통해 얻게 된 나의 경험에 비춰 볼 때, 대부분의 기독교인들은 최근 등장한 21세기 비평가들이 기독교를 포함한 종교에 대해 가하는 장황하고 지루한 비판들에 대해 정확히 알지 못하고 있는 듯 하다. 그와 같은 비판에 대해 기독교인들이 공통되게 나타내는 반사적 반응은 "우리가 지금까지 들어 왔던 말들과 별 차이가 없군요" 정도의 표현으로 가볍게 무시해 버리거나, 혹은 미소 띤 얼굴로 "그 사람들은 분명히 종교나 믿음에 대해 아는 바가 거의 없을 것입니다. 그렇지 않고서야 우리와 우리의 신앙에 대해 어떻게 그런 말을 할 수 있겠습니까?"라고 반문하는 식의 응수방법이기 때문이다. 이러한 반응의 본질적 문제는 그들이 그런 비판을 심각하게 받아들이지 않았을 뿐 아니라 제대로 이해하려고 노력하지도 않았다는 사실에 있는데, 이 문제에서의 흥미로운 측면은 대부분의 기독교인들이 비난의 구체적 내용에 대해 자세히 알게 되고 그 숨은 의미와 강력성을 조금이나마 깨닫기 시작하면 거의 예외 없이 충격을 받거나 당혹감을 보인다는 점이다.

그러한 비판들은 하나님의 본질이나 그분의 도덕성, 특정 교리 등에 대해 의심을 갖게 하려는 숨은 목적을 지니고 있다. 영국의 진화론자이자 무신론자인 리처드 도킨스(Richard Dawkins)는 하나님을 묘사함에 있어 "모든 소설의 주인공 가운데 가장 불쾌하다고 할 만한 인물, 즉 시기심과 자만심이 강하고 편협하며 불공정할 뿐 아니라, 용서를 모르는 통제 집착자, 피에 굶주려 보복을 일삼는 민족 청소자, 여성 혐오자, 동성애 공포자, 인종차별주의자, 유아 살해자, 대량 학살자, 자녀 살해자, 과대망상증 환자, 변태성욕자, 극히 성가신 존재, 변덕스러우며 악한 불량배"[8]라는 표현을 즐겨 사용한다. 하나님에 대한 이런 식의 기술에 관해서는 추후에 자세히 언급하게 될 것이다.

종교를 문제 삼는 이러한 주장은 2001년 9월 11일이라고 하는 끔찍한 하루에 그 방점이 찍힌다고 할 수 있는데, 사실상 우리 모두는 그 날을 기억하고 있으며 또한 많은 사람들이 그 소식을 처음 접했던 장소까지도 잊지 않고 있을 것이다. 그 날은 여러 가지 측면에서 세상에 중요한 변화를 가져왔는데 그 중 하나가 사람들이 종교를 바라보는 방식과 관련된 부분이었다. 종교가 전례 없는 의미를 가지면서 전면에 나서는 중요한 논제로 대두되었으며 우리는 억지로, 게다가 진심으로 원치 않는 사람들조차도, 대부분의 종교인들이 사적이고 개인적인 종교로만은 만족하지 않는다는 인식을 갖도록 강요되었다. 각자 자신의 삶에만 전념하면서 다른 사람들 역시 그렇게 살아 주기를 바랐던 많은 이들도 그것이 결국 허무한 바람이며 극도로 비현실적인 기대라는 사실과 대면해야만 했던 것이다. 이로 인해 모든 상황은 순식간에 달라졌고 종교 — 문화상의 변천도 하루 아침에 이루어졌다.

불행히도 문제는 9/11 사태에서 끝나지 않았다. 악명 높은 그 날 이후 규모는 보다 작더라도 그와 유사한 성격의 사건들이 수없이 일어났으며 누적 효과 또한 상당한 것이었다. 이에 따른 충격적인 결과로서, 종교가 악에 편승하는 위험한 세력이며 그것을 세상으로부터 뿌리 뽑지 않는 한 인류의 생존은 위험에 처할 수밖에 없다는, 해리스와 그의 동료 비평가들에 의해 제기된 주장에 우리의 친구나 이웃들이 점차 동조하는 사태가 발생했다. 신앙에 대한 새로운 두려움과 회의가 학문적 영역이나 출판 분야뿐 아니라 대중적 문화 속에서도 주도권을 갖기 시작했기에, 신앙을 삶의 주요 부분으로 생각하는 사람들이 이러한 현실을 심히 우려하지 않을 수 없는 상황에 이르렀다. 모든 형태의 종교적 신앙에 대한 회의론이 세계 전역으로 확산되어 가는 시점인 것이다.

최근 뉴스위크(Newsweek)에서는 "새로운 반대론자(The New Naysayers)"[9]라는 제목의 기사로 종교에 대한 적대감의 증가 추세를 보도했는데, 여기에는 미국의 철학자이며 주문 깨기(Breaking the Spell)라는 책의 저자인 다니엘 C. 데닛(Daniel C. Dennett)과 영국의 생물학자 리처드 도킨스, 그리고 샘 해리스의 여러 글들이 그 예로서 제시되어 있다. 데닛은 자신의 책을 통해 사람들을 사로잡는 종교의 통제력에 대해 놀라움을 표하면서, "개인적 관심이나 건강 문제, 자녀를 가지는 일 등의 기회는 제쳐 두고 스스로의 삶 전부를 머릿속에 존재하는 신념을 추구하는 데에만 쏟아붓는 사람들을 종종 만나곤 한다… 대체 어떻게 유독 호모 사피엔스라는 종(種)만이 이렇게 자신들의 삶에 대해

왜 사람들은 믿음을 갖지 않는가

어이없는 관점을 갖게 된 것일까?"[10]라고 질문하기도 했다.

그 뉴스위크 기사는 1963년 매덜린 머레이 오헤어(Madalyn Murray O'Hair)가 제기한 기념비적 소송 — 교실 내의 의무적 기도에 반대하는 — 과 함께 프리드리 니체(Friedrich Nietzsche)의 글에 등장하는 종교에 대한 도전에 관해서도 기억을 환기시킨다. 뉴스위크 이외에도 수많은 유명 잡지들이 이러한 현상을 보도해 왔는데, 그 기사들의 내용에서 공통적으로 강조되고 있는 것은 종교에 가해지는 같은 종류의 비난이다.

신앙을 가진 사람에게 이 같은 일들이 의미하는 바는 과연 무엇인가? 자신의 믿음에 대해 주장하고 또 그에 따라 살고자 노력하는 기독교인들에게 현 상황은 어떤 의미로 다가오는가? 적어도 그것은, 자신이 소유한 신앙이 세상의 선(善)을 위한 힘이며 주위의 많은 사람들에게도 당연히 그렇게 여겨지리라 믿어 온 우리 대다수의 생각과 달리, 현실에서 종교가 이해되는 방식은 그와 현격히 다르다는 사실을 의미하고 있다. 우리의 친구나 이웃 중 많은 이들에게 종교적 믿음은 더 이상 인간의 심오한 문제들을 해결하는 수단으로 받아들여지지 않으며, 오히려 종교 그 자체가 문제이자 범죄적 요소인 것처럼 점차 간주되고 있는 현실이다. 사실상 많은 이들이 종교를 비합리, 불관용, 편협, 폭력, 전쟁, 제국주의 등과 같이 세상에서 가장 심각한 해악 요소들의 원인이 되는 것으로 여긴다. 우리가 사는 세상에서 이들보다 더한 악이 있겠는가? 종교가 이러한 악을 육성, 촉진한다고 믿는 사람들에게서 그것이 없어지는 편이 더 낫다고 생각하는 이유를 찾는 것은 그리 어려운 일이 아니다.

신앙에 대한 이 같은 도전에 대응하려면 다음의 두 가지 영역을 주의 깊게 다루는 일이 반드시 필요하다. 첫째로는, 종교에 제기되는 이러한 우려와 도전에 대해 신앙인들이 귀 기울여 듣고 이해하려 해야 한다는 점이다. 종교와 믿음의 어떤 측면이 사람들에게 그 같은 저항과 분노를 불러일으키는가에 대해서는 우리 모두 심각하게 고민해 볼 필요가 있다. 나는 종종 학생들에게, 자신의 신앙에 저항하는 반대 의견들을 정확히 이해함으로써 그러한 목소리를 내는 사람들이 인정하는 방식으로 대응할 수 있게끔 충분히 준비되기 전까지는 함부로 답변에 나서지 말 것을 당부하곤 한다. 그리고 그렇기 위해서는 우리의 문화적 귀를 늘 열어두고 대중 영화나 음악인들, 빈번히 접속되는 웹사이트, 널리 읽히는 잡지와 같이 사람들의 관심을 끄는 다양한 대중 매체를 친밀히 접하는 일이 필요하다.

둘째로, 그러한 반론을 제기하는 사람들과의 신중하고도 진솔한 대화에 적극적으로 참여해야 한다는 점이다. 믿음에 따라 산다는 말은 그 믿음에서 가르치고 있는 내용이 어떤 방식으로 정당화되는가에 의문을 갖는 사람들에게 제시할 답변을 늘 준비하고 있어야 한다는 뜻도 되기 때문이다(벧전 3:15; 유 3장). 특히 우리 주변의 사람들이 종교라는 이름으로 세상에 만연해 있는 악과 파괴에 매우 익숙해져 있는 지금과 같은 상황에서는 더더욱 그렇다고 하겠다.

이 같은 이유로 인해 나는 이 책에 세 가지 목표를 두고 있다. 나의 첫 번째 목표는 오늘날 종교적 믿음에 대해 제기되는, 특히 기독교에 대해 제기되는 우려와 도전들을 정확히 대변하는 것이다. 그리고 그러한 반대들을 순화시켜 표현하지 않기 위해 비평가들의 저서와 강의, 인터뷰 등을 직접 인용하고자 한다.

나의 두 번째 목표는 이러한 도전에 대응하는 것인데, 그 작업의 방식에 대해서는 좀 더 설명이 필요할 듯 하다. 나는 기독교인으로서 이 책을 쓰고 있기 때문에, 성경적인 하나님의 존재에 대한 믿음을 기반으로, 인간의 형상을 통해 하나님을 계시하는 나사렛 예수와 기독교 교회의 주요 교리에 의해 해석되는 성경의 진리에 헌신한 사람으로서의 입장을 취한다. 나는 모든 종교적 전통을 대변하겠다는 것이 아니며 그러한 일을 공정하고 정확하게 할 수 있는 사람이 있으리라고도 생각하지 않는다. 하지만 현재 신(新) 종교 비평가들은 기독교이든 회교이든 힌두교나 또 다른 무엇이든 오늘날의 문제가 어느 한 종교에만 국한된 것이 아님을 누누히 강조한다는 사실 또한 기억해 둘 필요가 있다. 그들은 오히려 종교 그 자체를 문제 삼는 것이며 사실상 그들이 특정 종교의 문제를 지적할 때는 항상 바로 이 점 ― 그런 문제가 어느 한 종교에만 국한된 것이 아니라 종교라는 현상 자체에 있다는 점 ― 을 입증하기 위해 그 일을 하고 있는 것이다. 따라서 나의 대응의 일정 부분은 다른 종교들과 관련된 혐의에의 반응도 자연히 포함할 수밖에 없겠지만, 그럼에도 불구하고 대체적으로 다른 신앙적 전통을 대변하는 임무는 그 종교의 신자들에게 맡겨 두고자 한다.

그러한 도전에 대한 나의 대응은 두 가지 근본적 질문을 중심으로 이루어질 것이다. 첫째로, 신 종교 비평가들이 종교를 세상에서 가장 큰 악의 원천이라고 지적하는 것이 과연 옳은 일인가, 아니면 분석상의 실수로 인해 그들이 잘못된 표적을 과녁으로 삼고 있는 것인가? 나는 후자의 경우에 신빙성을 두고 있기에 그 점을 증명하는 데에 이 책의 일부를 할애할 것이다.

둘째로, 비평가들이 종교에 대해 비난하는 사악한 부분들을 정말로 기독교가 내포하고 있는가? 그러나 이 질문은 기독교인들 개개인이 잘못된 행위를 범하고 있는가의 여부를 묻는 것이 아니며 또한 그것이 크게 고려할 가치가 있는 문제일 수도 없다. 이는 오히려 기독교 신앙 자체가 — 정확하게 이해되었을 경우 — 신 비평가들이 종교에 두고 있는 혐의와 관련하여 실제로 유죄인지, 아니면 그들이 기독교 신앙에 대해 오해한 부분이 있었는지에 대한 질문이다. 이 역시 후자의 경우를 옳다고 믿기에 그에 대한 증명이 이 책의 또 다른 핵심 내용이 될 것으로, 이렇듯 나의 대응의 대부분은 기독교 신앙과 직결되는 형태일 수밖에 없겠다.

나의 세 번째 목표는 가장 긍정적인 것인데, 일단 우리가 폭력과 악에 대한 비난에 답변을 제시하고 나면 이후에는 다음 단계로의 논의가 가능해짐으로써, 기독교가 지난 2천 년 간 세상에 선사한 많은 선하고 인도적인 공헌에 대해 다루어 볼 수 있게 된다는 측면이다. 여기에서의 나의 논점은 만일 기독교가 정확하게 이해되기만 한다면 그것이 21세기 비평가들이 종교에 대해 제기하는 주요 혐의들과 전혀 관련이 없을 뿐 아니라 오히려 이 세상에 존재하는 위대한 선(善)들의 원천임이 자명해진다는 사실이다. 실제로 기독교가 인류 문명에 미쳐 온 선한 영향력은 가히 놀라울 정도로서, 만약 이러한 주제에 관해 숙고해 본 일이 없는 사람이라면 앞으로 논의될 관련 사항들을 읽으며 무척 놀라고 또 깊이 고무되기도 할 것이다. 오늘날을 살고 있는 우리가 당연한 것으로 여기면서 그것 없는 세상을 상상조차 할 수 없는 많은 선한 요소들은 기독교가 이 세상에 끼친 직접적 영향의 결과물로서, 나는 이 엄연한 사실이 기독교는 악을 추구하는 위험한 세력이므로 세상에서 몰아냄이 마땅하다고 주장하는 이들의 논리에 반박할 적절한 근거로 사용될 수 있다고 본다.

이와 같이 본서는 2장에서 주로 다루어질, 종교적 신앙에 대한 도전에의 공적 대응을 의도하고 있는데, 나는 이 내용이 자신의 신앙을 향해 깊은 회의를 표현하는 친구나 이웃, 동료들과 소통하기 위해 최선의 방법을 찾고 있는 기독교인들에게 지침으로 활용될 수도 있으리라 믿는다. 나의 희망은 종교에 대해 반감을 갖고 있는 사람들이 스스로의 입장에 대해 다시 생각해 볼 수 있도록 기회를 주는 것뿐 아니라, 이 내용들을 통해 기독교인들 역시 자신의 신앙에 비난을 가하는 주위 사람들과의 효율적 대화 능력이 준비될 수 있도록 돕는 것이기도 하다.

그와 더불어, 여타 기독교 작가들의 유사 작업과 마찬가지로 이 책 또한, 다른 문화적 전통에 속한 사람들이 그들 자신의 전통을 대변하는 상응적 책들을 집필하도록 유도함으로써, 상호 건설적인 대화가 이루어지는 결과를 희망하고 있다는 점도 덧붙여야 할 듯하다. 현재의 종교 ─ 문화적 상황은 종교적 신앙을 가진 사람들의 사이에서 뿐 아니라 종교인과 비종교인 간의 대화 역시 그 어느 때 보다 간절히 요구하고 있기 때문이다.

다음 장에서 나는 샘 해리스, 리처드 도킨스, 다니엘 데닛, 크리스토퍼 히친스(Christopher Hitchens) 등 21세기의 대표적 종교 비평가들에 의해 현재 제기되고 있는 종교와 신앙에 대한 반론의 사례를 제시하고자 한다. 나처럼 자신의 신앙을 중요시하는 사람이라면 누구나 다음 장에 소개될 내용을 불편해할 것이 분명한데, 종교에 대한 반론들을 깊이 연구하면서 내가 깨닫게 된 사실 중 하나가 바로 그 반론들이 우리를 의도적으로 불안하게 만들려는 시도라는 점이다. 우리가 현재 처해 있는 상황을 워낙 심각하게 여기고 있는 신 종교 비평가들은 종교적 신념이나 그 관습에 대한 공격을 가함에 있어 조금치의 망설임도 없다. 이것이 진정 사느냐 죽느냐, 생존이냐 괴멸이냐의 문제라고 보고 있는 그들에게 매너나 예의 등은 전혀 고려의 대상이 아닌 것이다.

한편 책의 시작 부분에서부터 분명히 밝히면서 짚고 가야 할 또 다른 문제는, 지금까지 내가 신 종교 비평가와 종교에 대해 제기되는 새로운 비판의 일단에 대해 이야기해 온 것은 사실이지만, 그럼에도 종교나 신앙인에 대한 적대감이 오늘날 새롭게 생겨난 것이거나 21세기만의 특수한 현상은 결코 아니라는 점이다. 실제로 미국에서 가장 유명한 반종교 활동가라고 할 수 있는 매딜린 머레이 오헤어가 미국의 교실 내에서 이루어지는 의무적 기도에 대해 역사적 소송을 제기한 시기는 1963년까지 거슬러 올라가야 한다. 이후 그녀는 "미국 무신론자 협회"라는 이름으로 현재 불리고 있는 단체까지 설립했는데, 한 때 병원에 입원해 있던 그녀를 방문한 어느 목사가 자신이 뭔가 도와줄 일이 없겠는가 물었더니 "꺼져버려요"라며 일축하고 말았다는 이야기는 지금까지도 유명한 일화이다. 그보다 더 과거로 돌아가면 종교적 신앙에 대한 반감을 노골화했던 지그문트 프로이트(Sigmund Freud)와 칼 마르크스(Karl Marx), 그리고 수많은 그들의 추종자들이 있었으며, 사실상 예수님 역시 그분의 가르침에 분노한 성난 대중에 의해 십자가에 못박히셨음을 생각할 때 확실히 종교에 대한 적대감이 새롭게 등장한 현상은 아닌 것이다.

그렇다면 현시점에서 달라진 점이 무엇일까? 간단히 표현한다면, 9/11 이라는 사건이 전에 없던 반종교적 열성, 다시 말해 종교적 신앙은 어리석은 것일 뿐 아니라 실제로 인류에 유해한 것이므로 그것이 없는 세상에서의 삶을 모두가 추구해야 한다는 비평가들의 메시지가 도출한 열성 — 심지어 투쟁성 — 을 새로이 불러일으켰다는 점이다. 어쩌면 그들 비평가들에게는 종교를 세상에서 축출해 내는 일이 인류 종족의 생존을 위한 열쇠로 보일지도 모를 일이니 말이다. 이와 같이 9/11 이라는 중대한 사건은 우리를 새로운 시대로 몰아왔으며 그에 따라 우리는 이전으로 다시 돌아갈 수 없는 상황을 맞게 되었다. 이제는 오직 앞으로 나아갈 길이 남아 있을 뿐인 것이다.

2

두려움의 근거

종교적 믿음에 대해 드러내는 공포와 의심, 심지어 적대감이 오늘날보다 더한 경우를 나는 일찍이 본 적이 없다. 신앙에 대한 이와 같은 공포가 현재 우리 사회의 곳곳에 깊이 스며들어 있다는 사실을 볼 때 말이다. 새로운 현상들에 관심을 갖고 최근의 TV 토크쇼를 시청하거나 뉴욕 타임즈 베스트셀러 목록을 살펴본 사람이라면 누구나 증가 일로에 있는 이러한 공포에 대해 익히 잘 알고 있을 것이다. 종교로 인해 촉발되었다고 널리 보도된 폭력과 테러 행위들이 이런 식의 적대감을 가열하고 있다는 것은 앞 장에서 이미 논의된 바 있다. 사실 우리 중 누구도 9/11 사태 이후 전 세계적으로 횡행하는 자살 폭탄 테러, 낙태 시술 병원들에 가해지는 폭력, 심지어 자신의 다섯 살짜리 아이를 사탄으로부터 보호하겠다며 익사시킨 안드레아 예이츠(Andrea Yates)라는 광기 어린 어머니 등에 대해 전혀 들어 보지 못한 사람은 없을 것이다. 그렇다면 이같이 파괴 행위를 유발하는 무언가가 진정으로 선한 것일 수 있을까?

또한 하나님의 이름으로 행해지는 그 같은 행위들로 인해 종교 자체에 회의를 갖게 된 사람들을 우리가 비난할 수 있겠는가?

많은 종교 비평가들은 이런 류의 사건들에 대해 극도로 분개하는 한편, 극히 열성적인 종교적 행위의 사례들을 찾아내어 관련 논의와 입증 자료들을 준비하는 일에도 몰두하고 있다. 그리고 그런 사례들은 최근 문화의 전반에서 베스트셀러 서적이나 유명 미디어 등을 매개체로 하여 이미 커다란 불안감을 느끼고 있던 대중들에게 보다 널리 알려지게 되었다. 그에 따른 우려스러운 결과가 바로 근세사의 어느 시기보다 종교를 더욱 부정적 시각으로 바라보게 된 오늘날의 현상이므로, 종교에 대한 이들 반론이 과연 얼마나 큰 힘이 있는지를 이제부터 분석해 보고자 한다.

종교는 폭력을 양산한다 .

21세기 들어 종교와 신앙에 가해지는 가장 기본적이고 우선적인 비난은 종교가 폭력을 양산함과 더불어 인간의 존엄성을 심각하게 모독한다는 것이다. 이는 곧 겉으로는 타인에 대한 사랑이나 평화, 선의의 증진 등을 내세우는 종교가 실제로는 그와 정반대의 것들을 치명적인 분량으로 생산한다는 비난으로, 이러한 견해는 모든 신 종교 비평가들의 공통된 입장이자 그들이 대중에게 전하고자 하는 가장 중심적 메시지이기도 하다.

무척 단순하다고 표현할 수 있는 그들의 논리는, 자살 폭탄 테러나 낙태 시술 병원에 대한 폭력, 그 외의 유사 행위들이 궁극적으로 사람들의 믿음에 의해 설명될 수 있다는 관점에서부터 출발한다. 그리고는, 믿음이란 단지 학문적이거나 이론적인 개체가 아니라 세상에 대한 각자의 관점을 규정하는 요소이며 사실상 종교 그 자체가 믿음에 관한 것으로서, 인간의 믿음 가운데 일정 부분은 해로울 것이 없지만 믿음과 행동 간의 명백한 관련성으로 인해 유해한 부분들 또한 분명 존재한다는 자신들의 신념을 피력한다. 이와 같이 비평가들은 믿음의 어떤 면에 본질적인 위험성이 숨겨져 있으며 그 예를 찾는 것 또한 그리 어려운 일이 아니라고 단언하고 있다.

해리스가 제시하는 한 가지 심각한 예는, 젊은 세대를 믿음에서 멀어지도록 유혹하는 부패한 문화 속에서도 자신만은 선택받은 존재라고 믿는 동시에 그러한 문화의 구성원들에 대한 살육을 통해 상상도 못할 천국의 상급을 받게 되리라 확신하는, 일부 사람들이 견지하고 있는 맹신이다. 이런 식의 믿음을 갖고 있는 사람들 가운데에서 기꺼이 비행기를 몰고 건물로 진격하겠다는 지원자를 찾는 것은 그리 어렵지 않은 일이 된다.[1]

여기에서 그들이 지적하는 요점은, 우리가 그토록 소중하게 생각하는 믿음의 어떤 면들이 사람들로 하여금 서로를 살해하도록 유도하는 부분이라는 것이다. 그것이 어떤 성격의 믿음인가라는 질문에 당연히 종교적 믿음이라는 답변을 제시하고 있는 비평가들은, 자신들의 확신에 대한 이유 역시 쉽게 찾을 수 있다는 주장을 내놓는다. 모든 종교에 있어 거의 예외 없는 근본적 믿음은 신이 한 권의 책을, 즉 자신들만이 소유한 그 책을 썼다는 것이고, 이 믿음이 그들의 종교적 신앙의 기저가 되고 있다면서 말이다. 그 책들의 절대적이며 의심의 여지 없는 진리야말로 종교인들이 믿는 내용 중 가장 근본적인 부분이며 "무오성"과 "결점 없음"이라는 개념이 그러한 책들의 핵심 사상이라는 것이다.

여기에서 해리스가 설명하는 우리의 현상황은 이러하다: 세상에는 각기 다른 여러 종교가 있으므로 그만한 숫자의 경전이 있지만, 그들 모두가 공통적으로 주장하는 바는 신이 그것을 기록했다는 것이다. 이들 책은 여러 종류의 쟁점에 대해 다양하고도 상이한 자신들만의 가르침을 가지고 있음에도, 신기할 만큼 근본적인 한 가지에서만은 일치를 보이는데, 이는 곧 자신 외의 여타 경전들은 모두 오류로 가득찼거나 심각할 정도의 불완전한 내용을 담고 있다는 동일한 인식이다. 이런 식의 불관용은 모든 교리에 내재되어 있어서, 타 종교의 경전이나 신자들을 존중하는 태도는 비난의 대상 정도가 아니라 사실상 허용되지조차 않는다. 역사가 반복적으로 보여 주듯 이 같은 불관용은 서로 다른 종교의 신자들 사이, 혹은 신자와 불신자 간의 충돌을 야기하는데, 자신들과 대적하는 이들을 이교도, 배교자, 또는 신의 원수 등등으로 부르면서 빚어지는 충돌 상황은 흔히 폭행이나 무력 행사, 끔찍한 학대 행위 등으로 마무리되곤 한다.

해리스가 즐겨 말하듯 이들 경전의 내용은 의문의 여지 없이 동의되고 받아들여지는바, 그 내용이 신으로부터 직접 전수된 것이라는 점에서 경전들이 포함하고 있는 주장에 대하여는 증거를 요구할 수 없다. 즉 그러한 진리에 도전할 만한 상위의 권위는 있을 수 없으므로, 그 내용은 비평가들이나 일반인들 모두에게 있어 정보의 신뢰성 증명을 요구하는 일반적 상식으로부터 예외가 된다.

비평가들은 종교가 폭력의 원인이라는 불편한 현실을 직시하기 꺼리는 많은 종교인들로 인해 종종 좌절을 느낀다고 말하곤 한다. 자신들의 경전은 당연히 좋은 책이며 예배 참석이나 기도 등의 모든 종교 행위는 오직 좋은 품성과 행실로 인도되는 일이라고 믿게끔 양육되어 온 사람들에게는 종교와 폭력을 연관짓는 관점 자체가 삼키기 힘든 알약과도 같다는 것이다. 따라서 많은 이들이 그 같은 폭력의 원인을 종교가 아닌 다른 곳에서 찾으려 하면서 가난이나 불평등, 기회 박탈, 특정 집단의 사람들에게서 나타나는 좌절 — 종교가 아닌 것이라면 무엇이든 — 등을 진정한 원인으로 지적하곤 하는 반면, 비평가들은 그와 반대로 종교인들의 이런 체면치레식 접근 중의 어느 것도 받아들이려고 하지 않는다.

그러한 문제들이 사실상 다른 무엇도 아닌 종교 자체와 관련되어 있다는 자신의 주장을 정당화하려는 해리스는, 회교도 테러리스트들이 저지르는 파괴 행위들이 왜 반복되고 있는지, 낙태 시술 병원을 폭파하는 자들이 왜 그 같은 행동을 범하는지 질문해 보라는 말로 자신의 독자들을 부추긴다. 가난하지도, 무지하지도 않고, 미국의 공격을 당한 희생자도 아닌 오사마 빈 라덴(Osama bin Laden)이 일면식도 없는 수천의 남자와 여자, 그리고 아이들을 살해하는 데에 왜 자신의 삶을 바치는지 생각해 보라는 것이다. 개인적으로는 낙태 시술가에 의해 아무런 불이익도 받은 적 없는, 누군가에게는 부모, 형제, 이모나 삼촌, 조카, 손자들일 이들이 왜 시술 병원을 폭파시키고 그 안에 있는 사람들을 죽이려고 투옥이나 사형 언도의 위험을 무릅쓰면서 스스로를 내던지는 것인가? 도대체 왜 충분한 교육을 받은 열 아홉 명의 중류층 남성들이 한 번 마주친 적도 없는 수천 명의 시민들을 죽이기 위해 자신의 삶이나 미래의 희망까지 포기한단 말인가?

우리가 현실을 직시하려고만 한다면 이러한 질문들에 대한 대답은 명확하다고 그는 역설한다. 즉, 빈 라덴이나 9/11 사태의 테러리스트들, 그리고 낙태 시술 병원 폭파범들은 자신들이 믿는다고 말하는 사실들을 진심으로 믿었기 때문이라는 것이다. 9/11 당시 비행기에 탑승했던 열 아홉 명의 젊은이들이 곧바로 낙원으로 입성하는 상급을 받을 일에 대해 확신했다는 점에서, 그들의 자폭 테러처럼 완전하고 만족스럽게 설명될 수 있는 인간 행위는 찾아보기 어려우리라고 해리스는 말하고 있다. 순교나 성전(聖戰), 자살 폭파 행위, 그리고 죽음에 수여되는 축하와 환호 등에 대한 회교도들의 근본적 믿음을 배제하고 생각하면 이해하기 어려운 일이겠지만, 그들의 믿음의 근간을 바탕으로 고려할 경우 그와 같은 끔찍한 행위들이 더 널리 확산되지 않는 일이 오히려 이상할 정도라는 것이다. [2] 믿음은 우리 행동의 기초가 되는데, 불행히도 종교적 믿음이 특별히 다양한 폭력적 행위로 이어지고 있다는 것이 해리스의 비난의 요점이다.

종교적 폭력의 문제가 비록 최근에야 새롭게 대중의 관심을 모으고 있지만 실제로 그렇게 새로운 이슈는 아니라고 비평가들은 입을 모으고 있다. 이단을 총체적으로 뿌리 뽑아 교리의 정통성을 강화하겠다며 상상을 초월할 만큼의 끔찍한 고문까지 동원했던 종교재판은 1184년을 시작으로 수백 년 간 지속된 사건이었던 것이다. 당시 교회는 배교자들로부터 그들과 동조한 이들의 이름을 누설하게 하거나 증인들로 하여금 관련 인물들에 대해 부정적 증언을 하도록 만들고자 고문이라는 방식을 널리 사용하기도 했다.

해리스는 누가 이 당시의 고문자이고 또 지시자 — 행위의 명령자 — 였던가를 질문하면서, 그들이 하나님의 사람들, 즉 교황, 주교, 수사, 사제들 — 자신의 삶을 예수님을 섬기는 데에 헌신했던 사람들 — 이었음을 상기시킨다. [3] 이 같은 행위의 배경이 된 그들의 논리와 관련해서는, 만약 고문이 인간의 법을 어긴 사람들에게 적합한 방식이라면 하나님의 법을 어긴 사람들에게는 더욱 적절한 방법임이 틀림없다고 하던 당시의 주장을 소개한다. 리처드 도킨스는 미국 건국의 아버지 존 아담스(John Adams)가 유대교와 기독교를 "현존하는 종교들 가운데 가장 피로 얼룩진 두 가지"[4]라고 정의했을 때 바로 그 종교재판을 염두에 두고 한 말일 것이라 주장하고 있다.

과거의 종교재판 방식은 더 이상 존재하지 않지만 종교의 이름으로 만연하는 폭력은 지금도 끝나지 않았으며 최근의 세계적 긴장 상황도 종교 집단들 간의 갈등에 의한 것임은 모두가 주지하는 바라고 해리스는 말한다. 팔레스타인에서 유대인과 회교도들이 전쟁을 벌이는 동안 발칸반도에서는 정통 세르비안들과 크로아티안 천주교도들이 서로를 처단하려 애쓰고 있으며, 북아일랜드에서 이어지는 프로테스탄트와 천주교도들 간의 분쟁과 함께 카쉬미르의 회교도와 힌두교도 사이의 다툼도 한창이다. 수단에서의 회교도와 기독교도, 애니미즘 주창자들 간의 전쟁과 더불어 나이지리아의 회교도와 기독교도의 불편한 대립 또한 계속되는바, 여기에 대량 학살 무기까지 추가된다면 가히 아마겟돈의 제조법이 만들어질 정도라는 것이다. 영국의 저널리스트이자 작가인 크리스토퍼 히친스 역시 "세상에 존재하는 증오의 주된 소재는 종교"[5]라는 또 다른 표현으로 이 같은 현상에 대해 정의하고 있다.

더구나 지금의 가장 심각한 문제는 하나의 특정 종교만이 아닌 종교 자체를 백안시하고 있는 현실이다. 2006년 토론토 대학이 개최한 연설에서 히친스는 "노예제도, 인종 청소, 반 유대 정서, 여성을 소유물로 전락시키는 일, 동성애자를 화형시키고 매질하는 일 등 어느 것이든 자세히 살펴 보라. 그러면 곧 그 모든 행위들이 이 도시의 교회, 회당, 사원의 단상 위에 놓여 있는 그 저명한 책들에 포함되어 있는 내용이라는 사실을 확인하게 될 것이다"[6]라고 일갈했다.

폭넓은 독자층을 가지고 있는 히친스나 그와 입장을 같이 하는 사람들에게 있어 종교는 이렇듯 인류의 생존을 위태롭게 하는 것[7]이라는 면에서, 단지 무윤리(無倫理)적인 것이 아니라 비윤리(非倫理)적인 것이라고 판단되고 있다.

하지만 여기에서 다뤄지는 대상은 사실상 종교적 극단주의자들이 아닌가라는 반론이 해리스와 그 외 비평가들의 주장에 대항하여 종종 제기되곤 한다. 그러한 행위를 저지르는 것은 오직 자신의 종교를 명분 삼아 폭력적 행동을 감행하는, 각 종교의 비주류 급진파들의 경우임을 누구나 알고 있지 않은가? 어떤 종교에든 그 같은 극소수의 광신자들이 존재한다는 사실을 우리 모두가 인정하지 않는가 말이다. 여러 종교에 속해 있는 대부분의 신앙인들은 급진적 극단론자들과 달리 각자의 믿음에 따라 온건하게 사는 사람들이므로 일률적으로 가해지는 비난을 들을 이유가 없다는 견해에 분명 많은 사람들이 동의할 것이다.

만약 스스로를 종교적 온건주의자라고 당당하게 자처하는 사람이라면, 우리가 종교적 온건주의라고 부르는 입장을 두고 많은 신 종교 비평가들이 종교적 극단주의보다 더 나쁜 것이라며 경멸한다는 사실을 알게 될 경우 큰 충격을 받을지 모른다. 비평가들은 이들의 입장을 왜 그렇게 평가절하하게 된 것일까? 첫째로 그들은 종교적 온건주의를, 다양한 고대의 종교 문서에서 얻게 된 문화와 지적 지식에 종교가 안착을 시도하다 실패한 경우에 지나지 않는다고 보고 있다. 신 종교 비평가들의 관점에서 오늘날의 온건주의는 고대에 존재하던 미신의 집착 수준에서 약간 승격된 입장일 뿐으로, 그렇지조차 않았다면 세상사에 대해 보다 무지했던 사람들의 신념 체계가 지금까지도 여전히 전승되고 있으리라는 것이다.

둘째로 비평가들은 종교적 온건주의가 자신들의 종교 경전에 명확히 적혀 있는 가르침에조차 불충실한 입장이라는 점에서, 진실성의 결핍을 노출하고 있다고 지적한다. 스스로의 경전에도 완벽히 충실하지 않으면서 도대체 왜 그 종교에 계속 매달려 있으려는 것인가? 사실상 종교적 온건주의자들은 자신의 경전에 포함된 가르침 중 일부 내용을 과거 수백 년 간 인류가 축적한 지식과 양립할 수 없는 것으로 본다는 점에서 이미 거부하고 있는 셈이 된다. 그렇게 할 바에야 종교는 지식과 진리로 인도하는 믿을 만한 가르침이 못 된다고 인정하며 그냥 폐기하는 쪽이 보다 정직한 행동 아니겠느냐고 비평가들은 반문하는데, 종교적 온건주의자들을 양쪽 모두 붙잡으려는 기회주의자로 보는 이들로서는 그런 태도가 진실성의 결핍을 의미한다고 질책할 수밖에 없는 것이다.

하지만 비평가들이 말하는 종교적 온건주의의 가장 큰 문제점은, 극단주의가 성장할 수 있는 토대를 제공해 온 동시에 종교적 폭력을 완전히 척결하기 어렵게 만드는 환경의 역할까지 한다는 데에 있다. 주류 종교, 혹은 종교적 온건주의 없이는 종교적 극단주의의 모태가 존재할 수 없었을 것이며 실제 폭력 행위에 사용되는 현재의 자원들도 확보되지 못했을 테니,[8] 이런 측면에서 극단주의보다 결코 나을 것 없는 종교적 온건주의는 사실상 극단주의의 배후에 숨어 있는 악한 세력이라는 것이 그들의 논리이다. 그것이 없었다면 오늘날의 상황처럼 폭력성이 종교로부터 생성되는 일은 없었으리라는 근거에서 말이다.

그렇다면 다음과 같은 질문이 가능해진다: 만약 비평가들이 말하는 것처럼 종교가 폭력과 권리의 오용을 이끌어 낸다면 그 이유는 과연 무엇인가? 종교의 구조에 어떤 파괴적 힘을 유도하는 요소나 특성이 있기 때문인가? 이 문제와 관련해 비평가들이 지적하고 있는 내용은 신앙을

왜 사람들은 믿음을 갖지 않는가

가진 많은 이들에게 충격으로 다가올 듯 한데, 그들은 종교란 처음부터 끝까지 비합리적인 것이며 이러한 본질적 비합리성이 결국 종교에 의해 촉발되는 많은 폭력의 배후 역할을 하는 요소라고 주장하고 있기 때문이다. 이 점은 종교의 가장 심각한 문제로 비난받고 있는 사안일 뿐더러, 사실상 비평가들이 맹렬한 공세를 퍼붓고 있는 대상이기도 하다. 지금부터 종교에 쏟아지는 비난의 내용들에 대해 생각해 보자.

종교는 비합리적이며 그 주장들의 근거가 빈약하다

비평가들의 말에 따르면 종교의 비합리성은 단순히 몇 가지 단점 중 하나에 불과한 것이 아니다. 이 비합리성이 다른 여러 문제점의 원인이 되는 동시에 사실상 그것들을 유발하는 역할을 한다는 점에서 종교의 근본적 문제로 여겨야 할 요소이며, 이 같은 문제적 요소가 없었다면 오늘날 종교에 귀책되는 다른 많은 해악들 역시 애초에 발생하지 않았으리라는 것이 그들의 주장이기 때문이다.

이러한 비난의 요지는 다음과 같이 정리될 수 있다: 종교는 사람들로 하여금 아무런 증거도 없는 실로 불합리한 것들을 믿게끔 만든다. 종교가 갖는 이같이 불가사의한 능력 때문에 일단 종교적 믿음을 갖게 된 사람은 자신의 종교와 관련된 주장을 만나면 그것을 받아들이거나 거부함에 있어 정상적인 판단력을 잃게 된다. 이 비판과 관련하여 리처드 도킨스는, 전반적인 일상생활의 문제나 그에 따른 결정 상황에서는 종교인을 포함한 모든 사람들이 대체로 합리적, 이성적인 것과 그렇지 않은 것의 차이를 안다면서, 종교와 관련 없는 비합리적 개념을 접할 경우라면 그것을 옳지 않다고 판단해 거부하든지, 혹은 사실로 믿거나 받아들이지는 않더라도 재미있는 가공의 이야기로 즐기게 된다고 말한다. 그렇지만 종교와 관련된 문제라면 대부분의 종교인들은 그러한 구분을 완전히 무시해 버릴 뿐 아니라, 믿음에 연관된 것이면 동화나 신화 혹은 꾸며낸 이야기 같이 비합리적인 개념들조차 무조건 맹신한다는 것이다.

이와 의견을 같이 하는 샘 해리스 역시 뉴스위크와의 최근 인터뷰를 통해 기독교인들의 비일관적 성향을 혹독히 지적하고 있다. 한 면으로는 여느 보통 사람들처럼, 만일 자기 배우자의 불륜에 대한 소문이나 사람을 안보이게 만드는 요구르트에 관한 이야기를 들었다면 분명 증거부터 요구했을 이들이, 다른 면으론 신이 내릴 처벌을 두려워하며 아무런 증거도 없는, 눈에 보이지 않는 신성한 존재와 신성한 책에 관한 주장, 그리고 그 책에 나오는 믿기 어려운 개념들을 기꺼이 믿고 수용한다고 어처구니없어하면서 말이다.[9]

이러한 비난은 결국, 종교가 사람들로 하여금 그 어떤 것이든 아무런 제약 없이 믿도록 만들기에 믿음과만 연관된다면 신자들은 증거의 부족조차 전혀 문제 삼지 않는다는 비아냥으로까지 발전된다. 해리스는 이러한 측면을 "종교의 특별한 문제점"[10]이라고 부르면서, 어떻게 인간이 삶의 어느 특정 분야에서만 "우리의 믿음은 전적으로 이성이나 증거와 독립된 것이다"[11]라는 말로 스스로를 설득할 수 있는지 의아해하고 있다. 종교에 대한 이러한 문제의식은 사실상 해리스, 도킨스, 히친스와 같은 비평가들이 공통적으로 표출하는 관점인 동시에 종교에 관한 그들의 글들에 암시적으로, 혹은 직접적으로 늘 등장하는 주제이기도 하다.

혹자는 타인들이 이상하다고 생각하거나 증명되지 않았다고 여기는 내용을 믿는 일에 무슨 문제가 있느냐고 반문할 수도 있을 것이다. 무엇이든 자신에게 신뢰감을 주는 내용을 믿을 자유가 각자에게 있는 것 아니겠는가? 종교의 그 같은 측면이 그토록 크게 문제될 만한 일인가?

이 질문에 비평가들은 "그렇다"라고 답하면서 문제의 심각성은 우리가 말하고 있는 믿음 — 종교적 믿음 — 의 성격이 단순히 학문적이거나 이론적일 수 없다는 사실에서 비롯된다고 역설한다. 종교적인 사람들이 믿는 바는 타인의 삶이나 모두가 함께 사는 세상과의 관계에 심각한 이질성을 만들어 내는데, 이러한 믿음은 그저 비합리적일 뿐만이 아니라 그 비합리성으로 인해 앞에서 언급된 행위들, 즉 자살 폭탄 테러나 낙태 시술 병원의 공격과 같이 합리적인 기준으로 보면 상당히 폭력적이고 부도덕한 행동들을 감행하게끔 추종자들을 부추긴다는 것이다. 해리스는 이 문제에 대해 "사람은 자신이 믿는 바에 따라 행동한다"라는 말로 본인의 생각을 대변하는데, 도킨스 역시 이 의견에 동의하는 근거로서 "당신에게 부조리한 것을 믿도록 만들 수 있는 사람은 당신이 잔인한 행동을 취하도록 만들 수도 있다"[12]는 볼테르(Voltaire)의 말을 인용하고 있다.

또한 종교적 믿음을 "이유나 증거와 관계없는 것"[13]이라고 치부하는 생각이 결국 그것을 검증할 수 없는 무언가로 만들어 버린다고 지적하는 그들은, 그와 같이 증거가 필요 없다는 여러 주장들 간에 충돌이 일어날 경우에는 — 세상의 종교들 사이에서 실제로 벌어지고 있는 일처럼 — 결국 각각의 진리 여부를 결정하거나 그들 사이에서 일정한 판단을 내려줄 객관적 방법을 찾을 수 없게 된다고 말한다. 어느 것이 보다 우등하거나 열등한지, 진리에 더욱 가깝거나 그렇지 않은지, 믿음으로서의 가치가 더하거나 덜한지를 분별해서 제시해 줄 수 있는 어떠한 기준도 없기 때문에 말이다.

게다가 그런 식의 종교적 신념을 가진 사람은 타인에 의해 설득되거나 영향을 받으려 하지 않는다는 점도 그들은 지적한다. 우리는 살면서 정치, 철학, 문화 등과 같이 각자가 가지고 있는 관심사에 대한 견해나 신념에 대해 토론할 기회를 만나며 그 경우 새로운 관점이나 주장을 접하면 자신이 이미 갖고 있던 믿음을 그에 따라 조율하거나 첨가 또는 폐기하게 되는데, 이것이 곧 우리가 경험하는 정상적인 지적 과정이 된다는 것이다. 하지만 종교적 믿음이라는 주제에 이르면 상황이 달라진다고 말하면서, 다른 믿음들과 달리 종교적 신념만은 논쟁이나 토론의 결과로부터도 전혀 영향을 받지 않는다고 비평가들은 입을 모은다. 어떤 사람이 다른 사람의 종교적 신념에 의문이 있거나 그 내용을 재고해 보도록 조언하고 싶더라도 만약 상대방이 자신이 가진 믿음은 증거에 의해서가 아니라 신성한 존재를 통해 직접 부여받은 것이라고 우긴다면 달리 어떤 방법을 찾을 수 있을지를 반문하면서 말이다. 이런 종류의 믿음이 곧 자살 지령이나 낙태 시술 병원 폭파 등의 행위로 이어지는 믿음으로, 증거와 무관한 이런 식의 믿음에 대해서는 타인이 영향을 미치거나 변화를 시도해 볼 수도 없을 테니 세상은 그러한 폭력이 일어나는 동안 그저 무기력한 상태로 지켜보는 방법밖에 없다는 것이다.

아무런 증거도 없으면서 사람들로 하여금 불합리한 개념들을 믿도록 만들고 또 그토록 잔혹한 행위를 범하게끔 부추기는 종교의 놀라운 힘은 과연 어디에서 나오는 것일까? 상상을 초월하는 강한 통제력을 사람들에게 행사하는 묘책이 대체 무엇이란 말인가? 삶의 다른 분야에서는 지극히 정상적이고 합리적인 사람들, 종교와 관련한 부분이 아닐 경우 평범하고 사려 깊은 사람들의 경우를 생각한다면 이러한 의문은 우리를 더 당황스럽게 만든다.

하지만 도킨스가 이 질문에 답하고자 제시하는 설명은 그다지 심오하거나 신비롭지 않다. 그는 종교가 아주 단순한 테크닉을 사용하고 있다면서 그 테크닉이란 곧 무조건적 순종을 극찬하는 방식으로, 요람에서 무덤까지 꾸준히 지속되기에 효과 또한 이루 말할 수 없어진다고 빈정댄다. 종교로부터 고무받은 테러리스트에 대해 그가 한 최근의 언급을 살펴보자.

우리가 그들을 얼마나 잘못된 길로 들어선 사람들이라 생각하든 간에, 그들은 자신의 종교가 지시하는 대로 충성스럽게 따르며 옳다고 믿는 바에 의해 고무받은 사람들일 뿐이다. 그들은 정신병자가 아닐뿐더러 자신들의 관점에서 보면 무척 합리적인 종교적 이상가들이다. 어떤 개인적 왜곡 성향 때문이거나 사탄에게 사로잡혀서가 아니라 아주 어린 시절부터 절대적이며 확고한 믿음을 가지고 양육되었기에 스스로의 행동에 대해 옳은 일이라 확신하는 사람들인 것이다.[14]

이보다 더 간단명료할 수가 있을까? 도킨스는 이에 대하여, 사람들로 하여금 자신들의 종교적 가르침이 어떤 신성한 존재에게서 기원되었다는 개념을 아주 어렸을 때부터 믿도록 유도할 경우 그 가르침은 그들에게 아무런 의문의 여지도 남기지 않는다는 사실을 종교 지도자들이 발견해 냈다고 말한다. 이것이야말로 신자들의 생각이 종교 지도자의 손끝에서 결정되도록 조종하는 한편 신의 입으로부터 나왔다는 메시지에 대해 아무도 토론하거나 평가하지 못하게 만드는 놀라운 기술로서, 그런 내용에 대해 할 수 있는 유일한 반응이란 오직 믿고 받아들이는 일일 뿐이기 때문이다. 이와 같이 일단 종교적 주장에 대한 무소불위의 권위가 신자들에 의해 받아들여지면 그 때부터는 아무런 장애 없이 세상이 막지 못할 끔찍한 행위를 위한 무대가 펼쳐진다는 것이다.

비평가들은 이러한 테크닉을 단지 서구의 종교뿐 아니라 세계 모든 종교로부터 찾아낸다. 인도의 국부이자 무신론자인 네루(Nehru)가 식민 이후 인도에서 목격했던 종교의 모습을 묘사하면서 "맹목적 신념이자 대응 방식이고 독단적 주장인데다가 미신적인 편협한 믿음"[15]이라고 표현한 데 대해 도킨스는 큰 공감을 표하고 있는데, 이것이 어떤 특정 종교만의 편법이 아니라 종교 그 자체의 테크닉이며 결국 종교는 그런 방식을 통해서만 기능할 수 있다는 이유에서이다.

더구나 종교의 불합리성은 종교적 삶과 가르침에 관한 비본질적 개념 ― 신자 개인이 원하는 대로 취하거나 무시할 수 있는 개념 ― 에만 국한되는 것이 아니고 종교의 핵심을 관통하여 기독교 교리에서의 삼위일체 하나님과 같은 여러 주요 신념에까지 확산된다는 비평가들의 주장 가운데에도, 특히 도킨스는 예수님이 동체라는 ― 하나님과 같은 본질 혹은 요소를 가졌다는 ― 말이 대체 무슨 의미인지에 의문을 제기하고 있다. 본질이 도대체 무엇인가? 요소는 또 무엇인가? 그는 성삼위의 교리를 설명하기 위해 역사적인 아타나시우스 신조(Athanasian Creed)를 인용한 천주교 백과사전(Catholic Encyclopedia)의 정의, 즉 "아버지도 신이시고 아들도 신이며 성령도 신이지만, 세 명의 신이 아니라 하나의 신"[16]이라는 표현을 종종 조롱조로 언급하는데, 도킨스의 입장에서는 이 말이 그저 불합리한 주장에 다름 아니기 때문이다.

무엇보다도, 신성한 인격이라는 존재가 과연 무엇인가? 신(혹은 신들)에 대한 믿음이 사실상 모든 종교에서 가장 기본적인 것임에도, 도킨스는 그러한 믿음을 사람들이 어떻게 가질 수 있는 것인지 도무지 이해할 수 없어 한다. 우주라는 대상에 관한 이해가 어떻게 일방적 계시를

왜 사람들은 믿음을 갖지 않는가

통해 의사소통을 한다는 창조자에 대한 믿음에서 비롯될 수 있느냐고 묻는 그는, 특히 기독교가 말하는 하나님은 의당 자비롭고 전능해야 할 터임에도 쓰나미처럼 삽시간에 수천 명을 몰살하는 끔찍한 일을 허락한 존재라면서 그런 신을 향한 믿음을 노골적으로 비아냥댄다. 만일 하나님이 자비롭고 전능하다면 자신이 창조했고 사랑을 느낄 인간들에게 분명 이보다는 더 나은 대우를 하고자 하고 또 할 수 있어야 할 것이라면서 말이다.[17]

도킨스는 하나님의 존재에 대한 과학적 증거의 사실성에 의문을 제기하는 한편으로 그 증거들의 빈약성에 대해서도 문제를 삼고 있다. 하나님이라는 개념 자체는 입증 불가능한 대상이 아닌 데다가 하나님의 존재에 대한 믿음 역시 다른 모든 것들처럼 과학적 가설로 보아야 하기 때문에 원칙적으로는 — 실제적까지는 아니더라도 — 입증될 수 있어야 한다는 것이 그의 논리이다. 만약 하나님이 존재하고 자신을 인간들에게 드러내기로 결정했다면 그 정도의 논란은 단번에 불식시킬 수 있어야 하는데 실제로 그런 일이 행해졌다는 증거는, 적어도 설득력 있는 무언가로는 존재하지 않는다는 것이다.

도킨스는 성 토마스 아퀴나스(St. Thomas Aquinas)의 하나님의 존재에 관한 다섯 가지 입증 방식을 비판하면서 그들 중 어느 것도 만족스럽지 못하다는 주장까지 펴고 있다. 하지만 그의 분석 내용을 두고 앨리스터 맥그래스(Alister McGrath)가 "자신의 능력 밖의 일을 하다 보니 오래도록 흠모받아 온 위대한 논의들에 대한 그의 접근이 지극히 단순하고 피상적인 수준에만 그치고 말았다"[18]라고 평가했듯, 도킨스의 입장에서 보더라도 그 분석이 그다지 이로운 작업은 되지 못했다. 아퀴나스의 다섯 가지 입증 방식에 대한 그의 이러한 비평은 책의 뒷부분에서 보다 자세히 다루어질 것이다.

이와 같이 도킨스는 하나님의 존재를 입증하는 증거들이 무척 빈약하다고 생각할 뿐 아니라 증거라는 개념에 대한 몇몇 기독교 사상가들의 태도 역시 이해할 수 없다는 입장을 취한다. 그들에게 반박하기 위해 옥스퍼드대의 신학자 리처드 스윈번(Richard Swinburne)이 언급했던 개념, 즉 하나님께서 자신에 관한 증거를 일정량으로 제한하신 것이 의도된 일인가라는 질문에 답변 내용을 인용하고 있는 그는,[19] 상당한 당혹감을 불러 오는 스윈번의 답변이 곧 증거라는 것에 대해 일부 종교인들이 품고 있는 깊은 적대감의 반영이라고 단정한다. 결국 이 문제와 관련하여 그가 내린 결론은, 만약 신학자가 할 수 있는 최선이 이런 정도라면(스윈번은 영국에서 가장 권위 있는 신학 교수직 중 하나를 소유한 명예교수이다) 우리는 결코 신학자를 필요로 하지 않는다는 것이었다. 물론 이 주제에 대해서도 더 깊은 분석이 필요한 만큼 이후에 다시 다뤄 보는 기회를 갖겠다.

또한 도킨스는 하나님의 존재를 입증해야 할 종교인들이 즐겨 사용하는 수법이라고 자신이 비난하는, 즉 무신론자들에게 하나님이 존재하지 않음을 증명해 보라고 요구함으로써 입증의 임무를 그들에게 떠넘기는 '술책'에 대해서도 언급한다. 자신은 결코 그러한 술책에 휘말리지 않겠다면서 유명한 수학자이자 무신론자인 버트런드 러셀(Bertrand Russell)의 1952년도 저서, 하나님은 존재하는가?(Is There a God?)에 등장하는 천공(天空)의 찻주전자 이야기를 요긴하게 활용하고 있는 도킨스는, 이와 같은 상상 속의 창조물이나 치아 요정, 엄마 거위, 인터넷에 등장하는 비행(飛行) 스파게티 괴물 등의 이야기는 입증의 임무가 믿는 자의 몫 — 믿지 않는 자가 아닌 — 임을 알려 주는 실례(實例)라고 강변한다. 한편으로 그는, 치아 요정이나 천공의 찻주전자의 존재를 반증하는 일이 누구에게나 불가능하듯 무신론자들이 하나님의 존재를 반증할 수 없음 역시 당연한 것이라는 논리를 통해 뜻밖에도 순순히 그러한 작업의 불가능성을 시인함으로써, 하나님의 존재가 무신론자들에 의해 반증될 수 있는지의 여부는 중요한 문제가 아니라는 자신의 주장을 뒷받침하기도 한다. 이와 같이 하나님의 부재(不在)를 입증할 수 있느냐보다 하나님의 존재를 입증할 수 있느냐의 여부에 의미를 부여하는 도킨스는, 후자 역시 불가능한 작업임을 확신하기에 그 사실을 더욱 부각시키려고 이 문제를 적극적으로 쟁점화하고 있는 것으로 보인다.[20]

비평가들이 지적하는 종교의 비합리성이라는 주제를 다룰 책의 뒷부분에서 이러한 입증 임무와의 관련 사항도 논의되겠지만, 그 비판들의 또 다른 의혹적 측면에 대한 분석 역시 필수적인 작업이라고 여겨진다. 종교란 일반적으로 불합리할 뿐 아니라 본질상 비과학적인 것이라고 믿는 비평가들이, 지난 수 세기간 지식의 발견과 그에 수반하는 진보를 계속 방해하고 역행해 온 존재로서 종교를 지목하며 비난하고 있기 때문이다. 이제부터 우리가 다룰 내용이 바로 그와 같은 주장이다.

종교는 반(反)과학적이다

만약 세계와 우주에 관해 현재 인간이 가지고 있는 지식이 훌륭하다고 생각하는 사람이라면, 그러한 지식 발전의 여정을 막는 종교의 계속적 방해 작업이 없었을 경우 지금 우리가 어느 수준에 도달해 있을지 한번 상상해 보라면서 비평가들은 울분을 토로한다. 그들 대부분은 종교의 방식을 본질적으로 과학의 방식과 상반되는 것으로 보고 있는데, 이는 과학이 세상에 대한 지식을 제공해 주는 가장 확실하고 신뢰할 만한 방책이라며 맹신하는 관점에서 기인하는 사고이다. 또한 이것은 종교가 그 같은 지식과 발견, 또 그에 부수되는 진보를 계속적으로 저해해 온 세력이라는 전제를 기정사실화하는 접근 방식이기도 하다. 비평가들은 인간의 지식과 관련된 모든 진보는 과학의 세계 — 새로운 발견을 억제하려고만 하는 종교와의 끝없는 전투 속에서 구성원들이 큰 어려움을 겪고 있는 바로 그 과학의 세계 — 로부터 도출된다고 확신하고 있는 것이다. 자신의 책, 만들어진 신(Delusion of God)에서 도킨스는, 스스로의 경전에 높은 가치를 두고 있는 사람들, 혹은 그가 근본주의자라고 명명하고 있는 사람들에 대해 다음과 같이 적고 있다.

그들은 성스러운 책에서 진리를 얻었기 때문에 자신들이 옳다는 것을 알며 나아가 그 무엇도 자신들의 믿음을 변화시킬 수 없다는 사실을 안다… 그 책은 진리이기에 만약 어떤 증거가 그와 상충한다면 이 때 폐기해야 할 대상은 책이 아니라 그 증거가 된다.

반면 이와는 전혀 다르다는 도킨스 자신의 입장을 들어 보자.

과학자로서 나는… 성스러운 책을 읽음으로써가 아니라 증거의 연구 과정을 통해 믿음을 얻는다. 여기에는 참으로 큰 차이가 있다. 과학자인 내가 근본주의 종교에 반감을 느끼는 이유는 그것이 과학적 진취성을 약화시키고 있기 때문이다. 종교는 우리에게 생각을 바꾸지 말라고, 알려질 준비가 되어 있는 흥미로운 것들에 대해 알려고 하지 말라고 가르친다.[21]

같은 맥락에서 샘 해리스도 과학을 "세상을 설명하는 우리의 진술들이 진실임(최소한 거짓은 아님)을 입증하기 위해 가장 헌신적인 자세로 노력하는" 학문으로 묘사한다. 과학적 작업을 "이론의 맥락 안에서 관찰과 실험에 의해"[22] 이루어지는 것으로 보는 그는, 이와 반대로 종교적인 사람들이 스스로의 행위에 대해 확신을 갖는 이유란 오직 신이 그들의 특별한 경전에 그렇게 기록했기 때문일 뿐이라고 일갈한다. 이것은 종교적인 믿음을 "합리적 논의의 영역 밖에" 두는 일이 되며 그러한 믿음을 입증해야 하는 문제에 봉착할 경우 "대부분의 종교는 자신들의 믿음의 핵심이 그것에 의해 검증받고 개편될 수 있는 아무런 적합한 방식을 제시하지 못한다"고도 그는 주장한다. 어차피 자기가 가진 믿음이 신으로부터 직접 온 것이라고 주장하는 사람이라면 왜 검증받고 개편되기를 원하겠는가라고 반문하는 해리스는, 이러한 사실들로부터 결국 종교적 신앙이란 "근본적 사안들에 대한 정당화되지 않은 믿음, 증거 부재의 단순한 믿음"[23]이라는 결론을 도출해 낸다.

여기에서의 기본 전제는, 과학이 우주에 대해 탐구하고 이해하는 놀라운 방식을 개발하고 있는 동안 종교는 그러한 총체적, 과학적 작업에 대해 지속적인 적대자의 역할을 담당해 왔다는 것으로서, 이러한 개념은 만약 누군가가 종교적 신앙을 진지하게 받아들이면서 성서의 권위를 믿는다면 그는 결국 과학과 대적하는 위치에 서게 된다는 사실을 의미하고 있다. 또한 이것은 과학이 계속적 진보를 추구하기 위해서는 종교 세력과의 대치 상황을 지속해야 하며 그렇지 않을 경우 과학적 작업 전반이 억압받게 되리란 뜻이기도 하다.

이 책의 뒷부분에서 우리는 기독교가 반과학적 성격을 내포한다는 비판에 대해 신중하게 접근하면서 논의를 전개할 예정이지만 그 이전에 잠시, 위와 같은 비판에 서슴 없는 도킨스 자신까지 "훌륭한 과학인의 진정한 표본"으로 인정할 수밖에 없던 신실하고 종교적인 사람들에 대해 과학자로서의 그가 드러내는 당황스러움을 다루어 보는 일도 흥미로울 듯 하다. 도킨스는 특히 아서 피콕(Arthur Peacocke), 러셀 스태나드(Russell Stannard), 프랜시스 콜린스(Francis Collins), 존 폴킹혼 목사(Rev. John Polkinghorne) 등의 이름을 언급하면서 "나는 기독교 종교의 세부 내용에 대한 그들의 믿음, 즉 부활이나 죄사함 등에 대한 그들의 확신으로 인해 당혹감을 느낀다"[24]고 토로한 바 있다. 자신들의 모든 주장이 엄격한 증거를 바탕으로 판단받는 일에 익숙해 온 그 사람들이 분명 아무런 증거도 없는 것들을 어떻게 갑자기 믿게 될 수 있는가에 강한 의문을 느꼈던 것이다. 그러나 결국 그로서는 이해를 위한 노력 따위는 접어 두고 그저 그들이 하는 말은 진심이 아닐 거라고 치부해 버리는 외에 다른 설명을 찾기란 불가능했던 모양이다.

종교가 본질적으로 비합리적인 것이라는 비난은 이런 비합리성이 종교인들로 하여금 잔인한 폭력을 행하도록 부추긴다는 관련 주장과 함께 종교에 대한 심각한 비판론의 양 축을 이루고 있다. 내가 속한 신앙인 기독교의 구성원들은 종교에 대한 이런 식의 표현으로 자신들의 믿음이 대변되는 일에 분명 격렬하게 반대할 텐데, 그들의 반대는 다음과 같은 내용으로 요약될 수 있을 것이다: 그러한 폭력적 접근법은 일반적 종교의 방식일지는 몰라도 기독교의 경우는 전혀 그렇지 않다. 다른 종교를 차치하고 생각해 볼 때, 기독교에는 그 같은 행위에 대한 성경의 가르침, 즉 앞에서 언급된 끔찍한 행동들을 기독교인들이 하지 못하도록 금하는 내용이 분명하게 명시되어 있다. 다시 말해 성경의 도덕적 가르침은 하나님이 인간으로 하여금 폭력적이고 잔인한 행동을 하도록 요구하시지 않았음을, 사실상 그런 행위들을 정죄하신다는 점을 분명히 한다. 따라서 만약 그와 같은 행위를 범한 기독교인이 있다면 이는 기독교 신앙이나 성경의 잘못이 아니라 그 행위를 범한 개인의 잘못일 뿐이다. 그런 기독교인에 대해서는 자신의 신앙에 관한 총체적이고 완전한 가르침을 이해하지 못한 일, 즉 성경을 제대로 읽지 못한 일을 오히려 비난해야 마땅한 것 아니겠는가?

하지만 이 질문에 대한 신 종교 비평가들의 대답은 "아니다"이다. 그들의 관점에서 볼 때 성경적 도덕성이란 대다수 사람들의 생각과 같은 만병통치약이 아니며 정직하게 대면한다면 사실상 끔찍한 것이기 때문이다. 따라서 비평가들은 성경이 제공하는 도덕적 가르침의 부정적 특성을 기독교에 대한 주요 비난들, 결코 간과할 수 없는 비난들의 근저를 이루는 것으로 여긴다. 따라서 대부분의 기독교인들이 세속적 폭력의 원인들과 무관하다는 긍정적인 측면에서 기독교를 바라보는 동안, 비평가들은 이를 정반대의 입장, 즉 그 도덕적 가르침 자체가 유혈과 폭력을 장려하는 종교라는 부정적 측면에서 주시하고 있는 것이다. 이와 같은 비판에 대하여 자세히 살펴보기로 하자.

성경적 도덕성은 잔인하며 폭력을 부추긴다.

나는 종종 신앙과 종교에 관련된 주제를 다루는 대학 강의나 공공 강연에 연사로 초청을 받곤 한다. 그럴 때면 강연의 어느 부분에서든 성경을 타인의 해석에 의존하지 말고 스스로 읽음으로써 그 내용에 대한 나름의 사고를 정립하라고 청중들에게 격려하는 일을 반드시 잊지 않는다. 지난 수 년 간 이러한 격려는 스스로를 독립적 사고의 소유자라 여기는 대다수 사람들에게 꽤 전략적인 충고로 작용해 왔다. 하지만 캐나다의 대표적 대학 중 한 곳에서 열렸던 어떤 토론에서는, 스스로 성경을 읽으라는 이 의례적 조언에 대해 그 지역의 철학 교수이던 토론 상대의 반응이 예상과 달랐다. 그는 즉시, 젊은 시절 본인의 할아버지처럼 목사이자 신학자가 되기로 결심했던 자신이 한 일도 정확히 그런 것이었노라고 답했다. 성경을 ─ 그것도 전체를 ─ 상당한 주의를 기울여 읽었었다는 사실을 강조한 후 약간의 조소를 섞어가며 그가 덧붙였던 말은, 성경을 읽은 그 행위가 바로 자신이 기독교인이 아닌 이유가 되었다는 것이었다. 성경을 스스로 읽음으로써 그것이 진정으로 가르치는 바, 특히 도덕성에 관한 가르침에 대해 배우게 되었으며, 구약에 등장하는 하나님의 사람들이 자행한 잔혹한 행동들과 하나님이 직접 지시한 가혹 행위에 대해서도 잘 알게 되었다는 그는, 하나님이 자신의 백성들에게 따르도록 지시한 잔혹한 명령들의 목록을 차근차근 열거해 나갔다. 성경 속의 하나님이란 히틀러보다 악하고 사탄보다도 나쁜데, 이 점은 성경에 기록된 하나님의 행위와 명령에 대해 정직하게 대면하려는 사람이라면 누구나 알 수 있을 사실이라는 단언을 통해 그는 이미 오래 전에 자신이 내렸던 결론을 선포했다. 사실 그의 이런 주장은 기독교에 대한 비판 중 최근 가장 인기를 얻고 있는 내용들의 대변이기도 하다.

대다수의 기독교인은 자신의 신앙에 가해지는 이와 같은 비판에 대해 충격을 받을 것이며, 그 비난들이 실제로 너무나 충격적이라는 점에서 또한 당연한 반응이라 할 수 있겠다. 21세기의 신 종교 비평가들은 상당한 열의를 가지고 적극적으로 비판 작업에 임하고 있지만 현재의 상황은 이전의 경우와 약간의 차이가 있다. 종교 전반에 대한 비난과 기독교를 연결시켜 제시하던 예전의 비판 내용에 덧붙여 새로운 요소를 첨가해 온 그들은, 성경적 도덕성과 ─ 만약 그런 것이 있다면 ─ 관련되어 나타나는 오늘날의 문제가 과거 어느 때보다 더 심각하다는 또 다른 주장까지 펼치고 있기 때문이다. 우리는 이 연관성에 대해서도 후에 간단히 살펴보겠지만 지금은 먼저 성경적 도덕성에 대한 기본적 비난이 무엇인지부터 생각해 보기로 하자.

그 비난의 내용은 바로 성경의 도덕적 가르침과 행위 모두가 그저 부도덕할 뿐이라는 것으로, 성경이 제시하는 도덕적 교훈의 높은 신뢰성에 대한 대다수 사람들의 믿음과 달리 이들 비평가들은 성경의 내용이 공정성과 윤리성의 온당한 기준을 위배한다고 확신하고 있다. 누구든 만약 성경 전체를 진실로 정직하게 읽은 사람이라면, 선과 악에 대해 지금까지 알고 있던 모든 기준을 내팽겨쳐 버리지 않고서는 성경적 도덕성의 이 같은 냉혹성을 무시할 수 없을 것이라고 그들은 확언한다. 이 문제는 특히 구약에 해당되는 사안이지만 신약 역시 그러한 비난에서 자유로울 수 없다는 것이 그들의 주장으로, 이 점에 대해서도 이후에 간략히 살펴보고자 한다.

게다가 이것이 전부가 아니라면서 성경에서 발견되는 부도덕함이 도덕적 가르침뿐만은 아니라고 말하는 비평가들은, 그러한 가르침이 여타의 요소들과 동떨어진 별개의 개체일 수 없기 때문에 그 도덕적 가르침의 배후에 있는 하나님 역시 분명 부도덕하다는 뜻이 된다고 강변한다. 결국 그가 그 가르침의 원천이라는 점에서 이것은 분명한 사실이며, 만약 그의 가르침이 부도덕하다면 그 자신 또한 그럴 수밖에 없음이 자연스런 귀결이라는 것이다. 이 사실을 부인하려는 사람이 있다면 성경 속의 하나님이 어떤 일을 행했는지 살펴보면 될 것이고 그러한 부도덕한 행위들의 사례를 찾기가 그리 어려운 일도 아니라고 그들은 덧붙이고 있다. 성경에 나타나는 하나님은 자신의 명령, 주로 살인과 관련해 내렸던 명령을 스스로 어길 뿐 아니라 가혹하고 보복적인 처벌과 심판에 열중하기도 한다는 것이 비평가들의 생각이다.

노아의 이야기는 도킨스가 즐겨 인용하는 내용 중 하나인데, 사실 이 이야기는 전 세계의 기독교인이 자신의 자녀들에게 흔히 들려 주는 내용으로, 노아의 입장에서는 위대한 믿음과 순종을 증명했으며 하나님 편에서는 죄인을 심판하고 충성된 소수의 의인을 구원하면서 자신의 힘과 정의, 자비 등을 입증하신 사례로 꼽힌다. 하지만 이를 두고 도킨스가 보이는 반응은, 그 이야기가 제시하는 도덕성이란 그저 노골적인 끔찍함에 불과하다며 고개를 내젓는 것 뿐이다. 게다가 그가 이 이야기를 사실로 믿어서 이러한 반응을 보이는 것도 아닌데, 그는 이 사건이 실제로 일어난 일이라고는 결코 생각하고 있지 않기 때문이다. 오히려 그가 놀라워하는 점은 이것을 역사적 사실로서 믿고 있는 기막힐 만큼 많은 사람들의 숫자와 — 미국인의 50퍼센트와 전 세계적으로 수백만의 사람들 — 그 내용이 신자들에게 미치고 있는 엄청난 영향력이다.

도킨스에 따르면, 2004년 발생했던 쓰나미와 같이 21세기 과학적 지식의 소유자라면 누구나 지각 표층의 이동에 의한 현상으로 생각할 일을 두고, 바에 모여 술 마시고 춤을 추며 안식일 준수 규율을 어긴 인간들의 죄로 발생한 결과라고 아시아의 신앙인들이 확신하게 된 것은 바로 그들이 노아 홍수 같은 이야기를 믿고 있기 때문이라는 것이다. 또한 이런 식의 믿음이 2005년 뉴올리언즈에서 일어났던 홍수 재난에 대해 방송 전도자인 팻 로버트슨(Pat Robertson)이 그 도시에 사는 여성 동성애자 코미디언 때문이라며 비난을 퍼붓게 만든 원인이라고도 그는 주장한다. 자연 재해의 원인으로 사람을 지목해 비난하는 행위를 종교가 끼친 사악한 영향의 결과로 보는 그로서는 이런 식의 태도가 특히 혐오스

러울 수밖에 없을 것이다.[25]

하나님의 지나친 무자비는 홍수에서 끝나는 문제가 아니며 그보다 훨씬 심각한 것이라고 보는 도킨스는, 성경을 도덕적 청렴성에 대한 계시쯤으로 생각하는 이들이 그 책의 실제 내용에 대해 조금이라도 올바른 개념을 가지고 있는지에 의문을 제기하기도 한다. 구약의 민수기 내용 가운데, 약속의 땅에 들어가는 길을 막았던 미디언들을 몰살하도록 하나님께서 모세에게 명령한 일과, 병사들이 그 명령의 수행 중 여자와 아이들을 살려 두었던 것에 대해 모세가 크게 격노했던 사실을 그들이 정말로 알고나 있는지[26] 질문하면서 말이다.

도킨스는 또한 성경의 하나님이 얼마나 극심한 여성 혐오자인가의 문제를 특히 날카롭게 제기하고 있다. 그는 자기 책의 독자들에게, 군 지휘자인 입다의 이야기를 잘 읽고 나서 아브라함에게 아들 이삭을 제물로 바치도록 하나님이 명령했던, 똑같이 괴상망측한 이야기와 비교해 보라고 요구한다. 그래도 후자의 경우는 아브라함이 이삭에게 칼을 내리치기 직전 하나님이 멈추도록 했기에 소년이 무사했지만, 앞으로 닥칠 전쟁에서 승리하게 되면 집에 돌아와 문 앞에서 만나는 첫 번째 것을 하나님께 제물로 바치겠다고 약속한 입다는 경우가 전혀 다르다는 것이다. 기막히게도 하필 그의 딸이 제일 먼저 아버지를 맞으러 달려 나옴으로써, 약속을 돌이킬 수 없었던 입다가 결국 딸을 죽이게 되기 때문이다 — 도킨스는 그가 "딸을 요리했다"[27]고 표현한다. 이 상황에서 하나님이 이삭의 경우와 달리 중재에 나서지 않은 것을 그의 여성 혐오적 성향 때문으로 간주하고 비난하는 도킨스의 신랄한 지적에 대해서는, 몇 가지 성경의 사건들을 다시 다루게 될 책의 뒷부분에서 보다 자세히 답하게 될 것이다.

상황은 점점 더 심각해지는데, 이제 도킨스는 구약의 레위기에서 하나님이 사형을 언도하는 범죄들에 대해서도 분개하기 시작한다. 그러한 범죄에 포함되는 부모 저주, 간음, 동성애, 계모나 며느리와의 성관계, 모녀를 상대로 한 동시 결혼, 짐승과의 성행위 등 가운데 도킨스는 특히 짐승과의 성행위에 대한 처벌을 문제 삼으며 그저 불운할 뿐인 짐승까지 죽이는 것이 마땅한 일이냐고 따져 묻는다. 샘 해리스 또한 성경에서의 주요 위법 행위들을 따져 보고는, 왜 사람들이 "불손함이나 불신앙, 안식일 위배 등의 이유로 자녀를 돌로 쳐죽이라고 명령하는 책에서 도덕적 가르침을 얻어야 하는지"[28] 힐문한다.

앞에서도 언급되었듯 이 문제에 대해 도킨스가 보이는 울분은 그러한 이야기나 내용을 사실로 믿고 있어서가 아니다. 그것들이 사실일리가 없음을 반복해서 강조하는 그에게 있어 정말로 충격스러운 일은, 앞에서 다루어진 것처럼 "모든 소설의 주인공 가운데 가장 불쾌하다고 할 만한 인물, 즉 시기심과 자만심이 강하고 편협하며 불공정할 뿐 아니라, 용서를 모르는 통제 집착자, 피에 굶주려 보복을 일삼는 민족 청소자, 여성 혐오자, 동성애 공포자, 인종차별주의자, 유아 살해자, 대량 학살자, 자녀 살해자, 과대망상증 환자, 변태성욕자, 극히 성가신 존재, 변덕스러우며 악한 불량배"[29]라고 자신이 요약, 기술한 성경 속의 하나님, 즉 그토록 끔찍한 롤모델에게 21세기를 살아가고 있는 사람들조차 기꺼이 자기 삶의 기반을 둔다는 점이다. 그나마 자신의 도덕성의 기준을 성경으로부터 이끌어 내는 사람의 숫자가 종교인 모두를 포함해도 지나치게 많지는 않은 것이 다행이라며 그는 안도를 표한다.

하지만 그럼에도 성경은 많은 선한 명령과 행위, 그리고 원칙들 — 그에 따라 사는 사람들이 바른 삶을 살게 하는 원칙들 — 을 포함하고 있지 않은가라는 질문이 있을 수 있다. 이에 대해 도킨스는 물론 그렇기는 하다고 인정하면서 몇 가지의 목록을 나열한다. 세금 납부에 관한 지침, 사기나 살인, 근친상간 등에의 금지, 자신이 당하기를 원치 않는 행위는 남에게도 행하지 못하도록 금하는 명령 등등 말이다. 그러나 이러한 좋은 원칙들조차 보통의 선한 사람이라면 따르려고 하지 않을 다른 악한 것들에 묻혀 버리므로, 결국 성경은 좋은 원칙과 나쁜 원칙을 구분하는 규칙이나 기준을 제공하지 못한다고 그는 덧붙인다. 결과적으로 훌륭한 명령들의 가치조차 함께 퇴색되어 버린다는 것이다.

그렇다면 왜 성경적 도덕성에 대한 비난이 종교의 해악에 관한 비판의 주된 내용이 될 만큼 비평가들에게는 그렇게 중요한 것일까? 그 둘 사이의 연계성, 혹은 관련성은 무엇인가? 도킨스는 이에 대해, 성경에서 발견되는 부도덕성이 결국은 같은 맥락에서의 폭력, 사악, 부도덕, 동성애 혐오, 일부 종교인들에 의해 행해지는 여타 잔인한 행동들의 근간이 된다는 점을 대답으로 제시한다. 그러한 행위들은 최근 주요 매체의 관심을 집중시키는 중심 주제인 동시에 신 종교 비평가들의 비난의 주된 내용이기도 한데, 여기에서의 그들의 요점은 성경의 도덕적 가르침이 이런 종류의 행위를 쉽사리 실행하도록 만들뿐더러 심지어 그것들에 일종의 합리성을 부여하기까지 한다 — 비평가들의 표현대로라면 — 는 것이다.[30] 따라서 그들은 이와 같은 연계성으로 인해 성경의 가르침이 그토록 파괴적이고 사악한 힘을 발휘할 수 있는 것이라는 결론을 도출한다.

도킨스는 혹시 누구라도 이러한 연계성의 문제가 그저 순수한 이론이거나 쉽게 간과해도 되는 요소라고 생각하지 않도록 이스라엘의 심리학자 조지 타마린(George Tamarin)의 연구까지 인용하면서 현대인들의 태도와 행동에 미치는 성경적 도덕성의 영향력을 소개하는데,[31] 이 연구에서 타마린은 8세에서 14세 사이 연령인 천 명 이상의 이스라엘 어린이들에게 구약의 여호수아서에 등장하는 여리고 전투 이야기를 제시하고 있다.

여호수아는 사람들에게 "하나님께서 그 도시를 주신 것에 기뻐하라. 그리고 도시와 그 안에 있는 모든 것들을 파괴를 통해 하나님께 바쳐라…"라고 말했다. 결국 그들은 도시 안의 모든 것들, 남자와 여자, 청년과 노인, 소, 양, 당나귀를 철저히 칼로 도살했고… 그리고는 거기에 남아 있는 모든 것들을 불태웠다; 오직 은과 금, 동과 철로 된 그릇들만을 하나님의 성전 보고에 보관했다.

그리고 나서 타마린은 아이들에게 도덕성에 관한 간단한 질문을 던졌다: "여호수아와 이스라엘인들이 옳은 일을 한 것이라고 생각하는가, 그렇지 않은가?" 그들에게는 전적 찬성, 부분적 찬성, 전적 반대라는 세 가지 선택이 주어졌는데, 66퍼센트의 아이들이 전적인 찬성을 표했고 26퍼센드가 전적 반대, 8퍼센트가 부분적 찬성을 선택했다. 왜 그렇게 생각하는지의 이유를 물었을 때 아이들은 다음과 같이 답했다: "제 생각으로는 여호수아가 그렇게 한 것은… 하나님께서 사람들을 말살하라고 명령했기 [때문에] 그랬던 것이고… 그럼으로써 이스라엘은 그곳 사람들에게 동화되거나 그들의 나쁜 생활 방식을 배우지 않게 될 것"이며 "그 땅에 살고 있던 사람들은 이교도이므로 여호수아가 그들을 죽임으로써 지구상에서 그들의 종교를 몰아내는 옳은 일을 한 것입니다."

타마린의 두 번째 실험으로 넘어가기 전에 아이들이 제시한 이유에 관해 도킨스가 덧붙인 평을 한번 살펴보는 것이 좋을 듯 한데, 그는 이들과 똑같이 전쟁으로 고통받는 지역인 팔레스타인의 아이들에게도 어린 시절부터 역사적 증오와 복수심을 갖게 하고 사람들 간의 분열을 꾀하도록 가르치며 키운다면, 종교가 가진 능력이 엄청나게 발휘되면서 이스라엘 아이들과 동일한 형태의 의견을 정반대의 입장에서 표출하리라는 자신의 의견을 추가했다. 이 사실이 바로 도킨스 자신을 절망하게 만드는 부분이라면서 말이다.

타마린의 실험은 여기에서 끝나지 않는데, 후속 작업으로 그는 168명의 다른 이스라엘 아이들을 선택하여 여호수아서의 같은 내용을 인용하면서 여호수아의 이름을 "린(Lin)장군"으로, 또 이스라엘을 "3천 년 전의 중국 제국"으로만 바꾸어 제시했다. 동일한 방식으로 질문이 주어졌을 때 실험의 결과는 정반대로서, 7퍼센트의 아이들만이 린장군의 행동에 전적 찬성을 표했고 75퍼센트는 전적인 반대를 나타냈다.

이러한 결과에 대해 도킨스는, 종교적 충성심이 배제될 경우 대다수의 아이들이 — 보통의 사람들이 그럴 것이듯 — 여호수아의 행동을 야만적인 대량 학살로 보고 있으며, 그 점이 곧 타마린의 연구에서 발견되는 요점이라고 평한다. 그의 말을 빌면, 아이들이 대량 학살을 지탄하느냐 묵과하느냐 사이에 차이를 만드는 진정한 결정 요인은 다름이 아닌 종교라는 것이다.

한편, 이런 혹독한 비난에 대해서는 물론이지만, 결코 이해가 쉽지 않은 몇몇 구약의 내용으로 인해서도 많은 수의 기독교인들 역시 당혹감을 느끼고 있다는 것은 사실이다. 하지만 이 문제에서도 마찬가지로, 성경의 도덕적 가르침 중 가장 중요한 부분인 나사렛 예수에 관한 내용을 도킨스가 빠뜨리고 있기 때문에, 그 자신이 다루려 하는 주제에 대해 공정하지 못할 뿐 아니라 지극히 선별적인 태도까지 취하고 있다는 항변이 있을 수 있다. 그렇다면 과연 나사렛 예수의 도덕적 가르침과 신약 전반의 도덕적 교훈이란 무엇인가? 그것은 지금까지 다루어진 문제들과는 전혀 다른 차원이 아니겠는가? 사실상 예수는 세계적으로 가장 위대한 도덕적 스승 중의 하나이며 실제로 모든 사람들이 이에 동의하고 있지 않은가?

이 질문에 대해 도킨스는 "그렇다"고 대답함으로써 듣는 이들을 놀라게 한다. 예수가 "구약의 잔인한 괴물"[32]로부터 대단한 향상을 이루었으며 당시로서는 그분의 산상수훈이 시대를 훨씬 앞선 일련의 도덕적 교훈이었다고 말하는 그는, 자신의 제자들에게 다른 뺨을 돌려대라고(마 5:39) 하신 예수님의 말씀이 간다나 마틴 루터 킹 2세보다 시대적으로 2천 년이나 앞선 가르침이라고 치켜세운다. 또한 도킨스는 예전에 자신이 "예수를 위한 무신론자들(Atheists for Jesus)"이라는 제목의 글을 썼다는 것과 이후에 그 제목이 새겨진 티셔츠를 선물받고 기뻐했던 일이 있음을 자신의 독자들에게 상기시키기도 한다.

하지만 여기에는 하나의 함정, 그것도 커다란 함정이 있다. 예수님의 도덕적 가르침이 구약의 그것보다 월등하다는 점은 분명한 사실이지만 바로 그 사실이 자신이 말하고자 하는 요점을 대변한다고 주장하는 도킨스가, 예수님의 교훈의 도덕적 우월성은 곧 그가 구약으로부터 완전히 탈피해 있으며 그의 도덕적 가르침이 구약에서 나온 것이 아님을 확증하는 요소라고 강조하고 있기 때문이다. 자신의 주장에 대한 한 예로, 안식일 위배와 관련된 종교 지도자들의 위협적 경고에 맞서는 예수님의 도전을 제시하고 있는 도킨스는, 그들의 율법이 너무나 모질고 비합리적이었기에 예수님이 스스로 거기에서 돌아서 버린 것이라고 단정한다. 제대로 된 사람이라면 누구나 자신의 도덕적 가르침을 성경으로부터 얻으려 하지 않을 것이듯 예수님 역시 마찬가지였다고 힘주어 말하면서, 바로 그 사실로 인해 예수님의 가르침이 구약의 교훈보다 우월하게 된 것이란 논리를 도킨스는 반복하여 제시한다.

하지만 신약의 다른 부분에 표현된 도덕성에 대해 그가 내리는 평가는 구약에 대한 자신의 평가보다 그다지 나을 것이 없다. 가증스럽고도 위험하며 종교의 부도덕성과 폭력성에 기여하는 가르침들을 내포한다고 도킨스가 비난하고 있는 신약의 교리 중에는 신 비평가들이 특히 맹렬한 공격을 퍼붓는 몇 가지가 있는데, 그 내용들은 비평가들이 기독교에 새롭게 가하는 '참신한' 비난들의 주된 소재가 되었다. 이제는 그것들에 대해 하나씩 알아볼 차례이다.

내세에 대한 종교적 가르침은 위험하고 가증스럽다

얼마 전 나는 옆 차의 갑작스런 차선 침범으로 인한 교통사고로 현장에서 사망한 17세 소년의 장례식에 참석하게 되었다. 그는 등교 전 어머니를 직장까지 태워다 드린 후 아침에 해야 할 다른 심부름을 마치러 가던 길에 사고를 당했다. 장례식에 참석했던 많은 교사와 친구들을 통해 야구에 무척 뛰어났던 그 소년이 주위에서 인기도 많고 사랑도 많이 받았음을 쉽게 짐작할 수 있었다. 내가 참석했던 중의 가장 슬픈 장례식 가운데 하나였다. 친구들이 슬픔에 잠긴 부모님을 둘러서서 위로해 주었지만, 사실상 아들을 잃은 슬픔에 비한다면 그런 위로가 무슨 큰 의미가 있겠는가?

그럼에도 그들에겐 깊은 위안이 되는 무언가가 있었다. 그들은 예수님의 제자인 자신의 아들이 현재 예수님과 함께 있으며, 지금 그가 무척 그립기는 하지만 언젠가 다시 만날 수 있다는 확고한 믿음을 가지고 있었기 때문이다. 장례를 집전한 목사님의 이야기처럼 실제로 그 소년은, 자신의 믿음을 예수님께 둔 사람이라면 육신이 세상을 떠났다는 사실은 곧 그가 현재 예수님과 더불어 함께 있다는 의미라는 걸 누구보다도 확신하던 신앙인이었다.

그토록 힘든 과정을 겪고 있는 부모에게는 이보다 더한 위로를 생각하기 어려운데, 특히나 사랑하는 사람의 죽음 이후 그렇게 한순간 사라져 버리고는 끝이라는 정반대의 믿음 때문에 아무런 희망도 가질 수 없는 또 다른 이들의 경우와 비교한다면 더더욱 그러할 수밖에 없다. 한편에서 소유한 것이 깊은 희망과 위안이라면 다른 한편에 남은 것은 전적인 절망과 공허이기 때문이다.

이렇게 큰 위안을 주는 가르침이 터무니없는 희망일 뿐 아니라 실제로 우리가 사는 세상에 큰 악을 만들어 내는 요소이므로 완벽히 거부하는 것이 현명하다는 조언에 따라 결국 그렇게 믿게 된 부모가 있다면 그들이 느낄 고통이 어떻지 한번쯤 상상해 보라. 누군가에게 큰 위로와 격려가 되는 의미 있는 가르침이 어떻게 다른 이들로부터는 그토록 격렬한 비난을 불러일으킬 수 있는 것일까? 비평가들이 주장하고 있는 위험성과 부도덕성이란 대체 무엇을 지목하는 것인가?

사람들에게 위안을 주는 교리의 힘에 대해서는 종교 비평가들도 인정하고 있지만, 그 교리가 세상에 미치는 궁극적 영향에 대한 평가는 대다수 신앙인들의 그것과 전혀 다르다. 이 문제와 관련하여 샘 해리스는, 지구상에서의 삶은 좋은 것들과 나쁜 것들의 혼합물로서 그 둘 사이의 비율이 자신의 통제력을 넘어서는 어떤 요소들에 의해 결정된다는 사실을, 대부분의 사람들은 경험을 통해 쉽게 배우고 터득한다는 논리로부터 자신의 입장을 개진해 나간다. 그러한 요소들 중에는 철학자들이 출생의 우연성이라 일컫고 있는 출생 시기와 장소, 출생 환경, 그 이후의 건강, 외모 등등이 포함되는데, 일부의 사람들이 다른 이들보다 더 운이 좋은 경우일 수는 있지만 소위 행운아라는 사람들조차 이 땅에서의 삶에 반드시 만족하는 것은 아니라는 설명으로 그의 논리는 전개된다. 그리고는, 우리 모두가 자신의 건강이나 부(富), 배우자, 자녀, 부모와 같은 소중한 무언가를 잃을 경우를 늘 걱정하면서 두려움을 갖고 살지만, 결국 언젠간 그 모든 것을 잃을 수밖에 없음이 인간의 현실이며 이것이 단지 가능성이 아닌 확실성이라는 사실이 결국 모든 이들을 심한 두려움과 뼈저린 현실 인식으로 인도하게 된다는 자신의 궁극적 논리를 제시한다.[33] 이같이 우울한 상황에 관한 깊은 숙고를 요구함으로써 그에 대한 지각이 우리들 대부분에게, 심지어 큰 문제없이 세상을 살아가고 있는 사람들에게까지 야기하는 상당 정도의 스트레스와 절망에 대해 강조하고자 하는 것이 여기에서의 해리스의 목적이다. 그리고 이러한 그의 말이 물론 옳기는 하다. 서구 선진국가의 대다수 사람들이 그렇게 우울한 현실에서 벗어나기 위해 엄청난 시간과 돈을 쓰고 있다는 것은 부인할 수 없는 사실이며, 그럼에도 불구하고 그들 노력의 대부분은 실패로 끝나게 마련이기 때문이다. 인간의 이 같은 보편적 절망은 전 세계적으로 책, 신문 기사, 그리고 강연 등의 내용에서 단골 주제로 등장하는데, 여기에는 자연히 "과연 그러한 절망으로부터 벗어날 수 있는 방법이 있는가"라는 질문이 이어지게 된다. 이와 같은 절망적 문제 상황에 대한 해결책은 정말로 존재하는 것일까?

해리스는 이 질문에 "그렇다"고 답한다. 인간을 구하고자 세상에 나타났다고 주장하는 종교가 그 주장을 뒷받침하기 위해 소위 내세 교리라는, 모든 문제의 해결책을 발명했다는 것이다. 참으로 대단한 아이디어가 아니겠느냐며 그는 감탄을 표한다. 세상에서 살아가는 동안에는 사랑하는 대상들을 잃을 수밖에 없지만 죽고 난 이후라면 자신이 원하는 모든 것을 가질 수 있으니, 삶에서 겪는 절망으로부터 벗어나게 해주는 처방으로서 이보다 더 나은 무언가를 어느 누가 생각해 낼 수 있겠느냐는 것이다. 이승의 삶에서 난관에 봉착한 인간들의 마음을 사로잡으면서, 불가항력적 고통의 상황을 만났을 때 위안과 격려를 주는 능력이 이보다 더 큰 아이디어는 아마 찾기 어려울 것이라고 해리스는 비꼬아 말한다. 누군가가 이 아이디어를 발견했고 이후 종교가 거기에 기반을 두게 된 것도 당연한 일이라는 것이 그의 논리의 완결이다.

하지만 그것이 주는 더없는 위안에도 불구하고 내세에 대한 믿음에는 상당히 불온한 또 다른 측면, 즉 희망과 위안 외의 더 큰 우려스러운 부분이 있다고 해리스는 덧붙인다. 하나님의 뜻을 행하기만 하면 우리에게 내세가 보장된다는 가르침보다 인간 세상에 더 큰 악과 파괴의 원인이 되는 교리는 찾아보기 어려우리라고 그는 줄곧 주장하는데, 이 같은 종교적 믿음이 인류의 생존 자체를 위협한다는 그의 말 역시 작금의 현실을 생각하면 그리 과장된 것만은 아니다. 좀 지나치게 표현되긴 했지만 그 자신에게는 진심으로 심각한 이 주장을 반복하면서 해리스는, 왜 훌륭한 교육을 받은 중류 계층의 남성 열 아홉 명이 전혀 알지도 못하는 수천 명의 사람들을 죽이는 '특권'을 위해 자신의 삶과 미래의 희망을 포기했는가 하는, 앞부분에서 언급되었던 질문을 제기하고 있다. 그리고서 해리스는 고통스러울 만큼 명백한 그 이유는 곧, 그러한 행위를 통해 낙원으로 직행하리라는 그들의 믿음 때문이었다는, 스스로의 답변을 제시한다. 따라서 9/11 테러라는 끔찍한 짓을 범한 사람들 역시 이러한 신념을 바탕으로 생각한다면 포악자나 미치광이가 아니라 오직 내세를

왜 사람들은 믿음을 갖지 않는가

믿은 사람들임을 알 수 있다는 것이다. 그들은 단지 신실한 신앙을 가졌던 사람들일 뿐이며 이 사실이 바로 우리가 인정해야 할 끔찍한 현실이라고 해리스는 목소리를 높인다.

그는 또한 코란을 믿는 수많은 사람들이 국제 무역 센터 폭파범들은 현재 "지극히 순수한 물의 강, 영원히 신선한 우유의 강, 깨끗하기 그지없는 꿀의 강"(코란 47:16) 한가운데서 신의 오른 편에 자리하고 있음을 확신한다는 사실도 지적한다. 여승무원들의 목을 베고 시속 500마일의 비행으로 젊은 부부와 어린 아이들을 한꺼번에 학살한 이 사람들이 지금 "고급스러운 초록빛의 비단과 양단 겉옷을 입고 은색 팔찌를 두른 채 도열해 있다"(코란 47:20 - 21)고 믿는 이들이 상당수에 달한다는 것이다.

해리스의 주장에 의하면 낙원을 이용하는 이런 식의 접근법이 워낙 강한 힘을 지니고 있고 그로 인한 순교에의 열망 또한 무척 강렬할 수밖에 없다 보니, 자살 폭탄 테러에 실패한 한 팔레스타인인은 자신이 "순교를 향한 사랑…"으로 이스라엘인을 공격하도록 '고무'되었다고 묘사하면서, "나는 누구에게도 복수를 원치 않았다. 오직 순교를 원했을 뿐이다"라고 증언했다고 한다.[34] 해리스의 신랄한 지적대로라면 "한 가지의 전제 — 결코 죽지 않는다 — 를 일단 믿게만 만들면, 그렇지 않았을 경우 상상조차 할 수 없었을 삶의 방식을 결심하게 만들 수도 있다"[35]고 할 것이다.

무신론의 옹호(In Defense of Atheism)라는 책의 저자인 미첼 온프레이(Michel Onfray) 역시 내세에 대한 믿음이 사람들의 사고에 미치는 해로운 영향을 날카롭게 비판하면서, 특별히 기독교 신앙만을 떼어 놓고 보더라도 과학이나 인간의 감각을 뛰어넘는다는 기독교 교리가 "우리의 한 번뿐인 삶을 무가치하게 하고 폭력에 굴복하도록 만든다"[36]며 극심한 비난을 가하고 있다. 하지만 아무리 좋게 해석한다 해도 이 말은, 수많은 사람들에게 신뢰를 받아 온 기독교 신앙의 가르침에 대한 전례 없고 충격적인 왜곡일 뿐이다.

내세에 대한 교리가 실제로 사람의 생존을 위협할 수 있는가? 작금의 테러리스트들의 행태를 종교적 위협이라 명명하기 꺼리는 안이한 서구인들에게 경종을 울리겠다면서 해리스가 제시하는, 터무니없다고 할 만한 시나리오를 한번 살펴보자: 한 이슬람 정권이 장거리 핵무기류를 확보한다. 다수의 살상, 상호 멸망 가능성 등에 대한 경고가 주어진다고 해서 그 정권이 무기의 사용을 단념하지는 않을 것이며 사람들의 순교에의 열망이 내세에 대한 믿음에 의해 가열되면 결과는 명약관화해진다. 지난 역사에 비추어 볼 때 우리는 아마도 그 공격용 미사일 탄두의 위치나 그들의 구체적 준비 상황에 대해 정확히 알 수 없을 것이며 따라서 그에 대응하기 위해 전통적인 무기에 의존할 수도 없을 것이다. 이러한 상황을 전제로 우리에게 가능한 선택이 무엇일지를 자문한 해리스는, 이 경우의 유일한 생존 전략이란 결국 핵을 이용해 선제 공격하는 방법뿐이리라고 자답한다. 상상하기 조차 두려운 방법이긴 하지만 — 수만 명의 무고한 사람들을 죽이는 — 그렇다고 다른 어떤 묘책이 있을 수 있느냐는 것이다.

해리스는 이 같은 시나리오가 끔찍한 것이라고 하면서도 종교적인 관념 때문에, 특히 내세에 대한 믿음 때문에 세계 인구의 상당수가 도살되는 상황은 충분히 있을 수 있는 일이라고 역설한다. 이것이 우리가 배트맨이나 철학자의 돌, 유니콘 같은 것을 보는 식의 관점에서 발견해야 할 교훈이라고 말하는 그는,[37] 내세 교리란 단순한 일개 신화 정도가 아니

왜 사람들은 믿음을 갖지 않는가

라 오랜 시간이 지나야만 그 결과가 나타나는 무척 위험천만한 신화라는 경고까지 내놓는다.

이와 같이 비평가들은 몇몇 종교적 신념들이 참으로 가증스러운 것인데다가 그 사실조차도 문제의 일부일 뿐이라는 주장을 굽히지 않고 있다. 종교와 관련된 어떤 특성들은 상황을 더욱 심각하게 만드는데, 그것은 바로 신봉자들에게서 보여지는 일련의 태도라는 것이다. 사람들이 흔히 나타내는 태도들은 각자의 믿음을 표현하고 그에 따른 삶의 방식에도 계속적 영향을 미치지만 종교적인 사람들에게서는 그런 경향이 더욱 확실히 드러난다는 이유에서이다. 종교에 의해 고무되는 이러한 문제적 태도란 과연 무엇을 말하는 것일까?

종교는 비관용적이며 배타성을 조장한다

최근 수십 년의 기간은 관용과 포용이라는 개념이 현대 사회의 가장 중요한 문화적 가치 중 하나로 자리매김하게 된 시기라 말할 수 있을 것이다. 우리는 남들에게 최대한의 아량과 포용심을 베풀면서 스스로의 높은 도덕성을 과시할지 아니면 자신과 의견이 다른 사람들의 잘못된 점을 지적하며 고치라고 말하는 입장을 택할지의 문제와 마주할 때마다 그 두 가지 개념을 삶에 적용해야 했다. "그녀는 정말 관대하지 못해!"라는 한마디로 누군가가 단정을 짓고 나면 그 점에 대해서는 더 이상의 논란이 불가능해진다. 일단 이와 같은 비난을 받게 된 그 불행한 희생자는 사회의 가장 중요한 미덕 중 하나를 위반한 것으로 간주되어 순식간에 열세의 입장에 놓이게 되며, 이제는 모두가 무시해도 되는, 사실상 배척해도 무방한 사람이 되어 버리는 것이다. 오늘날 이 두 개념을 백안시한다며 손가락질받고 있는 것이 바로 종교인데 이는 정말로 심각한 오해가 아닐 수 없다.

이 같은 비난에 대해 좀 더 살펴보기 전에 관용과 포용이 현대 문화에서 왜 그토록 중요한 가치가 되었는지부터 생각해 보자. 미국정신의 종말(Closing of the American Mind)이라는 유명한 책에서 저자인 앨런 블룸(Alan Bloom)이 내린 분석은 이 질문에 대한 적절한 관점을 제시해 주는데, 1980년대에 쓰여진 이 책을 통해 블룸은 현대 사회의 많은 사람들에게 있어 인종차별, 편협성, 전쟁, 제국주의, 소수 차별주의 등 전 세계적으로 심각해진 사안들의 주요 원인으로 절대적 진리에 대한 믿음이 지목되기 시작했음을 상기시킨다. 진리가 절대적인 것이라고 믿는 사람들이 "우리는 서로 의견이 다르니까 누가 옳은지 따지지 말고 문제를 그대로 덮어 두자"라고 하는 대신 "내 말은 옳지만 당신의 말은 옳지 않으니 바로잡아야 한다"며 고집하기 때문에 그러한 문제들이 발생한다는 것이다. 그의 주장에 따르면, 누군가의 관점은 옳고 다른 사람의 것은 틀리다고 하는 생각은 절대적 진리에 대한 믿음에 바탕을 둔 사고인데, 일단 자신의 가치관과 삶의 방식이 옳다고 믿게 된 사람들은 상이한 관점이나 삶의 방식을 견지하는 타인들에게 자신의 것을 강요할 권리까지 자연스레 스스로에게 허락하면서 오히려 자신이 그들에게 호의를 베푸는 것으로 믿는다고 한다.

그러므로 포용과 관용이 현대 문화의 가장 위대한 미덕으로 대접받게 된 것도 놀랄 일이 아니라고 말하는 블룸은, 관용적, 포용적이 되는 방법도 사실 간단한데, 이는 단지 절대적 진리라는 개념을 거부하기만 하면 되는 것이라고 설명한다. 그러한 개념을 모두가 거부함으로써 불관용과 배타성의 근간을 뿌리 뽑게 되며 자신과 다른 입장의 모든 관점에 대해 관용을 보일 수 있다는 것이다.[38]

왜 사람들은 믿음을 갖지 않는가

오늘날의 국가들이 점차 다양해지고 다원화되고 있다는 점에서, 그의 분석은 책이 집필되던 당시보다 지금의 상황에 더욱 잘 들어맞는 듯 하다. 우리 주변의 사람들은 상당히 다양한 문화적, 종교적, 그리고 도덕적 관점을 보여 주고 있는데, 이토록 다양한 환경이 제대로 기능할 수 있으려면 관용과 포용이 필수적 태도인 것만은 틀림없다. 그러한 태도는 서로의 상이함 속에서도 다 함께 어울려 살 수 있도록 도움을 주는 중요한 요소이기에, 불관용과 배타성이 많은 사람들에 의해 경멸받는 것도 당연한 일일 것이다.[39]

　그렇다면 어떻게 종교가 이러한 신성하다고까지 할 미덕들에 위배되는 요인으로 지탄받게 되었는가? 그것은 바로, 자신들이 믿는 진리가 같은 종교를 가진 사람들은 물론 다른 모든 이들로부터도 인정받아야 한다는 신앙인들의 고집이 낳은 귀결이라고 비평가들은 말한다. 여기에서 우리는 종교의 구조 자체에 존재하는 치명적 결함이라는 — 비평가들의 관점에서 보면 — 문제에 이르게 된다. 그들의 주장에 의하면 이 같은 결함은, 특정 주요 사안들에 대한 절대적 진리를 오직 신자들만이 지니고 있고 다른 사람들은 그렇지 않다는 각 종교의 가르침에(그들이 가르치는 다른 모든 내용들과 함께) 기인한다. 수백만의 사람들이 받아들이지 않고 있는 자신들의 종교적 가르침을 마치 모든 이가 인정해야 마땅한 보편적 진리인 양 대하는 태도가 곧 여타의 관점과 신념 체계에 대한 철저한 불관용으로 연결된다는 것이다. 만약 샘 해리스의 말이 맞다면, "모든 종교적 전통의 중심 교리는, 자신들을 제외한 다른 사상은 단지 오류의 집합일 뿐이거나 혹은 심각하게 불완전한 것이라고 보는 관점에 근거를 둔다. 따라서 불관용은 모든 교리의 본질이라 정의될 수 있다."[40]

종교적이 된다는 것은 결국 불관용적이고 배타적이 된다는 것이기에, 그렇지 않아도 서로 어울려 사는 일에 어려움을 겪고 있는 인간 사회의 구성원들 사이에서 종교가 주요 분열 요소로 작용할 수밖에 없다는 것이 이 주장의 핵심이다. 종교가 신자들 내부에서 자신과 자신의 집단 구성원들만이 중요 사안들에 대한 진리를 소유하고 있고 다른 사람들은 그렇지 않다는 확신을 생성해 낸다고 하여 리처드 도킨스는 이 현상을 절대주의에 대한 헌신이라고 명명하였고, 그 영향력의 위험성을 다음과 같이 표현하기도 했다: "절대주의는 절대 죽지 않았다… 이러한 절대주의는 거의 항상 강력한 종교적 신념으로부터 배양되며, 그 사실이 바로 세상의 온갖 악한 요소들의 배후 세력이 종교일 수 있다는 주장의 확실한 근거가 된다."[41]

이 소위 치명적 결함이란 무엇을 말하는가? 누군가가 자신의 종교적 믿음을 진리로서 가르치는 행위가 도대체 왜 문제로 간주되어야 하는가? 이에 대해 비평가들이 말하는 이유를 간단히 요약하면, 처음에는 삶과 죽음, 영원한 운명과 같은 주요 문제들에 대해 특정한 개념을 옳은 것으로 믿는 기본적이고 단순했던 마음 상태가 결국은 같은 믿음을 소유하지 않는 사람들에게도 이러한 개념들을 기꺼이 강요하려는 구체적 행동으로까지 발전되기 때문이다. 비록 다른 이들이 동의하지 않더라도 그들에게 진리를 강제하는 것이 결국은 호의를 베푸는 일이라고 믿는 신앙인들은 원치 않는 이 세계에 자신들의 개념을 너무나 기꺼이 ― 때로는 폭력적인 방법으로 ― 강요해 왔다고 비평가들은 주장한다. 이것이 우리가 다루어 온 종교에 대한 비난 중의 마지막 내용이다.

종교는 타인에게 자신들의 교리를 강제하도록 유도한다

모든 문제가 여기에 집약된다. 앞에서 살펴보았듯 오늘날 종교에 가해지는 비난 중의 핵심 내용은 그것이 신자들에게 폭력적 행위를 부추기고 있다는 혐의이기 때문이다. 하지만 어떻게 종교가 원래는 그렇지 않았을 사람들에게 잔인하기 짝이 없는 행위를 하도록 유도한다는 말인가? 비평가들은 이 질문에 대한 대답을 간단한 것으로 보면서, 앞에서 이미 언급되었듯 종교의 가르침 가운데 존재하는 절대적 진리에 대한 확신이 바로 그러한 부추김의 근간이라고 말한다. 일단 종교적 가르침들이 절대적 진리로 받아들여지면 많은 선한 사람들 — 심지어 자신의 선함을 의식조차 하지 않는 — 로 하여금 다른 사람들에게도 그러한 가르침을 강제하는 행위를, 때로는 폭력적 방법까지 동원하면서 기꺼이 하도록 만드는 단계로 진행된다는 것이다.

자신의 종교적 신념을 원치도 않는 세상에 강요하는 데에는 여러 가지 방법이 있지만, 궁극적이면서 가장 위협적인 방법은 바로 폭력 행위를 통한 것이라고 그들은 지적한다. 그 같은 행위로 외부 사람들의 마음에 두려움을 자아내어 주의를 끌 수 있을 뿐 아니라, 그 외부인들에게 자신들이 무척 진지한 데다가 온 세상에 자기들의 종교적 진리와 가치를 퍼뜨리기 위해서라면 필요한 모든 수단을 기꺼이 사용하겠다는 경고까지 보낼 수 있기 때문이다. 결국 이 모두는 상대방이 그 사실을 인식하든 못하든 그것을 강요받는 사람들의 이익을 위한 것이라고 확신하면서 말이다.

종교적 절대주의와 타인에게 자신의 종교적 믿음을 열성적으로 강요하는 일 사이의 관계를 연구하는 가운데 많은 관련 사례를 발견했다고 말하는 리처드 도킨스는, 자신의 관점에서 볼 때 "미국 탈레반"이라고 불리어 마땅한 일부 미국 기독교인들의 동성애에 대한 태도가 이 같은 현상을 잘 축약해 준다고 덧붙인다. 이들은 동성애를 부도덕한 행위로 정죄하면서 동성애자들의 권리를 박탈할 수 있는 공권력을 자신들이 쥐게 되기만 바라고 있는데, 그들 중 상당수는 동성애 불법화 활동을 지금도 적극적으로 펼치고 있는 중이라는 것이다.[42]

도킨스는 낙태와 줄기세포 연구, 안락사에 대해서도 이와 유사한 태도를 발견하고, 그 일들의 진행을 멈추기 위해 모든 수단, 즉 자신이 "많은 사람들의 생명을 구할 수 있음이 분명한 의학적 연구를 금지시키는 수준"[43]으로 간주하는 방식까지 동원하려는 사람들에 대해 맹렬한 공격을 가한다. 그런 가운데에서도 원치 않는 사회에 자신들의 가치를 강요하는 절대주의자들의 폭력 행위 중 최악의 사례로 그가 꼽고 있는 것은 역시, 북미 지역에서 일어나고 있는 낙태 시술 의사에 대한 저격이나 범세계적인 자살 폭탄 테러 등이다.

자신의 말이 지나친 과장이 아님을 증명하기 위해 도킨스는 "기독교적 정치 행동을 위한 천주교도 모임(Catholics for Christian Political Action)"의 대표인 게리 포터(Gary Potter)와 "구조 작전(Operation Rescue)"의 창시자인 렌델 테리(Randall Terry)의 경우를 인용하고 있다. "기독교인 대다수가 이 나라를 점유하게 되면 사탄적 교회나 포르노 자유 유통, 동성애자의 권리에 대한 언급 등은 사라질 것이며… 다원론은 부도덕하고 사악한 것으로 취급될 것이다"[44]라는 포터의 공언과, 낙태 시술 의사들을 향해서 "나나 나와 생각이 같은 사람들이 나라를 다스리게 되면 당신들은 서둘러 도망쳐야 할 것이다. 우리는 당신들을 추격하고 심판하고 처형할 테니까"[45]라고 한 테리의 경고가 그가 제시하는 사례들이다.

이러한 위협이나 종교로부터 고무된 폭력을 행사하는 사람들이 꼭 정신병자인 것만은 아니라고 도킨스는 반복해 말한다. 그들은 스스로를 하나님에 의해 인도받는 선하고 도덕적인 사람으로 생각하는데, 이 점이 바로 종교의 폭력적 역할에 대해 이해하고자 할 때 우리가 꼭 기억해야 할 부분이라고도 강조한다. 그들은 위험하긴 하지만 그렇다고 위험한 정신병자는 아니며, 오히려 위험하리 만큼 종교적인 사람들이기에 종교 자체가 바로 문제의 원인이라는 것이다. 결국 다른 이들에게 자신의 가치를 강요하는 사람들의 논리 근거를 제거하려면 종교를 뿌리 뽑는 방법 밖에 없다고 믿는 도킨스는, 만약 이 문제가 적절히 해결되지 않는다면 최소한 개인들이 각자의 자유를, 보다 심각하게는 인류 전체가 현재의 문명을 상실할 위험에 놓이게 되리라고 강력히 주장한다.

한편 샘 해리스는 자신의 책, 기독교 국가에 보내는 편지(Letter to a Christian Nation)에서 문명의 존속과 관련한 현 상황의 심각성과 위급함을 우려하면서, 새로운 세계로 인도해 줄 아마겟돈의 발발을 확신하며 예수님의 재림을 앞당기는 방법으로서의 핵전쟁을 고대하고 있는 일부 기독교인들의 실태를 언급한다. 만약 미국 정부 관료의 상당수가 세계의 종말을 조만간 일어날 영광된 사건으로 믿는다면 어떻게 될지 생각해 보라고 자신의 독자들에게 촉구하는 그는, 종교의 가르침을 근거로 이러한 믿음을 갖고 있는 사람이 미국 국민의 절반 가량이라는 점에서 우리 모두가 현재를 긴급 상황으로 봐야 한다며 목소리를 높인다.[46]

그러나 이들 비평가만이 아니라, 종교적 신앙 전반에 대한 명확하고도 진지한 비판이 진정성을 가진 지식인들에 의해서도 꾸준히 제기되고 있음을 생각할 때, 이러한 현실이 과연 신앙인들에게 어떤 의미를 주는지 고민하지 않을 수 없다. 적어도 이것은, 종교적 믿음이 이제 더 이상 인간의 심오한 문제들을 해결해 주는 방법으로 인정되고 있지 않음을 의미하는 일이다. 오히려 다수의 사람들이 종교를 전 세계적으로 가장 문제시되는 위해적 요소들, 즉 폭력, 불합리, 불관용, 제국주의, 전쟁 등을 불러일으키는 근본 원인으로 인식하고 있는 것이다.

종교와 신앙에 대한 이같이 가혹한 태도를 접할 때 신앙인들이 할 수 있는 일은 과연 무엇일까? 다 함께 신앙을 포기해 버리는 것 외에 다른 길이 있을까? 천문학자인 캐롤린 포코(Carolyn Porco)는 사람들이 종교에서 발견하는 유익 ─ 공동체 의식이나 경외심 같은 ─ 을 과학이 대신 제공함으로써 현대 문화 내에서 하나님의 자리를 대체하려 노력해야 한다는, 호기심을 자극할 만한 제안을 했다. 그녀는 과학 웹사이트인 Edge.org에 "중력, 우리 인간을 지구에, 지구를 태양에, 태양을 은하수에 묶어 두는 그 힘을 찬양하고자 소리 높이는 교회의 모습을 상상해 보라"라는 글을 기고하기도 했다.

우주의 탐구를 통해 영적 충만감을 발견하는 그녀의 접근법에 흥미를 느끼는 사람들도 분명 있을 테지만, 나는 이 같은 종교 ─ 과학적 경험에 의해 만족할 수 있는 사람이 과연 얼마나 될지 의문을 품게 된다. 그녀 자신도 "영원한 삶을 누리면서 천국에서 엄마, 아빠와 다시 만날 수 있는지 알고 싶어 하는 사람들에게 우리 과학자들이 제공할 수 있는 것은 사실상 없다"[47]라고 시인했으며 이 말은 곧 자신들의 제안이 가진 가장 큰 문제점, 즉 우리 인간은 어쩔 수 없이 종교적이고 영적인 존재라는 사실을 간과해 왔음에 대해 스스로 인정하는 것이다. 실제로 사람이 사는 세상이라면 어디든 거의 예외 없이 종교가 발견되는데, 인간이 보이는 이러한 특성은, 종교와 철학 분야의 학자들이 전 세계적으로 유사하게 나타나는 여러 현상들의 분석에 몰두하는 이유까지도 설명해 주고 있다. 그렇다면 비평가들의 바램처럼 종교가 사라지지 않을 경우 우리의 미래는 어떻게 전개될 것인가?

③
종교와 폭력: 가까이 들여다보기

신 비평가들이 말하는 것처럼 정말로 종교가 그렇게 나쁜 것인가? 종교가 폭력을 불러온다는 주장이 사실일까, 아니면 진정한 원인은 다른 곳에 있는 것일까? 이것이 무척 방대한 주제인 만큼 지금부터는 그와 관련한 질문을 제기하고자 한다. 이 작업에는 종교에 대한 비판들을 다루는 과정에서의 신중한 분석이 요구될 것이며, 또한 위의 질문과 관련된 여러 요소에 대한 고려와 그 요소들을 다시 원래의 질문에 적용하는 탐구 방식도 포함될 것이다. 간단히 말하면, 종교와 관련해 제기된 심각한 주장들에 대하여 이제부터는 우리가 평가할 단계인 것이다.

종교적 폭력에 대한 종교인들의 반응

종교가 폭력을 야기한다는 비평가들의 주장을 처음 다룰 당시 가장 먼저 나의 주의가 집중되었던 부분은, 종교의 이름으로 행해지는 폭력적 행위에 대해 종교인들이 나타내는 거의 유사한 반응이었다. 내가 직접 알거나 이야기를 통해 들은 많은 신앙인들은 다른 사회 구성원들과 마찬가지로, 혹은 그보다 훨씬 더, 그러한 소식에 놀라고 분개했다. 그토록 사악한 행위를 범한 사람들과 같은 부류로 취급받을 일에 대해 개인적 격분을 표현하는 사람도 적지 않았다. 이 같은 반응이 의외로 여겨질 사람들도 있겠지만 사실 나는 전혀 놀라지 않았다. 극소수의 예외를 제외한다면 내가 만난 대부분의 종교인들은 점잖고 친절하며 법을 잘 지키고 자신의 시간과 돈을 베풂에 있어 관대한 사람들이었기에 폭력 행위에 대한 그들의 반응은 너무나 자연스러운 것이었다.

이 점은 내가 믿는 신앙인 기독교의 신자들뿐 아니라 전반적인 종교인들에게 해당되는 사실이기도 하다. 9/11 당시 파키스탄에 살고 있었던 내 친구 하나는 그 끔찍한 사건 며칠 후 기차 안에서 경험한 일에 대해 지금도 생생히 기억하고 있다. 그와 함께 기차에 타고 있던 많은 신실하고 경건한 회교도들은 9/11과 관련된 문제로 대화를 나누고 있었는데, 만일 흔히 접하게 되는 언론 보도만으로 판단한다면 이 종교인들이 함께 나눈 의견을 두고 섣부른 짐작을 할 수도 있을 것이다. 하지만 그 날 기차 안에 있던 모든 사람들은 그 사건에 대해 공통적으로 격렬한 비난을 퍼부었으며, 내 친구가 함께 대화를 나눴던 어떤 회교도 역시 끔찍하고 불온한 일로서 그 공격을 힐난했다고 한다.

그렇다면 오늘날 우리 주변에서 벌어지고 있는 상황은 대체 무엇이란 말인가? 대다수의 종교인들이 이 같은 폭력 행위에 대해 분노하고 있는 바로 그 때에, 어떻게 세상 속의 또 다른 도킨스, 해리스, 히친스들은 종교를 향하여 마구 손가락질을 해대고 있는 것인가? 뭔가가 분명 잘못되어가고 있다는 말인데, 도대체 그것이 무엇인가?

극단주의와 주류의 혼동

신 종교 비평가들의 주장을 좀 더 듣고 읽어 보면서, 나는 이 같은 수수께끼에 대한 설명이 될 수 있을 우려스러운 동향 하나를 감지하게 되었다. 그 동향이란 다양한 종교 집단의 내부에 존재하는 일부 극단주의자들과 그 집단의 대다수인 주류인들을 제대로 구분하지 못하는 접근 방식이다. 나 자신의 경험에 비추어 볼 때 이런 식의 구분은 특정 종교나 세계관의 가르침에 대해 정확히 이해하려는 사람들에게 있어 상당히 중요한 분별법임에 틀림없다.

지난 수 년 간 나는 다양한 관점이 제시되는 사회학적, 세계관적 대중 토론이나 미디어 이벤트 등에 참여해 왔다. 이 모임들은 하나님의 존재, 도덕관의 근거, 그리고 특정한 윤리적 난제 등을 주제로 한 것으로, 이러한 이벤트에서 나는 "당혹감을 주는 지지자"라고 불릴 만한 사람들을 종종 만나곤 했다. 그들은 대중 강연에서 질문을 하거나 라디오 토크쇼로 전화를 걸어 내가 동의할 수 없는 주장을 펴면서도 스스로 나와 입장이 같음을 자처하며 내 견해에 대한 지지를 표명했다. 그들은 자신의 의사 전달을 위해 지역 신문의 편집장에게 편지를 쓰거나 공공 행사에서의 시위를 기획하는 사람들이었는데, 사실 기독교인이든 회교도이든, 무신론자나 진화론자, 마르크스주의자, 혹은 그 무엇이든 모든 집단에는 이런 류의 사람들이 존재한다. 영국 철학자인 앨리스터 맥그래스는 그들을 극단주의자 혹은 비주류층으로 분류하면서, 좀 더 심하게 보면 자신들이 속한 집단 내의 "광적 분파"라고도 부를 수 있다고 설명했다.[1]

이들은 스스로가 대변하고 있음을 자처하는 집단 내의 다른 구성원들부터 골칫거리로 여겨지곤 하는데, 마치 구성원 전체의 의견을 자신들이 대표하기라도 하는 양 거리낌 없이 그들의 대변자로 공공 연설에 나서고 있기 때문이다. 더욱 문제가 되는 것은, 이들 당혹감을 주는 지지자들이 대중 앞에서 자신들의 주장을 펼치고 싶어 하는 욕구와 미디어가 시청률을 높이기 위해 급진적인 소수 의견을 보도하려는 경향이 맞물림으로써, 실제로 그들을 지지하는 사람들의 숫자에 비해 엄청난 분량의 방송 시간을 할당받으며 세간의 이목을 끌고 있다는 사실이다. 이유야 어떻든 결국 이 같은 방송 시간의 확대는 그들 소수 극단주의자들이 해당 집단의 공식 대변인인 것처럼 외부 세계에 비춰지게 만드는 요소로 작용한다.

위의 내용이 우리에게 시사하는 것은, 자신이 속하지 않은 타 집단의 가르침에 대해 묘사나 분석을 할 경우 그 집단 내 극단주의자들의 목소리에 지나친 비중을 두지 않도록 각별히 주의해야 한다는 점이다. 그렇지 않으면 자칫 소수의 의견, 즉 집단 내의 다수 구성원들에 의해 거부되는 극단적 견해를 마치 대세적 신념인 양 표현할 위험성이 있기 때문이다. 집단 내의 모든 구성원들을 하나의 큰 붓으로 색칠하는 것은, 다시 말해 주류 구성원들과 극단주의자들 간의 구분을 무시하는 것은, 대변해야 할 대다수 사람들의 견해와 신념을 왜곡하는 일이 된다. 이러한 태도는 오류적 판단의 원인이 될뿐더러 그 집단의 실제 입장이 아닌 왜곡되고 빗나간 일부 의견만을 다룬 것이기에, 결국은 위증자 오류(straw man fallacy)를 범했다는 비난을 초래할 만한 일이다. 실제로 신 종교 비평가 중 상당수가 종교에 대한 자신들의 분석과 비판에서 이런 식의 오류를 범하고 있지 않은가?

리처드 도킨스가 기독교의 대변자로 인용하고 있는 사람들을 한번 살펴보자. 앞에서 이미 발언 내용이 언급되었던 "기독교 정치 행동을 위한 천주교도"의 대표 게리 포터가 그 중 하나인데, 그는 "기독교인 대다수가 이 나라를 점유하게 되면 사탄적 교회나 포르노 자유 유통, 동성애자의 권리에 대한 언급 등은 사라질 것이다… 다윈론은 부도덕하고 사악한 것으로 취급될 것이며 정부는 어느 누구에게도 악을 행할 권리를 부여하지 않을 것이다"²라고 공언한 바 있다.

또 다른 인물 역시 앞에서 언급된 "구조 작전"의 창시자인 랜델 테리로서, 낙태 시술의들을 향해 "나나 나와 생각이 같은 사람들이 나라를 다스리게 되면 당신들은 서둘러 도망쳐야 할 것이다. 우리는 당신들을 추격하고 심판하고 처형할 테니까"³라고 경고했던 사람이다.

이런 식의 엄포는 대중들로 하여금 종교인이 정치적 권력을 갖는 일에 두려움을 느끼도록 만드는데, 도킨스가 심각한 우려를 표하고 있는 것도 바로 그런 점이다. 하지만 그가 미처 깨닫지 못하고 있는 부분은, 대다수의 기독교인들 역시 같은 생각을 가지고 있으며, 자신들의 견해가 일반인들에게 잘못 대변되고 있다는 고통스런 현실로 인해 때로는 도킨스 자신보다 더욱 분개하고 있다는 사실이다. 물론 이견을 가진 사람들도 일부 있을 수 있지만 적어도 내가 만난 기독교도나 천주교도, 또는 프로테스탄트 가운데 포터나 테리가 공언하고 있는 행동 계획을 찬성하는 이는 지금껏 단 한 명도 본 적이 없다.

이러한 맥락을 대표하는 또 하나의 인물은 고(故) 제리 팔웰(Jerry Falwell) 목사인데, 그는 에이즈가 단순히 동성애자에 대한 하나님의 징계 차원이 아니라 그것을 묵과하는 사회, 즉 미국 전체에 대한 징벌이라고 주장한 일로 유명하다. 하지만 팔웰에 대해 존경심을 갖고 있는 이들까지 포함한 상당수의 기독교인들은 이 특정 주장에 동의하지도, 에이즈에 대해 똑같은 견해를 갖고 있지도 않다. 사실 몇 가지 보도에 따르면 팔웰 자신조차 이전의 주장에서 생각이 변화된 후 과거의 진술을 스스로 철회했다고 한다. 어떻든 그가 천명했던 견해가 기독교 신자들 대다수의 의견을 대변하는 것은 결코 아님에도 도킨스는 그런 분명한 사실에 대해서는 아무런 언급이 없다.

게다가 도킨스는 일반적으로 좋지 않은 평판을 얻고 있는 웨스보로(Wesboro) 침례교회의 프레드 펠프스(Fred Phelps) 목사를 기독교 교회의 대변자처럼 논의에 포함시킴으로써 자신의 해석의 오류를 보다 진전시키고 있다. 물론 펠프스를 동성애자에 대한 강박적 혐오를 가진 설교자로 지칭하면서 그의 동성애 반대 웹사이트와 동성애 증오 행위 — 그와 그의 추종자들이 코레타 스콧 킹(Coretta Scott King)의 장례식장에서 "하나님은 동성애자와 동성애 허용자들을 미워하신다! 따라서 하나님은 코레타 스콧 킹을 증오하시며 지금 그녀를 불과 유황으로 고문하고 계신다"[4]라는 글이 쓰인 푯말을 들고 벌인 시위와 같은 — 를 언급한 도킨스의 말은, 유감스럽게도 사실이지만 말이다.

이렇게 그가 기독교의 대변자 중 하나로 포함시키고 있는 펠프스에 대하여 사실상 대다수의 기독교인들은 자신들의 신앙에 대한 심각한 훼방꾼으로 여기고 있을 뿐만 아니라 내가 대화를 나눠 본 이들 중에는 그가 진짜 기독교인인지 의심하는 사람조차 있었다. 북미 전역의 기독교인들이 거의 공통적으로 나타내는 그와 그의 추종자들에 대한 반응은, "이 사람들, 대체 뭡니까?"라는 반문과 함께 고개를 가로젓는 혐오와 경악으로 요약된다.

앨리스터 맥그래스는 도킨스의 왜곡된 표현에 특히 분개하면서 그러한 왜곡이 사람들의 판단에 부정적 영향을 줄 수 있다는, 또 다른 문제점을 지적하고 있다. 이에 관한 그의 말을 직접 들어 보자.

나는 모든 사회 운동 분야에 광적인 분파가 있다고 생각한다…
도킨스의 반종교적 논쟁에서 가장 문제가 되는 것 중 하나는 그러
한 병적 증상이 마치 정상적인 것인 양, 어떤 극단의 분파가 중심 세
력이고 미치광이들이 주류인 것처럼 제시되고 있다는 점이다. 그런
접근법은 종교에 대해 거의 알지 못하고 아마도 관심은 더더욱 없다
고 할 수 있는, 그가 대상으로 삼는 청중들에게는 일반적으로 잘 통
할 것이다. 하지만 그것은 결국 인정될 수 없는 자세이며 또한 비과
학적이라는 점도 분명하다… 도킨스는 그저 몇 가지 증거들을 자신
의 선입견적 이론 구조에 구둣주걱처럼 사용한다. 무신론의 특성인
최악의 경우만을 제시하는 태도가 종교적 근본주의자들에 의해서도
모방되고 있듯, 그에게서 종교는 가능한 한 최악의 방식으로, 꾸준
하고도 계속적으로 그려진다.[5]

이 주장에 나타나는 맥그래스의 적극적 논점은, 비주류 극단주의 분
파를 마치 주류인 양 제시하고 있는 도킨스가 종교에 대해 자신이 이미
도출해 놓은 결론과 부합되는 증거들만을 골라 끼워 맞추고 있음에 대
한 지적이다. 이것은 저명한 과학자가 사용했다고 보기에는 참으로 의
아한 방식인 것이다.

하지만 종교에 대한 도킨스의 왜곡에서는 보다 더 심각한 문제가 발
견되는데, 그 중 하나가 종교에 대한 그의 반박에 사용되는 논리의 근본
적 취약성이다. 맥그래스는 이러한 취약성을 다음의 말로 정확히 표현
한다: "분명 도킨스는 자신들의 삶의 방식이나 믿음에 대한 그의 명백한
왜곡에 분개하고 있는 신실한 종교인들에게는 거의 관심이 없어 보인다.
무신론을 위한 논쟁의 근거가 얼마나 취약하면 그런 허튼소리에 의해서

왜 사람들은 믿음을 갖지 않는가

만 지탱될 수 있단 말인가?"[6]

이것은 종교를 반박하는 도킨스의 주장에 대한 상당히 중요하고 적절한 문제 제기이다. 기독교의 경우만을 놓고 보더라도 종교에 대한 그의 묘사가 워낙 부정확하다 보니 대부분의 기독교인들은 자신의 신앙에 대한 그의 표현 방식을 결코 인정하지 않을 듯 하다. 만약 일정한 사안에 반박하기 위해 그같이 왜곡과 위증에 기대야만 하는 반론이라면 이는 분명 그 논리의 모순됨을 보여 주는 일이다. 한편, 그런 식의 왜곡이 꼭 필요했다면 애초에 왜 그와 같은 반론을 제기해야 했는가? 이 문제에 대하여 좀 더 구체적으로 이야기해 보자: 종교가 폭력을 양산한다는 자신의 논리를 입증하기 위해 도킨스가 주류 신자들과 극단주의자 간의 구분을 무시하면서까지 종교를 왜곡해야 했다면, 도대체 왜 우리는 종교가 폭력을 양산한다는 그의 말을 믿어야 하는가? 폭력을 생산하는 것은 종교 집단 내의 극단주의자 — 도킨스 자신이 언급을 일삼는 — 라고 생각해선 안 되는 것인가? 사실상 주류 신자들은 폭력 행위를 두려워하는 사람들일 뿐 아니라 동시에 그에 대한 분노까지 표출하고 있다는 현실에 비추어 볼 때, 종교적 극단주의자들은 자신들의 집단을 결코 대표하지 않을뿐더러 오히려 주위 사람들을 당혹스럽게 만드는 사람들일 뿐이라고 보는 것이 옳다.

그리고 이것은 도킨스식 접근의 또 다른 실제적 문제를 야기한다. 즉, 그러한 근본적 취약성으로 인해 어쩌면 그가 이전에 적절히 제기했을 수도 있는 다른 비판들조차, 종교에 대한 그의 비평이라면 모두 진지한 접근의 의도가 전혀 없는 — 최소한 대다수의 종교적 신앙인들에게는 지지받을 수 없는 — 것이라는 의혹이 대두됨으로써, 전체적인 신뢰성에 손상이 생길 수 있다는 문제이다. 지금까지 우리가 살펴본 그의 접근법은 오로지 종교를 왜곡하여 조롱하는 일에만 만족하는 방식이었지만 말이다.

분명 극단주의와 주류 간의 구분은 한 집단에 대한 적절한 분석을 위해 필수 불가결한 것이며, 특히 그 분석 대상이 자신이 소속되지 않은 집단일 경우라면 더욱 그럴 수밖에 없다. 일부 신 종교 비평가들에 의해 이러한 구분이 무시되고 있다는 사실이 곧, 종교가 폭력을 유발한다는 그들의 비난과 바로 그 폭력 행위 때문에 분개하는 종교인들의 실제 반응 사이에 존재하는 커다란 괴리의 이유를 설명해 준다.

하지만 어쩌면 우리는 그보다 더 나아가서 이 주제에 관해 보통 언급되는 것과는 다른 몇 가지의 질문 또한 제기해 봐야 할 듯 하다. 종교와 폭력 간의 연관성에 대한 여러 논의들은 종교가 폭력 행위를 야기하는 역할을 해왔는가라는 질문에 초점을 두는 경향이 있으며, 그에 대한 정확한 대답은 "그렇기도 하다"일 것이다. 우리는 이 사실을 인정하고 모든 종류의 종교적 폭력에 대항해야 한다. 그러나 이것이 대답되어야 할 유일한 질문은 아니며 그보다 더 중요한 문제가 있는데, 바로 다음과 같은 세부 사항들이다:

만약 종교가 폭력 발생에 일정한 역할을 한다면 그 역할이 정확히 무엇인가?

종교가 폭력의 직접적 원인인가 아니면 종교를 악용함으로써 그러한 폭력이 발생되는 것인가?

비종교 역시 엄청난 폭력과 잔학성의 원인은 아닌가?

만약 그렇다면 폭력의 진정한 원인이 무엇이라고 말할 수 있는가?

종교 혹은 비종교가 아닌 다른 어떤 원인이 있는가?

왜 사람들은 믿음을 갖지 않는가

위의 내용들을 포함하여 그 외의 유사한 관련 질문들은 이 세상의 폭력 문제에 대해 진지한 해결책을 찾고자 하는 경우 반드시 제기될 필요가 있는 것들이다.

하지만 우선 종교와 폭력 사이의 연관성 측면에서 가장 중요하다고 생각되는 질문부터 생각해 보기로 하자. 만약 종교를 세상에서 완전히 추방시키고 난다면 종교적 폭력을 포함한 모든 폭력도 그와 함께 사라질 것인가, 아니면 다른 명분하에서 계속적으로 폭력이 자행될 것인가? 이러한 질문은, 그것에 답변하는 과정 자체가 폭력의 진정한 이유(혹은 이유들)를 찾아낼 실마리를 제공해 준다는 점에서 의미가 크다고 나는 생각한다. 게다가 정말로 우리가 막아 내야 할 것이 폭력이라면, 그것의 진정한 원인을 끈기 있게 추구하는 노력보다 더 중요한 일은 없을 것이며, 그러한 노력을 통해 우리가 찾으려는 폭력의 근본적 해결책도 발견될 수 있을 터이다.

그럼에도 불구하고 도킨스와 히친스, 그리고 해리스는 다른 비종교적 세계관들과 비교가 되지 않을 만큼의 폭력성과 잔인성의 동기를 양산하는 것이 종교라는 주장을 멈추지 않는다. 그러한 동기화의 기본적 사례로 자살 폭탄 테러범들에게 주어졌던 낙원에의 약속을 제시하면서 말이다. 어떤 비종교적 요소도 그 같은 장려책과 비교될 수 없다는 것이 그들 논리의 핵심인데, 사실상 이러한 내용이 다양한 최신 미디어를 통해 전 세계적으로 알려짐으로써, 폭력을 잠재우는 방법에 대해 다수의 사람들이 공통된 확신 — 종교를 세상에서 축출하는 일이라는 — 을 갖게 되는 결과를 낳기도 했다. 하지만 과연 그것이 진정으로 유효한 방법일까?

종교가 사라지더라도 폭력은 끝나지 않는다고 믿을 수 있는 이유들

세상에서 종교를 몰아내 버린다고 해도 폭력이 사라지거나 심지어 감소조차 않으리란 점에서 비평가들의 주장을 잘못된 가정으로 봐야 할 여러 가지 이유가 있다. 이 문제에 대한 좀 더 깊은 숙고와 함께 폭력의 근본적 원인에 대해서도 생각해 보자.

비종교의 폭력적 역사

한 젊은 러시아 병사가 눈 내리는 거리에 서 있었다. 귀가 얼얼하고 눈물이 저절로 쏟아질 정도의 차가운 바람은 그를 잔뜩 움츠러들게 만들었다. 기온이 영하 25도인 끔찍한 추위로 인해 그가 입고 있던 얇은 여름 군복은 무용지물에 불과했다. 정신 상태를 고쳐 주겠다는 상관들의 갖가지 위협과 폭행 이후 결국 그에게 내려진 처벌이 이것이었다. 이후의 12일 동안에도 이반은, 그로 하여금 신앙을 포기하게 만들려는 상관들의 강요 속에 매일 밤 막사 밖에 서 있어야 했다. 이런 가운데에서 그는 기적적으로 동사를 하지도, 상관들이 원하는 답변을 제시하지도 않았지만, 끝없이 그를 심문하던 상관들은 결국 냉동실과 같은 차디찬 감방에 그를 감금했다. 그들은 그에게 특수 고무 옷을 입히고 거의 숨을 쉴 수 없을 만큼 가슴이 압박될 때까지 공기를 주입하기도 했다. 1972년 7월 11일, 자신이 곧 죽게 되리라는 걸 감지한 이반은 부모님에게 편지를 썼는데, 며칠 후 가족들에게 보내진 그의 시신에는 심장 부근에 여섯 차례나 찔린 자상이 있었다. 머리와 입 주변에도 상처가 여럿 있었으며 몸 구석구석에 구타의 흔적이 역력했다.[7]

이 이야기는 신앙을 지키다 조용히 숨져 간 사람들을 세상에 알리는 사역을 하고 있는 "순교자의 목소리(Voice of Martyrs)"에 의해 수집된 실화 중 하나이다. 이 이야기에 나오는 젊은 병사에 대해 우리는 모르는 것들이 너무나 많다. 그는 어떤 가정의 자녀였을까? 주변 사람들로부터 인정과 사랑을 받던 청년일까? 군인으로서는 훌륭한 병사였을까? 미래의 꿈은 무엇이었을까? 위의 이야기가 실화인 만큼 이런 질문들에 대한 답변 역시 분명 존재하겠지만 우리는 그 중 어느 것에 대해서도 아는 바가 없다. 하지만 한 가지 — 결정적으로 가장 중요한 한 가지 — 우리가 그에 관해 아는 사실이 있는데, 그것은 바로 그가 기독교인이 되기로 선택했고 그러한 자신의 선택을 공공연하게 표명했다는 점이다. 이 선택이 바로 열렬한 무신론적 정책을 펴며 온 국민을 극단적 무신론자로 만들기 위해 돈과 노력을 쏟아붓는 정부에 스스로를 완벽히 대치(對峙)시킨 부분이라는 사실을 생각할 때, 믿음은 그에게 모든 것이었다는 의미임을 확인할 수 있다. 사실 당시의 정부는 그 같은 목표를 성취하기 위해서라면 국민들에 대한 야만적 폭력 행사를 포함해 거의 모든 방법을 총동원할 준비가 되어 있었다.

이와 같은 이야기는 대부분의 사람들, 특히 종교를 유혈 폭력의 주범으로 비난하는 사람들이 간과하고 있는 불편한 사실 한 가지를 증명한다. 즉, 인간에게 가해지는 야만적 폭력에 관해서라면 종교보다 훨씬 악한 역사를 가지고 있는 범 세계적 영향력들 중의 하나가 바로 비종교라는 것이다. 워싱턴 D.C.의 프리덤 하우스 종교 자유 센터(Freedom House's Centre for Religious Freedom) 선임 연구원이자 암스텔담 자유대학(Free University) 부교수인 폴 마샬(Paul Marshall)이 정리한, 세계 여러 국가의 무신론적 가치 추구 과정에서 행해진 폭력의 기록을 읽어 보면 참으로 섬뜩하기 그지 없다.[8] 마샬은 1917년 볼셰비키 혁명과 함께 러시아가 채택한 무신론 이데올로기가 이후 구소련의 다른 지역들에서도 강요되었음을 지적하면서, 이것이 한 국가가 종교 철폐를 공공 정책으로 채택한 최초의 경우라고 소개한다. 이러한 정책은 1980년대 후반까지 계속되었는데 그 기간 동안 모든 종교의 신자들에게 가해진 폭력과 만행은 참으로 지독했다. 러시아 공산주의자들은 전 국가적 무신론화의 완성을 위해 탄압 방식들을 개량, 발전시켰으며 교회 지도자들이 이에 저항하면 투옥하고 고문하거나 그보다 더한 짓도 서슴지 않았다. 마샬은 1920년대와 30년대에만 "약 20만 명의 러시아 정교 사제, 수사, 수녀들이 살해되었고 그 외에도 50만 명이 투옥되거나 시베리아로 추방되었다"고 진술한다. NKVD(구소련 비밀 경찰)나 KGB(구소련 국가 보안 위원회)의 비밀 정책 문서를 조사한 러시아 국가 위원회는 종교 지도자들에게 당시 자행되었던 가혹 행위들에 대해 다음과 같이 보고하고 있다: "대부분의 사제들이 총살이나 교수형으로 살해당한 한편, 교회 문에 그들을 매달아 십자가 처형하거나 동절기에 옷을 벗기고 물에 담근 후 꺼내어 동사시키는 방법도 공산주의 암살단에 의해 사용되었다."[9]

자신들의 무신론 이데올로기를 강화시키기 위한 노력으로 소련 정권은 1918 - 1941년의 기간 동안 대다수의 교회와 사제들을 체계적으로 파괴, 제거했는데, 이를 보면 소련의 역사가 수많은 교회를 폭파하고 불태우는 사건들로 점철되어 있다는 말도 지나친 표현이 아닌 듯 하다. 실로 불편한 역사적 진실이라는 설명 외에 달리 정의할 수 없는 당시의 상황은 다음과 같이 요약될 만 하다: 이러한 폭력성과 잔혹성이 무신론화의 한 축으로 행사되었던바, 종교 철폐라는 목적을 성취하기 위한 무자비한 폭력 행위들은 무수하고도 끔찍했다.[10]

왜 사람들은 믿음을 갖지 않는가

중국의 경우 무신론화 추구 과정에서 나타나는 폭력 사례들은 이보다 더 심각하다. 1949년 모택동은 국가주의자들이 소속된 국민당에 승리를 거둔 후 그들이 대만으로 물러감과 동시에 중화 인민 공화국의 설립을 선언했는데, 잔인하고 대규모적인 이데올로기 운동으로 규정될 만한 모택동의 통치가 1976년 그의 사망으로 막을 내렸을 때는, 글자 그대로 수백만 명의 죽음이 그 결과로 남았다. 마샬에 따르면 모택동은 1950년대 당시 정부 주도적 종교 단체를 이용한 종교 통제를 일삼으면서, 이에 비협조적인 종교 지도자에 대해서는 강제 노동 수용소행, 유배, 사형 등의 철저한 탄압을 가했다고 한다.[11]

이러한 폭력이 반종교적이 아닌 다른 의도에 의해 추구된 것이라 오판될 수 있다는 점에서 모택동이 실행했던 프로그램의 방식에 대한 정확한 이해가 필요할 듯 하다. 당시 종교인들은 그들의 종교보다 훨씬 더 상위에 위치하는 공산주의의 우월성 — 모택동의 관점에서는 순수하게 성스러운 이데올로기인 — 을 인정하도록 강요되었으며 이를 거부하는 사람들은 반혁명분자로 낙인 찍혀 20년 이상의 징역이나 노동 수용소행을 선고받았다. 특히 1955년 이후 정부는 반혁명분자를 교회에서 축출하고자 진력했는데, 성직자들을 구속하여 최장기 복역을 선고한 후 "노동을 통한 교화"라는 미명을 내건 수용소로 보내 잔혹하게 다루기도 했다.

1960년대와 70년대에 들면서 이보다 한 발 더 나아간 모택동은 종교 전체를 말살시키려는 시도의 일환으로 모든 예배 장소를 봉쇄했다. 신봉되어야 할 최우선의 신조는 공산주의이며 종교는 그에 대한 위협 요소라는 것이 이 정책의 핵심 사상이었다. 폴 마샬은 이 기간 동안 종교인들에게 가해진 대대적이며 끔찍한 폭력의 특성을 이렇게 묘사하고 있다.

1966년부터 1976년 사이의 문화혁명 기간 동안 대략 수천만의 사람들이 죽임을 당하고 또 다른 수천만의 사람들이 심한 고통을 겪었다. 이 기간 동안 주로 홍위병이 기독교도, 회교도, 불교도를 막론한 중국의 모든 신자들에 대해 무자비한 폭력을 가했다. 아마도 이 사건은 역사상 가장 심한 기독교 탄압이었을 것으로, 그 기간 동안 일어난 극악성의 정도는 상상을 초월한다.[12]

마샬은 종교인들을 다루던 참혹한 방식의 사례로 한 어머니와 아들에게 가해진 엽기적 행위를 인용한다: "어머니와 아들을 함께 고문했던 어떤 경우에는 이들을 같은 무덤에 산 채로 겹쳐 묻고는 고문자들이 그들의 지체를 절단하여 먹도록 했다. 이러한 집단적 식인 행위에 수천 명이 참여했고 그 분위기는 소름 돋는 광란이었다."[13]

1976년 모택동 사망 이후 중국 정부가 일정 정도의 종교적 표현을 묵인하긴 했지만 그 역시 정부에 등록된 조직에 한정된 것이었다고 폴 마샬은 보고한다. 이 나라에서 종교인들에게 가하는 여러 형태의 폭력은 지금도 계속 보도되고 있는데, 여기에는 벌금형, 경제적 불이익, 구속, 고문, 노동 수용소에서의 '교화,' 설교 내용 제재, 예배 장소 파괴, 심지어 사형까지 포함된다.[14]

우리는 아직 북한, 베트남, 루마니아 등의 나라에서 신앙인들에게 자행하는 것으로 알려진 이와 유사한 폭력 행위들에 대해서는 언급조차 하지 않았지만, 앞에서 살펴보았듯 수천만의 신앙인이 끔찍한 참상을 겪었던 러시아와 중국의 경우만으로도 분명히 확인할 수 있는 사실은, 이러한 폭력의 배후가 된 동기 중 종교적 요소는 실마리도 찾을 수 없다는 점이다. 실제로 그 같은 잔혹 행위 뒤에 숨은 동인(動因)은 비종교성 — 특히 무신론과 무신론적 공산주의에 대항하는 모든 위협을 제거하려는 욕구 — 이다.

여기에서 발견되는 요점은 무척이나 중요하다. 단순히 숫자적인 측면에서만 보더라도 비종교적 목표를 추구하려 행해지는 폭력이 종교의 이름으로 행해지는 어떤 것보다 압도적이라는 사실 말이다. 그렇다면 우리는 다음과 같은 질문을 제기해야 마땅하다: 세계적인 폭력 행위의 양산에 있어 종교보다 심각한 문제를 가진 유일한 한 가지는 바로 비종교가 아닌가?

이러한 사실들은 너무나 명백한 것이기에, 종교 비평가들조차 그 점에 대한 논쟁을 시도하지 않을 만큼 반박의 여지가 없다. 자신이 참여했던 대중 연설 말미에 이러한 사실을 지적받은 일이 있다고 시인한 도킨스는, 무신론자를 포함한 비종교인에게도 폭력 행위들에 대한 책임이 있음을 인정은 하면서도, 종교와 폭력의 연계성만큼 비종교와 폭력의 연계성을 드러내는 논리적 연결점은 발견되지 않는다는 궤변을 내놓는다. 다시 말해 비종교는 폭력의 원인이 아니며, 그저 우연히 비종교인들에 의해 행해진 폭력 행위들이 있을 뿐이라는 것이다. 이 말은 곧 그들에게 폭력을 실행하도록 동기화하는 요인은 그들의 비종교성이 아니라는 의미가 된다.

중요한 것은 히틀러나 스탈린이 무신론자인가 아닌가가 아니라 무신론이 체계적으로 사람들에게 악행을 범하도록 영향을 미치는가 아닌가 이다. 하지만 여기에는 그렇다고 볼 만한 아주 사소한 증거 조차도 없다… 스탈린은 러시아 정교와 기독교, 그리고 종교 일반에 대해 무자비했지만 그의 무신론이 그러한 잔인성의 동기였다는 증거는 없다. 무신론자 개인이 악한 짓을 할 수는 있지만 그들이 무신론의 이름으로 그런 짓을 하는 것은 결코 아니기 때문이다.[15]

분명 이것은 스스로 불편하게 여기는 일련의 실상들에 대한 도킨스 나름의 흥미로운 접근법인 듯 하다. 폭력은 인정하지만 무신론이나 비종교성 때문이라는 사실은 부인하는 태도 말이다. 하지만 불행히도 이러한 접근 방식은 두 가지 이유에서 그가 생각하는 것보다 설득력이 훨씬 떨어진다. 첫째로, 위에서 언급된 폭력적 행위가 무신론이나 비종교성에 의해 동기화된 것이 아니라는 그의 주장을 옳다고 하더라도, 이 같은 대응 역시 결국 중요한 인정의 형태로 간주될 수밖에 없다는 점 때문이다. 그것은 폭력이, 게다가 상당수의 폭력이, 어쨌든 종교적 성향을 갖지 않은 비종교인들에 의해 행해졌다는 현실만은 인정하는 일이기 때문이다. 이러한 현실은 또한 종교를 말살함으로써 폭력을 종결하거나 상당 정도 감소시킬 수 있다는 거창한 희망이 헛된 망상임을 의미하는 것이기도 한데, 우리 모두가 알고 있듯 이 세상의 수많은 모택동들은 자신들의 이데올로기에 위협이 될 만한 일이나 관련 인물들을 향해서는 얼마든지 무력을 행사할 준비가 되어 있기 때문이다. 한편으론 도킨스 스스로의 답변이 폭력은 결코 세상의 심각한 문제를 해결하는 방안이 될 수 없다는 점을 잘 보여 주고 있는 것으로, 폭력과 종교 간의 무관함을 증명하는 일이 불행한 희생자들의 고통을 조금도 감소시킬 수는 없겠지만, 그럼에도 불구하고 이 부분에서 발견되는 주요 핵심은 세계적 폭력 문제의 최중심에 있는 것은 종교도 비종교도 아니라는 사실이다. 수많은 잔혹 행위가 개인적, 종교적, 혹은 그 외의 여러 가지 요소들에 의해 행해졌다는 점에서 그 원인은 보다 깊은 어떤 것에 있다고 의심할 수 있다.

둘째는, 비종교인들이 행사하는 폭력이 그들의 비종교성 때문이라는 사실을 부인하는 도킨스 주장의 논리 자체에 내재된 문제점 때문이다. 그러한 주장은, 특히나 우리가 위에서 살펴본 사실들을 바탕으로 생각할 때, 전적으로 근거가 부족해 보인다. 모택동이나 스탈린 같은 사람들은 종교가 곧 자신들이 추종하는 무신론 이데올로기에 대한 위협이라고 보았던 바로 그 이유 때문에 종교 지도자, 신자, 예배 장소 등을 박해의 대상으로 삼았던 것이다. 따라서 이러한 무신론 이데올로기와 그 이데올로기를 추구하고자 행해지는 폭력 행위 간에 아무런 논리적 연결점이 없다는 말은 전혀 신뢰도가 결여된 주장일 뿐이다.

결국 폭력이 종교인과 비종교인 모두에 의해 행해지며 그 핵심 원인이 종교성 혹은 비종교성보다 더 깊숙한 어딘가에 있다면, 그 원인(혹은 원인들)은 무엇인가? 이 질문에 대한 답변이, 종교를 말살시킨다고 해서 폭력이 사라지거나 상당수 경감된다고 생각할 수 없는 두 번째의 이유로 이어진다.

종교적 폭력의 정치적 원인들

지난 수십 년 간 미디어에 범람한 보도 내용 중의 상당수는 익히 알려진 테러 사건 가해자들의 종교적 성향과 관련된 것이었다. 그렇기에 오늘날 많은 이들이 이러한 폭력 행위의 원인으로 종교를 지목하게 된 것도 놀랄 일은 아니지만, 사실 그 같은 단정은 시카고 대학의 정치과학 분야 교수이자 국제 보안 문제 전문가인 로버트 페이프(Robert Pape)가 보고한 내용처럼 지나치게 단순화된 것일 뿐만 아니라 몇 가지 중요한 부분을 간과한 것이기도 하다. 2005년 발표된 연구 보고 내용을 통해, 1980년 이후 빈발하는 자살 폭탄 테러 등 자살 공격 행위들의 원인과 동기에 대해 자세히 언급하고 있는 그는, 그 모든 것의 동기를 종교라고 믿는다면 우리의 판단이 지나치게 성급할 수 있음을 지적하고 있다. 한마디로 말해, 자살 지령과 같이 표면적으로는 단순하고도 순수하게 종교적 폭력의 사례로 보이는 행동들이 실제로는 그보다 훨씬 심층적인 정치적 동기를 내포하는 경우가 무척 흔하다는 것이다. 종교적 신념은 사람들로 하여금 자살 공격을 실행하도록 만드는데에 필수적이지도 또한 충분하지도 않다고 보는 페이프는, 사실상 자살 지령은 아무런 종교적 동기 없이도 일어날 수 있으며 종교가 어떤 역할을 할 경우조차 그 자체만으로는 실제 행위를 감행하도록 만들기에 불충분하다고 설명한다. 기본적 동기는 정치적인 것이며 그것은 종교가 개입되든 아니든 마찬가지라면서, 그는 여기에서의 정치적 동기란 대체로 외국 주둔 세력의 압제를 받고 있는 국가의 국민들 가운데 일반적인 전쟁 방식으로 문제를 해결하기에는 자국의 군사적 자원이 부족하다고 느끼는 이들이, 그 외국 세력을 철수시킬 방법을 모색하면서 비롯되는 종류의 것이라고 덧붙인다.[16]

외압 세력을 몰아내려는 이런 식의 정치적 욕구는 종교적 요소와 결합될 수도 있지만 그렇지 않은 경우가 오히려 더 많으며, 두 요소가 결합할 경우조차 종교쪽에서 담당하는 영역은 실제 테러 행위가 수행되도록 젊은이들을 자극하는 도구로서의 역할뿐이라는 것이다. 그리고 이러한 페이프의 결론은, 후에 보다 자세히 다루어질 이 논제의 중요한 측면, 즉 이런 종류의 폭력 행위들은 결국 종교적 요소가 있든 없든 실행되고야 만다고 하는 사실까지 입증해 주고 있다.

페이프의 분석은 충격적일 뿐 아니라 현실적이기도 하기에, 이를 통해 우리는 소위 종교적 폭력이라 불리는 것의 배후에 대해 깊이 성찰해 볼 필요성을 발견한다. 예를 들어, 만약 이스라엘이라는 국가가 존재하지 않았거나, 혹은 미국과 영국이 지원하는 현재의 상태로 존재하지 않았거나, 아니면 미군이 사우디 아라비아에 주둔하지 않았다면, 그런 경우에도 영국과 미국에 대한 아랍 청년들의 자살 공격이 지금과 똑같은 횟수로 일어났을 것이라고 믿을 사람들이 과연 얼마나 되겠는가? 잠시만 생각해 보더라도 그 같은 논리가 불합리하다는 것은 누구나 쉽게 알 수 있다. 지금 나는 이스라엘의 존재나 그들에 대한 미국과 여타 국가들의 지원이 적절한지를 문제 삼으려는 것이 아니라, 페이프가 지적하듯 폭력의 원인은 종교적인 것이 아니며 근본적으로는 정치적인 것임을 말하기 위해 이러한 질문을 제기하고 있는 것이다.

　페이프의 그와 같은 분석은 9/11 공습 한 달쯤 후인 2001년 10월 당시 녹화 테입을 통해 오사마 빈 라덴이 전송한 메시지에 근거하고 있다. 빈 라덴은 이 녹화 내용에서 이슬람이 "80년 이상의 기간 동안" 겪었던 "굴욕과 불명예"에 대해 이야기했는데, 버지니아 대학의 기독교 역사 교수인 로버트 루이스 윌켄(Robert Louis Wilken)의 지적처럼 타 문화권 사람들 중에는 그 말이 뜻하는 바를 제대로 이해한 이들이 거의 없었던 반면, 빈 라덴이 속한 회교 문화권의 청취자들은 그가 사용한 표현의 의미를 단번에 파악하였다. 그들은 대부분의 외부인들이 전혀 모르는 몇 가지 역사적 사건들에 대해 잘 알고 있었기 때문으로, 그 역사적 사건들이란 다음과 같다: 1918년 오스만 제국이 연합국 등에 의해 정복된 이후, 아랍어권 지역은 서구 세력의 입맛에 맞는 방식으로 분할되었고 심지어 그 지명도 영국과 프랑스에 의해 붙여졌다. 그것도 모자라 몇 년 후 투르크족이 제국 내의 터키어권 지역, 즉 지금의 터키 국가를 해방시키는데 성공하자마자, 종교 관련 법률을 서구에서 본떠 만든 세속 국가가 당시 지도자인 아타튀르크(Ataturk)에 의해 설립되었다. 여기에 더한 또 하나의 결정적 '불행'이 9/11 발발 약 80년 전인 1922년 추가되었는데, 이슬람 영광의 상징이자 그 역사와 맥을 같이 해 온 칼리프 제도를 아타튀르크가 철폐해 버린 일이 바로 그것이었다. 이 제도의 소멸은 정치적이고 종교적인 권위로 묶여 있던 단일 회교 공동체의 이상 또한 함께 사라져 버렸음이 공표된 치명적 사건으로서, 이러한 일련의 사태는 전례 없던 서구 주도적 영향력의 시발(始發)을 알리는 신호탄이 되었으며, 결국 자신들의 조국이 서구 제국주의의 세력하에 놓였다는 현실적 깨달음은 이슬람 세계 전반에 걸친 심각한 굴욕감으로 이어졌다.[17]

하지만 여기에서 보다 중요한 측면은, 빈 라덴 자신조차 9/11 공습의 배후에 있는 근본 동기가 단순히 종교적인 것이 아니라 정치적인 것임을 인정했다는 사실인데, 이는 또한 우리가 놓쳐서는 안 될 요점이기도 하다. 전 세계적으로 종교적 폭력이라 불리는 많은 행위의 배후에는 이같이 강력한 정치적 동기가 숨어 있기 때문에, 관련 문제에 대해 진지한 성찰을 원하는 사람이라면 이러한 사실을 반드시 고려해야 마땅한 것이다.

그렇다고 폭력 행위의 배후에 있는 정치적 동기가 그것 혼자만으로 성립하는 것은 아니다. 거기에는 때로 정치적 이유보다 더욱 강력한 문화적 동기 또한 존재할 수 있기 때문이다. 폭력 행위가 자행되는 다양한 이유들을 근본까지 파헤치기 위해서는 문화에 대한 사람들의 헌신적 태도가 폭력으로 이어지게 되는 방식을 이해해야 하는바, 지금부터는 그 문제를 다루어 보고자 한다.

왜 사람들은 믿음을 갖지 않는가

종교적 폭력의 문화적 원인들

　철학자 찰스 테일러(Charles Taylor)는 자신의 뛰어난 저서, 고독과의 화해(Reconciling the Solitudes)에서 명백한 사실 하나를 보여 주고 있다. 이는 우리가 속한 공동체와 문화, 그리고 그것들을 통해 배우게 되는 가치들이 각자의 삶에 중요한 의미를 제공한다는 것으로, 그들은 우리로 하여금 삶과 관련된 깊이 있는 질문들 ― 나는 누구인가? 최고의 가치란 어떤 것인가? 진실로 소중한 것은 무엇인가? 감동적이란 어떤 상황을 말하는가? 아름다움이란 무엇을 의미하는가? ― 에 대한 답을 제시한다는 사실이다. 만약 누군가가 그러한 가치와 공감력을 제공해 주는 사회의 테두리 밖에 존재하고 있다면 그는 진정한 인간 주체로서 기능할 수 없다고까지 말하는 테일러는, 그렇기 때문에 어느 누구도 자신이 속한 문화나 가치 등에 대해 쉽사리 포기하지 못하는 것이라고 설명한다.[18]

　이는 우리의 연구에 있어 상당히 중요한 인식인데, 이러한 사실이 바로 사람들이 흔히 궐기하여 일정한 행동, 때로는 폭력적인 행동까지 하면서 자신의 문화에 대한 위협의 조짐들에 저항하곤 하는 이유이기 때문이다. 그와 같은 현상의 사례로서 주변의 막강한 영어 문화권이 가하는 위협의 역사를 경험했던 캐나다 내 불어 문화권 지역, 퀘벡의 경우를 들고 있는 테일러는 1970년 퀘벡 지역에서의 10월 위기가 FLQ(퀘벡 해방 전선)의 테러 행위에 의해 촉발된 것임을 상기시킨다. 그의 설명처럼, 영국 무역 장관 제임스 크로스(James Cross)의 납치, 그의 몸값과 정치범 석방에 대한 요구, 퀘벡 노동부 장관인 피에르 라포테(Pierre Laporte)의 납치와 살해, 그리고 이러한 위기에 적절히 대응하고자 캐나다 수상 피에르 트뤼도(Pierre Trudeau)가 발의한 전쟁법의 제정 등은, 자신의 문화

를 지키기 위해 폭력과 테러를 기꺼이 사용한 실례(實例)라고 볼 수 있다.[19]

이와 같은 폭력은 종교가 전혀 개입되지 않은 것이라는 사실에 주목할 필요가 있는데, 그 사건들이 오직 자신들의 문화적 가치와 전통에 대한 위협의 조짐을 척결하려는 욕구에 의해 촉발된 것이었기 때문이다. 퀘벡의 분리당인 PQ(파티 퀘베코이즈)가 2007년 12월 당시 캐나다 정부에 불어의 우수성과 "퀘벡 국가의 기본 가치들"이 퀘벡주 인권 헌장에 문서화되도록 공식 요청을 함과 함께, PQ의 리더인 폴린 메로이스(Pauline Marois)는 "어떤 외부인이든 퀘벡 지역으로 이사 왔을 때 아무런 혼동을 느끼지 않을 만큼 이곳의 가치 체계를 확립해 놓는 일이 우리에게는 중요하다"[20]라고 선언하기도 했다.

자신들의 문화나 가치를 보호하고자 무력을 사용했던 문화 집단의 예를 찾는 일은 실제로 그다지 어렵지 않다. 1990년 캐나다 원주민 모임의 구성원들은, 자신들이 소유권을 주장해 온 영역까지 골프장을 확장하려는 계획에 맞서고자 퀘벡과 카네사타케와에서 저항 운동을 시작했다. 이들의 저항은 지역 경찰과 마을 주민, 군부대 등의 접근을 함께 막아 준 모호크 전사들의 도움에 힘입어 78일간의 폭력적 교착 상태로 지속되었는데, 오늘날 "오카 위기(Oka Crisis)"라고 불리는 이 교착 상황은 1990년 7월 11일 경찰이 퀘벡의 오카 지역 인근 아퀘사스네 원주민 보호 구역을 둘러싼 모호크의 바리케이트를 급습한 후에야 종결될 수 있었다.[21]

78일간의 이 위기 동안 용맹한 모호크 전사 로날드 크로스(Ronald Cross) — 코드명 라자니아로 더 잘 알려진 — 는 복면을 쓴 얼굴과 전투 복장, 호전적 태도 등으로 인해 언론과 전 세계의 주목을 끌었다. 교

왜 사람들은 믿음을 갖지 않는가

착 상태가 진행되는 동안 그는 자신의 지지자들로부터 영웅시되면서 당시 사태의 상징이 되었으며, 이와 같은 지지자들의 큰 호응이 그를 전 세계 원주민들의 강한 의지를 대표하는 인물로 자리매김하게 했다. 크로스를 영웅으로 만든 요소는 자신이 속한 집단의 문화적 전통과 생활 방식을 지켜 내는 일에 대한 공헌이었던바, 흔히 영웅은 이런 이유로 인해 탄생하곤 한다.[22]

위의 사실은 보다 중요한 문제, 즉 문화적 위협에 대한 그 같은 방어 욕구가 이제는 너무나 익숙해진 종교적 테러 행위들 일부의 배후로서 작용해 온 것이 아닌가 하는 질문을 불러일으킨다. 대학살 관련 인구통계와 최근의 회교도 테러 현상 양 분야의 전문가인 존 C. 짐머만(John C. Zimmerman) 네바다 대학 교수는, 최근 사례들에 대해 진술하게 분석해 볼 경우 바로 그러한 욕구가 대다수 폭력 사태의 원초적 동기라는 사실이 잘 드러나리라고 주장한다. 특히 그는 작금의 모든 테러 행위들의 모태가 된 9/11이라는 끔찍한 날에 관해 제대로 이해하려면 두 가지 원인을 알 필요가 있음을 강조하고 있다. 우선적이고 직접적인 원인은 우리가 위에서 살펴본 정치적 동기로서, 미군 병력의 사우디 아라비아 주둔에 대한 오사마 빈 라덴과 급진적 회교도들의 반발이라는 것이다. 그리고 부차적인 두 번째의 원인은 현재 이야기하고 있는 문화적 요소로서, 서구 문화에 의해 장기간에 걸쳐 초래되었다고 빈 라덴과 그의 추종자들이 믿고 있는, 자신들의 문화에 대한 위협 요인의 척결 욕구라는 설명이다.

저명한 회교 역사가 버나드 루이스(Bernard Lewis)도 이러한 동기요인을 인정하면서, 알카에다의 경우 "자신들의 신앙 형태를 동료 회교도들에게 강제하는 임무에 있어 가장 큰 방해가 되는 것은 미국과 그 나라의 방종하고 부도덕한 생활 방식이 주는 유혹이다"[23]라는 말을 덧붙이고 있다. 9/11 공습 이후 전달된 빈 라덴의 메시지는 이러한 요소가 모두 함축된 그의 속내를 잘 보여 주는데, 사태 발발 1년 후인 2002년 10월에도 역시 그는 미국의 문화를 "역사상 존재하는 최악의 문화"라고 비난하면서, 미국인들 스스로 "간음, 동성애, 마약 복용, 도박, 고리대금업과 같은 부도덕한 행위를 거부하도록"[24] 촉구한 바 있다.

한편 빈 라덴이 이런 생각을 가진 최초의 아랍 지도자는 아니었으며 자신들의 문화에 대한 서구의 위협을 떨쳐 버리기 원했던 아랍인들 사이의 오랜 희망은 구체적인 여러 자료에서도 잘 나타나고 있다. 서구 문화의 위험한 영향력을 분쇄하려는 확고한 목표를 가지고 1928년 하산 알반나(Hasan al-Banna)에 의해 조직된 무슬림 동포단(Muslim Brotherhood)의 존재도 이러한 경우들의 한 예이다. 서구로부터 유입되어 이집트를 삼켜 버린 무신론과 음란 풍조에 대해 우려를 표하던 알반나는, 1920년대 당시 서구식 개혁의 법제화를 시작한 지도자 케말 아타튀르크(Kemal Ataturk)의 등장과 함께 터키에서 벌어진 일들에 대한 불만을 드러내는데, 이는 곧 그 사건들이 자신들의 문화적 가치에 대한 공격으로서 작용했기 때문이었다. 알반나의 관점에서 볼 때 서구 문화는 심각한 문제점을 내포한 것으로서, 그의 표현대로라면 비록 기술적 방법론과 경제적 진보를 선도하고 있을지는 몰라도 "인간의 영혼에 빛을 밝혀 주지도, 조금치의 영감이나 믿음의 근거도 되지 못한다. 또한 고뇌하는 영혼에게 고요와 평안을 제공할 수도 없다… 분명 서구식 생활이 가져다 줄 수 있는 것이란 물질적 쾌락, 즉 일시적으로는 몰입되지만 결국 만족스럽지 못함을 스스로 깨닫게 될 과도한 부(富)와 섹스, 그 밖의 부패한 악덕뿐이다." 이와 같이 서구 사회에서 알반나가 발견한 것은 오직 "끝간 데 없는 향락 추구, 쾌락, 저급함, 비열함… 그리고 지혜와 건강에 가장 해로운 것들로 인한 파괴적 성향"[25]이다.

빈 라덴이나 알반나, 그리고 이들의 추종 세력에게 진정으로 문제가 된 것은 이렇게 부적절한 문화가 서구에만 머물지 않았다는 사실이다. 그 같은 문화가 서구 지역에 머물면서 그 영향권 아래 있기를 원하는 한심한 자들에게만 부패한 영향을 미쳤다면 그것은 별문제였겠으나 불행히도 실상은 그렇지 못했다. 오히려 서구 문화는 끊임없이 전 세계로 전파되었고 이러한 문화적 침투는 회교 문화권 안에서까지 반나체 여성의 출현과 술, 극장, 무도회, 잡지 등의 증가세라는 결과로 나타났다. 가장 큰 문제는 영향력 있는 일부 인사까지 포함된 다수의 회교도들이 이러한 퇴폐적 추세에 끌려가고 있다는 사실이다. 그 영향으로 적지 않은 회교도들의 마음 속에 의심과 불신의 씨앗이 자라나기 시작했으며, 보다 서구적인 생활 방식을 동경하게 된 이들은 이제 자신의 민족과 삶의 방식에 비판을 가하게까지 된 것이다. 이러한 풍조는 하산 알반나나 오사마 빈 라덴같은 사람들에게 너무나 참기 어려운 현상으로서, 그들의 관점에서 볼 때는 자신들의 문화와 생활 방식 전반이 파괴되고 있는 것이나 마찬가지였다.

이집트의 작가이자 사회 활동가이며 1906년부터 1966년까지의 생애 동안 빈 라덴과 신(新) 알카에다 이데올로기로부터 상당한 영향을 받았던 사이드 쿠틉(Sayyid Qutb)은, 서구의 퇴폐성이 자신의 문화에 가한 위협에 대해 극단적 표현을 빌어 묘사하고 있다. 그는 그것이 "조급증과 정신 질환, 성적 타락, 질병, 광기, 끊임없는 불안, 계속적인 범행과 인간 존엄성 부재의 삶… 등의 늪으로 빠져들게 만드는 물질적 풍요, 감각적 향락과 성적 만족"[26]으로 요약될 수 있다고 단호히 규정한다. 진정 그의 말이 모두 옳다면, 미국과 서구 세계는 "인간성에 대한 불가항력적 위험… 을 대표한다. 그렇다면 우리가 이것에 사망 선고를 내려야 마땅하지 않겠는가?"[27]

이러한 입장은 자신들의 문화와 생활 방식에 위협이 되는 요소로서 스스로 선별한 서구 문화의 해악들에 대해 역사상 가장 신랄한 비판을 퍼부은, 이란의 악명 높은 지도자이자 회교 비평가, 아야톨라 호메이니(Ayatollah Khomeini)에 의해 공공연히 표명되었다. 1979년의 정권 장악과 동시에 서구 사회로 비난의 화살을 돌린 그는 그 문화의 문제점들을 구체적으로 지목하기 시작했으며, 이탈리아 방송인인 오리아나 팔라치(Oriana Fallaci)와의 인터뷰에서는 "우리가 두려워하는 것은 당신들의 과학이나 기술이 아니다. 단지 당신들의 사상과 풍습이 두려운 것이다"라고 말하기도 했다. 그는 이러한 두려움의 이유로 외국의 수입 물품이 자국 국민들의 사치성을 조장하면서 가족이나 이웃 간에까지 갈등이 유발되는 현상을 들고 있다. 이런 문제가 "청년들을 매춘과 성매매 지역으로 유인…"하는 결과를 낳을 것이고 더우기 이와 같은 상황이 계속된다면 청년들의 파멸은 의심의 여지가 없으리라며 우려하던 호메이니는, 논리를 더욱 비약시켜 교회와 국가의 분리 같은 서구 세계의 가치들이 이슬람권을 저격하는 음모라고 단정하기도 했다.[28] 결국 1979년 그가 권력을 잡은 이후 샤(이란 국왕)에 의해 용인되었던 이란의 서구화 조짐이 백지화되었고, 미 대사관의 직원들을 납치해 444일간이나 억류하면서 미국에 대항하는 사태도 발생했다.

북미 원주민과 퀘벡 FLQ의 사례를 통해 이미 확인되었지만, 빈 라덴, 알반나, 쿠툽, 호메이니 등의 지도자들이 직접 언급한 내용에 의해서도, 전 세계적으로 빈발하고 있는 회교도의 폭력 행위가 오로지 종교에 의해 촉발된다는 발상은 지나치게 단순한 것이라는 결론을 얻게 된다. 이러한 행위의 배후에 있는 진정한 동인은 정치적, 문화적 사안에 내재되어 있는바, 이는 왜 상당량의 폭력이 전 세계의 종교인과 비종교인 모두에 의해 감행되고 있는지, 또 종교를 명목으로 삼는 폭력 행위에 대해 대다수의 종교인들이 지탄을 보내는 이유가 무엇인지를 잘 설명해 주는 사실이기도 하다. 결국 종교가 폭력의 원초적 동기라는 전제는 그릇된 것이기에, 종교를 말살함으로써 폭력을 잠재울 수 있으리라는 희망 역시 그릇된 것일 수밖에 없다.

바로 이 시점에서, 이슬람 문화라는 개념으로 축약되고 있는 하나의 복합적 요인에 대한 설명이 필요할 듯 하다. 지금까지 우리는 표면상 종교적 동기에 의해 실행된 듯 보이는 회교도들의 많은 폭력 행위가 사실은 자신들의 문화를 지키려는 욕구에서 비롯된 것임을 살펴보았다. 하지만 그렇다 하더라도 종교가 그들 문화에서의 불가결한 부분임은 사실 아닌가? 그러므로 이 경우에는 문화적 동기가 곧 종교적 동기라고 말할 수 있지 않은가? 만일 그렇다면 어떤 회교도가 자신의 문화를 방어할 때 그는 또한 자신의 종교를 방어하고 있다는 것이며, 이것은 결국 그들의 삶에 있어 다른 무엇보다 중요한 역할을 하는 요소는 바로 종교라는 의미가 된다.

물론 종교가 전 세계의 모든 문화적 기반 위에서 때로는 방대하고 때로는 협소하게 맡은 바 역할을 담당하고 있다는 것은 사실이다. 사람이 사는 곳이라면 어디에나 일정한 종류의 종교적 믿음이 존재하며, 이 같은 믿음이 사람들의 태도와 가치관에 영향을 미치면서 그들의 문화를 형성하는 바탕이 되기 때문이다. 그렇지만 우리가 문화에 대해 — 어떤 문화이든 — 언급할 때는 그와 관련된 종교적 믿음이나 관습 이상의 것을 함축하고 있다는 사실도 잊어서는 안 된다. 그 경우 우리는 종교는 물론 다른 여러 가지 요인들에 의해 형성되는 총체적 생활 방식과 사고방식에 대해 언급하는 것이며 이는 회교 문화권에서도 역시 마찬가지이다. 즉, 그들의 문화 안에서도 이슬람의 종교적 가르침이 포함된 총체적인 생활 방식과 사고방식이 이미 생성되었다는 것이다. 따라서 회교도들이 서구 세계로 인해 자신들의 삶이 위협받는다고 느낄 때 그 영향하에 놓일까봐 우려하고 있는 대상은, 단지 종교적 가르침만이 아닌 전반적 문화와 총체적 생활 방식이라고 보아야 옳다.

그러므로 다시 요점은, 종교적 동기만을 가지고 소위 종교적 폭력이라고 불리는 행위에 대해 충분한 설명을 제시할 수는 없다는 사실이다. 거기에는 또한 위협적인 조짐으로부터 자신들의 문화와 생활 방식을 보호해야 한다고 사람들을 부추기는 문화적이고 정치적인 내재적 동기가 있으며, 회교권 사회 내의 여러 분야에서 감지되었던 위협적 조짐은, 거대하고 강력하며 매혹적인 동시에 교활하고 부도덕하다고 비판받는 서구 문화의 영향력과 가장 크게 연관된다. 이에 대응하기 위해 구성원들은 자신들이 가진 가장 효과적인 방법으로 그 같은 위협의 원천 — 미국과 그 동맹국들 — 에 맞서고 있는 것이다.

문화적 가치가 얼마나 중요한 것인지를 잘 설명하고 있는 찰스 테일러의 분석을 다시 한번 상기해 보자. 그 가치들은 우리 삶에 의미를 부여하는 동시에 인간의 삶과 관련된 근본적 질문들에의 해답이 되는 필수 체계를 제공함으로써, 각자가 속한 사회에서 구성원으로 살아가는데에 필요한 도움을 제공하는 역할을 한다. 따라서 자신들의 문화적 가치를 보호하기 위해 때때로 사람들이 난폭한 방법을 사용하게 되는 것도 그다지 놀랄 일만은 아니다.

이것은 다시 또 하나의 질문을 불러오는데, 만약 표면상으로 종교에 의해 동기화된 것처럼 보이는 폭력 행위가 실제로는 정치적, 문화적 요인들에 의해 일어난 것이라 해도, 이 사실이 곧 종교는 폭력에 아무런 역할도 하지 않는다는 의미가 될 수 있는가? 그렇다고 결론 내리고 싶은 사람들도 있겠지만 이것 역시 지나치게 단순한 생각이다. 자살 폭탄 테러범이나 낙태 시술 병원 파괴범들의 자백을 들어 보면 그들의 동기나 결정에 중요한 역할을 한 요소가 종교임을 잘 알 수 있으며 이것이 또한 부인할 수 없는 사실이기도 하기에, 폭력과 관련된 종교의 역할에 대한 정확한 규명과 더불어 그 역할이 지금까지 살펴본 정치, 문화적 원인들과 어떻게 연관되는지를 밝혀내는 일도 필수적 작업이 될 듯 하다.

폭력과 관련되는 종교의 역할

이 책의 서두에서 논의된 종교에 대한 심각한 비난을 고려해 보면 폭력과 관련된 종교의 역할을 정확히 규명하는 일보다 더 중요한 임무는 없다고 할 수 있겠다. 그렇다면 그 같은 작업을, 특히 우리가 살펴본 요인들을 바탕으로 할 경우, 어떻게 진행해 나가는 것이 옳을까? 종교인과 비종교인 모두가 폭력을 행사할 수 있지만 그러한 행위가 실제로 발생했을 때는 그것이 종교의 이름으로 행해졌든 아니든 전 세계의 종교인들 대부분이 그에 대해 분개한다. 더구나 지금까지 살펴보았듯 그러한 폭력 행위는 보다 심층적인 정치적, 문화적 동기들에 의해 흔히 촉발되곤 하는바, 그렇다면 이 모든 일에 있어 종교의 정확하고 실제적인 역할이 과연 무엇이라고 말할 수 있을까?

영국의 신학자이자 철학자인 앨리스터 맥그래스의 이론은 이 질문에 관해 참고할 만한 내용을 담고 있다. 그는 종교가 젊은이들에게(그렇다, 테러 행위 실행자의 대부분은 늘 청년들이다) 정치적 혹은 문화적 위협 세력들에 저항하는 방식으로서의 "공헌 행위"를 수행하도록 부추기는 완벽한 도구가 되어 왔다고 지적한다. 이런 방식으로 사용되는 놀랄만한 종교의 영향력은, 그 같은 공헌 행위들이 종종 엄청난 개인의 희생 — 죽음을 포함해 — 을 통해 실천되고 있는 현실로 인해 쉽게 파악이 가능하다. 그렇다 하더라도 종교가 약속하는 상상 못할 보상, 즉 영생에 대한 약속이 그 무엇과도 비견될 수 없는 매력임은 사실 아닌가?

　이런 식으로 사용될 때의 종교는 악(惡) 그 자체가 된다. 이 경우 종교는, 신적 존재의 뜻과 권위 안에서의 조화로운 다툼을 통해 사회가 조절해 왔던, 정상적인 인간 간의 갈등을 급진적으로 악화시키는 불길한 힘을 갖게 된다. 이런 상황이 일어나면 갈등은 단지 선과 악의 대결 — 대부분의 갈등이나 전쟁이 갖고 있는 공통 전제인 — 이 아니라 신과 신을 믿지 않는 자들 간의 대결 양상으로 변하며, 이 때 그 신의 신실한 추종자들은 그분의 뜻을 이 땅에 펼치겠다는 입장을 주로 택하게 된다. 갈등이 이러한 형태로 변질될 경우 인간 간의 대립을 해결하려는 정상적 긴장 상황이나 합리적 해결책들은 그 효력을 잃게 됨으로써, 결국 종교는 자신들의 정치, 문화 수호적 전투를 원하는 사람들 사이를 연결하는 효과적 동맹 세력이 되고 만다.[29]

모든 이상은 악용될 수 있다

　이러한 현상은 종교에 대한 끔찍한 악용이지만, 이렇게 악용되어 사악한 목적에 쓰일 수 있는 것이 비단 종교만은 아니라는 사실도 기억할 필요가 있다. 앞에서 언급되었던 관용심, 자유와 평등, 공동체의 연합, 국가주의, 심지어 무신론 같은 다양한 관념들 역시 동일한 역할을 하기 때문이다. 사회가 세속화되면 앨리스터 맥그래스가 "유사신성 권위 (quasi-divine authority)"라고 부르는 몇 가지 비종교적 이상들의 위상이 어느 누구의 도전도 허락하지 않을 만큼 승격되곤 하는데, 맥그래스는 마담 롤랑(Madame Rolande)의 유명한 사례를 통해 이에 대한 구체적 설명을 제시하고 있다.

프랑스 혁명 당시는 하나님에 대한 전통적 개념들이 구시대적인 것이라고 배척되면서 다른 여러 종류의 이상들, 가장 대표적으로는 자유와 평등이 이와 같은 유사신성 권위로 격상하여 하나님의 자리를 대신하게 된 시기였다. 1792년 마담 롤랑은 날조된 죄목으로 교수대에서의 처형을 선고받았는데, 사형 집행을 기다리는 동안 그녀는 자유의 여신상에 빈정대듯 절을 하면서 다음과 같이 말했다고 한다: "자유여, 그대의 이름으로 얼마나 많은 범죄가 용인될 것인가!"[30]

샌드허스트 육군사관학교(Royal Military Academy Sandhurst)의 교수로서 전쟁 역사가이자 국방과 외교 정책의 분석가인 그윈 다이어(Gwynne Dyer)가 전쟁(War)이라는 자신의 뛰어난 전쟁 역사서에 기록한 것처럼, 실제로 프랑스 혁명(1789 - 1815)은 자유와 평등이라는 위대하면서도 세속적인 두 가지 원칙에 대한 새로운 서약을 실천하는 훈련의 장(場)이 되었다. 이 두 개의 이상은 240만 병사들로 하여금 유럽 전역에서 일어난 유혈 전쟁 — 4백만 이상 인구의 죽음을 초래한 — 에 참전해야 할 동기 부여로서의 역할을 했는데, 이 혁명의 실질적 목적은 프랑스가 유럽 전역의 통치권을 갖는 것, 즉 세계 제국을 건설하는 것에 다름 아니었다. 결국 원래의 목적이 이루어지지는 못했지만 자유와 평등이라는 두 원칙은 그 모든 희생을 가능케 한 원동력의 기능을 했다고 다이어는 지적한다.

자유와 평등의 원칙을 전면에 내세운 프랑스 혁명은, 강제 징집의 명분이 된 열렬한 국가주의를, 처음에는 가볍게 소개하다가 나중에는 적극적으로 활용하였다. 그것은 또한 프랑스 군대의 행동 양태도 변화시킴으로써, 보다 개방적이고 기동성 있는 방식으로 전투를 하려는 충성심과 결단력을 가진 병사들을 양산했는데… 탈주도 쉽지 않은데다가 워낙 다수의 병력을 확보했기에 몇몇의 탈영은 거의 문제가 되지 않을 정도였다."[31]

이토록 새롭고 열성적인 국가주의, 즉 타국에서의 전쟁에 참전을 자원했던 수백만의 젊은이를 배로 수송한 노골적 징집 방식과 전쟁을 원한다는 공언하에 거의 이탈조차 하지 않는 새로운 성향의 병사들이 출현한 전례 없던 상황 속에는 어떠한 종교적 동기도 개입되어 있지 않았다. 이 모든 것의 추진력이 된 요인은 전적으로 세속적인 두 가지 원칙에 대한 충성과 헌신일 뿐이었기 때문이다. 열렬한 국가주의로 변질된 자유와 평등 말이다.

이 사건의 의미, 특히 혁명의 유혈성이 당시로는 전대미문이었다는 점에 관련하여 우리가 간과하지 말아야 할 사실이 있는데, 18세기와 그 이전 시기에 소규모로 치루어졌던 전쟁 형태가 프랑스 혁명을 기점으로 모습을 감추게 되었을 정도라는 것이다.[32] 인구의 상당수가 동원되고 엄청난 분량의 다양한 자원들이 소모되었던 이 전쟁은, 나폴레옹 전쟁과 더불어 역사상 유례 없이 대규모로 치루어진 두 전쟁 중의 하나로 기록에 남게 되었다. 작전이 진행되던 최전선의 요지마다 평균 일주일에 한 번 이상 벌어졌던 전투에서, 일단 징집된 대원은 신체상 큰 문제가 없는 한 참전 결정을 철회할 수 없었는데, 1815년 워털루 전쟁에서의 패전 이후 제국이 전쟁을 끝냈을 때 생존하여 귀가할 수 있었던 병사의 수는 최초 참전병 숫자의 채 절반도 되지 않았다. "분대는 전사하기 위해 조직되는 것이다"라는 나폴레옹의 유명한 말처럼, 워털루 전쟁의 결과로 종전이 되었을 당시 최소 400만의 사망자가 발생했으며, 이는 종교적 동기와 전혀 무관하게 일어난 일의 결과였다.[33]

이를 통해 우리가 분명히 확신할 수 있는 사실은, 그것이 어떤 성격으로 분류되거나 얼마나 거창하게 출발했는지와 관계없이, 모든 종류의 이상(理想)은 인간의 타고난 본성으로 인해 악용될 소지가 있다는 점이다. 그런 면에서 본다면 수많은 이상 중의 하나 — 종교 — 를 마치 모든 폭력의 유일한 원인인 양 비난만 하기 보다는 위의 사실들을 바탕으로 우리가 해결해야 할 문제가 무엇일지 진지하게 고민하는 자세가 더욱 필요할 것이다. 그 같은 비난은 프랑스 혁명 기간 동안 악용되었던 끔찍한 결과만을 가지고 자유와 평등 자체에 대해 욕을 퍼붓는 것 만큼이나 무의미한 일이며, 또한 본질적인 문제는 건드리지 않으려는, 즉 요점을 기피하는 태도에 불과하다.

따라서 근본이 되는 문제를 발견하고 그것을 해결하려는 노력이, 종교적 관련성의 여부를 떠나 세상 모든 폭력에 대한 우려를 가지고 있는 우리 모두의 목표가 되어야 한다. 책의 내용이 진전됨에 따라 그러한 근본 원인들과 관련하여 보다 자세한 언급이 이루어지겠지만, 그에 앞서 이 문제에 대한 본질적 접근을 위해 요구되는 질문, 즉 왜 인간들은 흔히 집단별로 나뉘곤 하는가라는 문제에 먼저 주의를 돌릴 필요가 있을 듯하다. 우리가 여러 가지 방식을 통해 형성하는 분열과 집단화가 종종 갈등과 폭력을 생산하는 토양의 기능을 한다는 점과, 또한 대부분의 폭력이 한 집단의 일원으로부터 다른 집단의 구성원에게 가해지고 있는 현실을 생각할 때, 최근 빈발하는 폭력의 상당수는 그 같은 분열과 집단화의 차단으로 인해 감소할 것이라 기대할 수 있기 때문이다. 게다가 이러한 분열은 종교와 전혀 관련성이 없다는 점에서, 이것 역시 종교를 말살하는 일이 폭력을 종식시키는 결과로 직결되지 않는다고 믿을 수 있는 또 하나의 이유가 되기도 한다. 그렇다면 지금부터는 이러한 분열과 집단화의 발생 원인에 대해 자세히 살펴보는 작업을 시작하자.

인간 분열의 사회적 원인들

우리가 서로를 분류하고 있는 몇 가지 방식으로는 인종, 종족, 종교적 정체성, 국적, 지역, 조직, 소집단, 가족 등등을 예로 들 수 있을 것이다. 하지만 왜 이렇게 많은 분류 기준이 존재하는가? 왜 이러한 단위들이 애초에 생겨나게 된 것인가? 사회학자들이 지적하듯 이와 같은 구분은 공동체에 대한 인간들의 뿌리 깊은 욕구가 만들어 낸 사회적 구성 형태이다. 그리고 이러한 공동체는 인간 각자에게 정체성, 가치관, 삶의 의미는 물론, 살면서 마주치는 심오한 질문들에의 답변까지 제공해 준다는 점에서 그 유익 또한 막대하다. 하지만 이런 여러 가지의 유익들에도 불구하고 바로 이 공동체가 종종 분쟁과 갈등을 야기하는 또 다른 영향력도 갖고 있다는 사실은 흔히 간과되는 듯 한데, 그 영향력이란 곧 우리가 삶 속에서 새로운 타인을 만날 때마다 자신이 속한 집단을 기준으로 내부인 혹은 외부인으로 나누어 인식하게 하는 양분화 개념 생성 주체로서의 기능을 의미하는 것이다. 이 기준에 따라 공동체의 내부인들은 자신과 깊은 동질감을 나누는 친구이자 동료로서 인식되는 반면 그 외의 사람들은 적이나 최소한 외부자라는 경계의 대상으로 간주되곤 하는 것이다.

이원적 대립(binary opposition)이라 불리는 이 같은 분류 인식은 스스로와 타인에 대해 사람들이 갖게 되는 개념들의 형성 요소로서, 그 개념들은 결국 이원적 대립의 반대편에 위치하는 가치 절하된 반(半) 수의 사람들을 외부인으로 인식하는 범주로까지 확대된다. 특정 방식으로 타인을 정의하는 이러한 분류 인식은 자신들이 속한 그룹의 정체성을 강화시키기 위한 효과적 방법으로 종종 사용되기도 한다.[34]

이러한 분류적 인식의 심대한 효과가 최근 몇 년 간 확실하게 규명되어 오고 있으며, 그와 함께 이원적 대립이 갖는 특성과 기능이 몇몇 주요 연구들의 핵심 주제로 떠오르기도 했다. 경쟁 학파들 간에 벌어졌던 최근의 한 토론에서는 이원적 대립이 사람들의 사고방식을 형성하고 결정하는 것인지 아니면 인간의 사고 행태가 그러한 대립을 산출해 낸 것인지가 중심 논제였다. 그 문제에 대한 해답을 이 책에서 제시할 필요는 없겠지만 여기에서 우리가 기억해 둘 가장 중요한 사실은, 이러한 이원적 대립이 때론 종교적 용어를 빌어 표출되기도 하지만 — 천주교 대 개신교, 신자 대 비신자, 시아파 대 수니파의 경우처럼 — 그보다는 인종이나 종족, 국적, 언어, 또는 성별, 연령, 성적 취향, 공통 관심사, 정치적 견해 등과 같이 완벽히 비종교적인 맥락들에서 보다 빈번하게 발현된다는 점이라고 할 수 있다.[35]

1994년 르완다의 대량 학살 일화는 종족 분열이 유혈 폭력으로 이어진 구체적 사례이다. 국가 내의 주요 부족 후투(Hutus)와 투치(Tutsis) 사이에 오랜 기간 잔존하던 적개심과 공포감은, 쥐베날 하브자리마나(Juvenal Habyarimana) 후투 대통령의 석연찮은 죽음과 내전 상황이 도화선이 됨으로써, 후투들에게 가능한 한 많은 투치들을 죽이라는 명령이 라디오를 통해 방송되는 지경으로까지 확산되었다. 투치들은 바퀴벌레라 불리면서 멸시를 받았고 쓸어 버려야 할 거리의 오물로 취급되었는데, 당시 후투의 라디오 방송국 RTLM(Radio-Television Libre des Mille Collins)에서 전달된 메시지는 특히 경악스러운 것이었다: "죽여라! 죽여라! 니아미람보로 가라! 방금 그곳을 다녀왔는데 아직 시체가 많이 보이지 않았다. 아직까지 너무나 깨끗한 상태다. 청소를 시작해야 한다!"[36]

이후 후투들은 그 말에 따라 행동했고 마체테 검이나 그것과 유사한 잔인한 도구로 난자당한 투치의 사망자 수가 80만을 넘었다. 부족 간 갈등에서 시작된 이러한 폭력 사태에 의해 이루 말로 표현할 수 없는 끔찍한 결과가 발생했는데, 역사적으로도 인간사 전반을 통한 비극이라고 기록될 만한 이 사건은 사실 종교와는 아무런 관련이 없는 것이었다.

종교를 세상으로부터 축출하는 일이 인간 간의 분열과 갈등을 감소시키거나 종식시키리라는 생각은 근거 없는 희망에 불과함이 이로써 다시 한번 분명해진다. 이원적 대립의 관점에서 보더라도 그러한 견해는 정체성과 소속감에 대한 인간의 욕구로부터 자연스럽게 형성되는 공동체의 존재를 무시한 발상으로서, 종교가 없어지더라도 집단을 통한 또 다른 분류법은 여전히 생겨날 것이며 공동체 역시 형성을 거듭할 것이기 때문이다. 게다가 더 안타깝게도, 폭력 발생의 바탕이 되는 양분법적 대립 양상과 외부인에 대한 가치 폄하 또한 쉽게 사라지지 않을 것이다.

종교적 폭력의 진정한 원인(혹은 몇 가지 원인들)을 밝혀내는 작업은, 종교만 없어지면 세상의 모든 폭력이 당장 종식되거나 할듯 그에만 손가락질을 해대는 일보다 훨씬 복잡한 문제라는 것이 이제는 분명해졌으리라고 본다. 이러한 자명한 사실과 함께 지금까지 다루어진 중요한 내용들을 정리해 보면 다음과 같이 요약될 수 있다.

1. 폭력 행위는 종교인과 비종교인 모두에 의해 행해진다.
2. 그러한 폭력 행위가 발생했을 때 전 세계 대다수의 종교인들은 그것이 종교의 이름으로 행해졌는가의 여부와 관계없이 그에 대해 분개한다.
3. 이러한 행위들은 해당 폭력 사태에서 종교가 담당하는 역할과 무관한, 보다 뿌리 깊은 정치적, 문화적 동기에 의해 흔히 유발된다.
4. 때로는 종교가 이러한 정치적, 문화적 전쟁에 병사들을 동원하도록 조력하는 도구로 사용되기도 한다.
5. 이것이 종교의 끔찍한 악용인 한편, 자유나 평등 등의 세속적 이상을 포함한 다른 많은 이상들 역시 폭력 행위에 악용되고 있다.
6. 인간은 늘 공동체라는 형태를 빌어 서로 분리되는 성향이 있는데, 이것이 상호 갈등의 핵심 요인인 분열과 이원적 대립을 초래하곤 한다. 그러한 분열 중 일부는 종교적 특성을 가지고 있지만 대부분의 경우는 그렇지 않다.

위의 사실들은 종교만 소멸된다면 세상의 모든 폭력이 — 물론 종교적 폭력을 포함하여 — 종식되거나 상당량 감소할 수 있다는 생각을 잘못된 것으로 단정할 수 있는 근거가 된다. 이들은 또한 문제의 중심부에 종교가 아닌 보다 심층적인 무언가가 자리하고 있으며, 그 근본 원인을 찾아내는 일이 세상에서 일어나는 불행한 사건들에 대해 우려하고 있는 우리 모두의 목표가 되어야 한다는 점을 가르쳐 주고 있다.

하지만 종교가 폭력을 야기하는 주범이라고 끊임없이 주장해 온 사람들의 비난은 그것 혼자만 독립되어 있는 문제가 아니다. 앞에서 살펴보았듯 그러한 비난은 종교가 본질상 비합리적이며 사람들로 하여금 비합리적인 개념들을 믿도록 만드는 개체라는 또 하나의 유사한 비난과 맥이 닿아 있는데, 이는 다시 이들 비합리적인 종교적 신념들이 바로 끔찍한 폭력 행위의 유발 요소가 된다는 논리로 거듭 순환한다. 더욱 문제인 것은, 구체적 증거 없이도 그 같은 비난이 계속 반복하여 제시되어 왔기 때문에 사람들로 하여금 그것을 믿지 않도록, 혹은 그러한 믿음을 통해 행동하지 않도록 만들 방법이 없다는 것이다. 그런 점에서 볼 때 종교의 폭력성을 향한 비난과 비합리성에 대한 비판은 서로가 맥을 같이 하며 진전되는 논리라 하겠다. 이들 중 종교의 폭력성에 제기되는 질문에는 이미 답이 주어졌으므로 이제 비합리성과 관련된 문제로 넘어가도록 하자.

④
기독교는 비합리적이며 증거 불충분의 개체인가?

종교는 "이유나 증거와 완전히 동떨어진 개체"라는 비난에 대해 어떤 반론이 제시될 수 있을까? 종교인들이 삶의 여타 분야에서는 보통 사람들과 같이 이성적이고 합리적으로 처신하는 반면 종교와 관련된 부분에서만은 완전히 다른 태도로 대응한다며 조소하는[1] 샘 해리스와 같은 이들에게 우리가 줄 수 있는 답변은 무엇일까? 앞에서 인용되었던, 종교적인 사람들에게서 보여지는 이분법적 사고에 대한 비판을 좀 더 다루어 보자.

신실한 기독교인에게 그의 아내가 바람을 피웠다고, 혹은 프로즌 요구르트가 사람을 보이지 않게 만들 수 있다고 이야기한다면 그는 분명 다른 사람들처럼 증거를 요구할 것이다… [하지만] 자신이 늘 침대 곁에 두고 있는 책을 기록한 이가 우주에 관한 모든 믿지 못할 주장에 대해 믿기를 거부하는 자들에게 영원이라는 시간 동안 처벌

을 계속할 보이지 않는 신… 이라는 말에 대해서라면 그는 아무런 증거도 요구하지 않을 것이다.[2]

합리적이지도 또 증거에 기반을 두지도 않은 종교적 개념들을 기꺼이 믿는 것은 사실상 위험한 결과를 낳을 수 있는 일이라고 해리스는 주장한다. 실제로도 그런 식의 믿음이라면 당연히 설득력 없는 것일 뿐 아니라 때론 기꺼이 폭력을 실행하려는 태도까지 만들어 낼 수 있다는 점에서 다음과 같은 질문을 제기해 볼 필요가 있다: 종교적인 믿음들은 정말로 그렇게 비이성적이고 위험한 것인가?

이 질문에 대한 답변 중 일부는 종교 전반에 대한 것이 되겠지만, 그럼에도 역시 기독교인으로서 이 책을 쓰고 있는 나의 주된 관심, 기독교가 이 같은 일방적 주장의 희생자로 전락하고 말아야 하는가의 여부에 있다. 이러한 비난에 근거하여 도출할 수 있는 두 가지 기본적 질문은 다음과 같다: (1) 어떤 믿음이나 개념을 합리적, 비합리적, 혹은 이성적, 비이성적이라고 규정하는 특성들은 과연 무엇인가? (2) 종교적, 특히 기독교적 주장이 샘 해리스 같은 비평가들에 의해 비합리적이고 "이유나 증거와 완전히 동떨어진 개체"로 비하되는 것이 과연 옳은 일인가? 다시 말해, 기독교에 대한 이 같은 단언은 진정 사실인가? 비합리성과 관련하여 비평가들로부터 공격받고 있는 다른 비난 요소들을 다루기 전에 먼저 이 두 가지 질문에 대해 논의해 보고자 한다.

합리적이라는 것은 무엇을 의미하는가?

우리의 질문은 다음과 같다: 어떤 믿음의 합리성 여부를 판단할 수 있는 엄밀한 기준이 무엇이며 비평가들이 종교적 믿음을 비합리적인 것으로 규정할 때 근거가 되는 정확한 문제점은 무엇인가? 이러한 질문이 지금껏 거의 제기되지 않았다는 사실은, 종교적 믿음의 비합리성에 대해 무척이나 열정적이고 지속적으로 가해져 온 비난을 생각할 때 참으로 어처구니없는 일이다. 여기에서 말하는 합리적인 방식으로 믿는다는 것은 일반적으로 수용되는 개념을 믿는 일에 한정되는가? 만약 그렇다면 얼마나 일반적이어야 하는가? 그것이 혹시 정직하고 책임감 있게 진실 추구를 하는 작업을 뜻하는 표현인가? 아니면 자신이 가진 개념들이 철학적 판단을 거치는 과정을 기꺼이 허용하는 태도로 입증되어야 하는 문제인가? 그도 아니라면, 삶의 여타 영역에서 건전하고 합리적인 결정을 내린다고 존경받는 사람들이 지지할 만한 개념을 생성하는 과정을 말하는 것인가?

그조차 아니어서 합리성에 대한 위의 추측들이 모두 옳지 않다면, 증거가 있는 개념들만을 믿는 일이 합리적이 된다는 말의 의미라는 것인가? 만약 그렇다면 어떠한 증거가 필요하며 불합리한 믿음에서 합리적인 믿음으로 옮겨 가기 위해서는(합리성의 경계를 넘기 위해서는) 어느 만큼의 증거가 요구되는가? 그 증거는 모두에게 공개된 신뢰받을 만한 것이어야 하는가? 만약 모두에게가 아니라면 누구에게, 또한 얼마나 많은 이들에게 공개되고 신뢰받아야 하며 이 기준을 누가 결정하는가? 무엇보다, 모두에게가 아니라 일부의 사람들에게만 공개되는 증거라는 것이 존재할 수 있는가?

혹시 증거와 합리성을 동일시하는 데에 문제가 있는 것은 아닌가? 이 질문에 대해 탐구하는 많은 철학자들은 분명 그렇다는 생각을 가지고 있다. 증거주의, 즉 분명한 증거의 기반 위에 있는 믿음만이 합리적으로 정당화되거나 받아들여질 수 있다고 보는 견해는 사실 인식론 분야에 종사하는 많은 이들에 의해 거부되어 온 사고 행태로서, 인식론이라는 것이 원래 이런 종류의 질문들을 철저히 조사하는 학문인 만큼 그 분야에 종사하는 이들의 거부는 적절한 근거를 갖는다고 말할 수 있다. 실제로 대다수의 보통 사람들은 자신이 믿고 당연하게 여겨 온 개념들에 대해 증거 제시를 요구받는다면 난처함을 느끼게 될 것이 분명한데, 그러한 증거를 추적할 시간이나 자원을 누구나 갖고 있지는 않은 만큼 다른 사람들의 말이나 뉴스 보도, 다양한 자료들을 통해 들은 것, 책에서 읽은 것, 또는 기타 정보 자원에서 얻은 것들을 그냥 자신의 믿음으로 받아들이게 되기 때문이다. 그렇다고 해서, 이런 식으로 믿음을 갖게 되는 것이 우리가 비합리적으로 사고한다는 의미인가? 결코 그렇지는 않다.

게다가 어떤 믿음에 대해 확실한 증거를 가지고 있을 때조차 증거 그 자체가 다른 증거에 기반을 두고 있고, 그 다른 증거는 또 다른 증거에 기반을 두는 등, 모두가 상상할 수 있을 끝없는 연계성의 그림이 그려진다. 결국 어느 하나로는 결코 독립된 증거가 되지 못하는 믿음 자체의 속성으로 인해 증거를 추적하는 노력은 다시 그라운드 제로의 지점으로 돌아갈 수밖에 없지만, 그럼에도 우리 모두는 그런 믿음들을 삶의 근본 원리가 되는 전제로 받아들이고 거기에서부터 출발할 수밖에 없는 것이다. 이 말은 곧 가장 열렬한 증거주의자조차도 결국 완벽한 증거가 없는 원초적 믿음들을 자신의 출발점으로 삼고 있다는 뜻이 된다.

다시 정리하면, 진리 추구 과정에서 우리에게 도움을 준다는 중요한 가치에도 불구하고 증거가 갖고 있는 그 자체의 한계는 간과될 수 없다는 말인데, 이러한 문제 때문에 일부 철학자들은 증거를 배제한 합리성 판단 방식을 제안하고 있다. 미국의 철학자이자 미국 철학 협회의 전임 회장인 알빈 플랜팅가(Alvin Plantinga)는 믿음의 합리성에 대한 판단 기준으로, 어떤 믿음이 그것에 잘 맞는 환경 속에서 적절하게 작용한 합리적 능력의 산물일 경우 합리적인 믿음으로 간주하는 방식의 기준을 제시하고 있다. 이는 사람들의 합리적 능력이 어떤 면에서든 오작동되지 않았다면 — 혼란, 극단적 무질서, 망상과 같은 양상으로 — 그들의 숙고의 산물인 믿음은 합리적인 것으로 받아들여져야 마땅하며, 따라서 이러한 믿음을 견지하는 것은 그 사람들의 자유의지라는 논리에 바탕을 둔다.[3] 실제로 믿음의 합리성에 대해 플랜팅가가 제시했던 기준은 지금도 많은 이들에 의해 지지받고 있다.

물론 나는 일정한 믿음을 합리적인 것으로 인정하는 근거에 대한 논의에서 빙산의 일각만을 건드리고 있는 셈이지만 사실 애초부터 내가 하려던 작업이 바로 그것이었다. 무엇이 비합리적인 믿음을 합리적인 것으로 만드는가 혹은 그 반대의 경우인가라는 질문은 거대담론에 해당하며 그 문제에 대해 보편적으로 동의된 대답 또한 존재하지 않는다. 게다가 내가 생각하기에는 해리스, 도킨스, 히친스 중 어느 누구도 일정한 개념이나 믿음을 합리적인 것으로 규정하게 하는 조건에 대해 명확한 근거를 제시할 만큼의 노력을 한 적이 없다. 그들의 주장 혹은 단언의 내용은, 종교적인 사람들만이 견지하는 종류의 믿음이라며 자신들이 비하하고 있는, 또 자신들로서는 그에 대해 믿는 일을 상상조차 할 수 없기에 어떻게 그런 것을 믿느냐며 황당함을 표하는, 그러한 몇 가지 사실들에 대해 편파적으로 가하는 비판일 뿐이다.

뿐만 아니라 그들과 견해가 같은 사람들도 무엇이 종교적 믿음을 비합리적인 것으로 만드는가라는 질문이 주어지면, 증거가 부족한 모든 믿음은 비합리적 믿음이다 — 즉 증거 부족은 해당 믿음을 비합리적인 것으로 만든다 ─ 라는 답변만을 반복하여 제시하고 있다. 비평가들이 합리적 믿음에 요구되는 증거에 관한 글을 쓸 때마다 기독교를 그 기준에 부합하지 못하는 종교의 예로서 주로 사용하고 있기 때문에, 앞에서 언급된 증거 자체의 한계에도 불구하고 두 번째의 질문을 제기해야 할 듯 하다: 기독교의 주장들은 정말로 이유나 증거와 아무런 관계가 없는 것인가?

기독교의 믿음들이 "이유나 증거와 완전히 동떨어진 개체"라는 주장은 옳지 않다.

기독교의 진리 주장들이 "이유나 증거와 완전히 동떨어진 개체"라는 단정에 대해 우리가 말할 수 있는 가장 중요한 사실은, 그것이 확실히 잘못된 견해라는 점이다. 도대체 비평가들이 어떤 자료에 근거해 그런 주장을 하게 되었는지에 대해서는 의아함을 금할 수 없지만, 적어도 기독교가 세상에 제시해 온 다양한 진리 주장들에 대해 토마스 아퀴나스, 블레즈 파스칼(Blaise Pascal), C. S. 루이스(C. S. Lewis), 리처드 스윈번, 알빈 플랜팅가, 윌리엄 레인 크레이그(William Lane Craig), 제임스 P. 모어랜드(James P. Moreland) 등의 신학자와 기독교 철학자, 그리고 그 외의 많은 사람들이 수 세기에 걸쳐 수천 페이지에 달하는 증거들을 축적했다는 사실만은 그들도 잘 알고 있을 것이다.

게다가 이러한 증거들은 결코 불충분하다거나 신뢰성이 부족하다고 치부될 수 없는 것들이다. 근래의 영어 문화권에서 가장 뛰어난 작가이자 사상가 중 하나로 인정받는 C. S. 루이스는 종전의 무신론적 입장을 바꿔 기독교도가 된 이유에 대하여, 처음에는 도무지 믿어지지 않아 제기했던 기독교의 진리 주장에 대한 질문들이 분하게도 도리어 자신을 너무나 확실한 증거와 대면하게끔 만들었기에 결국은 믿지 않을 수 없게 되었노라고 술회하고 있다. 그는 스스로를 영국에서 가장 소극적이고 열성 없는 회심자였다고 고백했지만, 결국 증거들에 굴복하여 예수님을 영접하기까지 그가 겪었던 고통에 대한 진술한 묘사는 모두가 읽어 볼 만한 가치가 있다.

맥덜런의 그 방에서 보내던 밤마다 하던 일에서 잠시 손을 놓고 쉬던 짧은 순간에도 나는, 그토록 만나기를 꺼렸던 그분이 흔들림 없고 확고부동한 모습으로 다가오고 있음을 느껴야만 했다. 내가 그렇게도 두려워하던 일이 결국 내게 일어난 것이다. 1929년 부활 절 뒤의 봄 학기 즈음 결국 나는 항복했으며 하나님을 하나님으로 인정하면서 무릎을 꿇고 기도했다. 아마도 그날 밤 영국 전체를 통 틀어 가장 주저하며 내키지 않아 하는 회심자였겠지만 말이다… 마침내 탕자가 집을 찾아 제발로 걸어 들어온 것이었다. 하지만 그렇게 발길질을 해대고 버둥거리고 또 분해하면서, 도망갈 기회를 찾느라 사방으로 눈을 굴리며 끌려 들어오는 탕자에게까지, 높은 문을 열어 반겨 주신 그 사랑에 대해 합당한 찬양을 올릴 수 있는 사람이 과연 있을까?[4]

신 비평가들은 기독교 작가들에 의해 제시된 증거들을 제대로 살펴본 적도, 또 기독교의 진리 주장들은 이유나 증거와 동떨어진 개체라는 자신들의 비난이 무엇을 의미하는지 정확히 이해해 본 적도 없다. 그들은 예수께서 당신의 제자들, 즉 그분에 의해 새롭게 시작된 현상을 발전시켜 나갈 미래의 지도자들에게 주신 신약의 기록이나, 무덤에서 부활하셨음을 입증하는 "여러 가지 확실한 증거"(행 1:3 우리말성경)의 내용에 대해 연구해 본 일 또한 없다. 분명 예수님은 우리의 믿음에 도움이 될 증거의 중요성을 이해하고 계셨으며, 자신의 제자들이 잠시 숨을 거뒀던 그분께서 끝내 죽음에서 부활하셨다는 놀라운 사실을 신뢰할 충분한 이유를 갖게 되기 원하셨다.

사도 베드로도 예수님의 본을 따라, 각자가 소유한 희망의 이유에 대해 설명할 수 있는 준비를 늘 하라고 독자들에게 당부한 바 있으며(벧전 3:15), 바울 역시 예수님이 성자이심을 납득시키기 위해 자신이 만나는 특정 청중이 쉽게 믿을 만한 적절한 증거들을 사용하곤 했다. 유대인을 상대로 증언할 때는 그들이 오랫동안 기다려 온 메시야가 바로 예수님이라는 사실을 입증하기 위해 유대 민족이 확신하는 구약의 구절들을 예로 들었고, 이방인들과 만나서는 구약 대신 그들이 속한 문화권의 철학자와 교사들의 말을 인용함으로써 자신의 논리에 신뢰성을 부여했던 것이다.[5]

이런 맥락에서 비평가들의 논리 중 가장 큰 결점으로 지목될 만한 문제는, 그들이 고린도 전서 15장의 내용 — 증거라는 사안과 밀접한 관련성이 있는 — 에 철저히 무지하다는 사실이다. 이 장은 예수님의 부활 사건과 그것이 제자들에게 의미하는 바를 설명하는 부분으로서, 여기에서 바울은 그리스도의 부활이야말로 기독교가 세상에 전파할 주요 메시지이자 기독교의 총체적 기반을 이루는 역사적 사실이라고 정의하고 있다. 만약 부활이 실제로 일어났던 사건이 아니라면 기독교에서 이야기하는 내용 전부가 거짓이고 따라서 우리는 그 모두를 거부해야 마땅하다는 것이 바울의 확고한 신념인바, 이러한 취지가 분명히 드러나는 그의 표현을 직접 들어 보자:

그리스도께서 살아나지 않으셨다면, 여러분의 믿음은 헛된 것이 되고, 여러분은 아직도 여러분의 죄 가운데 있을 것입니다. 그리고 그리스도 안에서 잠든 사람들도 멸망했을 것입니다. 우리가 이 세상만을 생각하고 그리스도께 소망을 걸었으면, 우리는 모든 사람 가운데서 가장 불쌍한 사람일 것입니다.

고전 15:17 - 19 표준새번역

바울이 이 내용을 통해 주장하고 있는 바는 실로 엄청난 것이어서, 혹 일부 기독교인들조차 당황해하지 않을까 염려스러울 정도이다. 기독교에서 하는 모든 이야기와 행하는 모든 활동이 예수님의 부활이라는 하나의 역사적 사건에 바탕을 두고 있기에, 만약 이 사건이 일어나지 않았다면 기독교가 말하는 내용 전체가 한 편의 희극에 불과하며 우리는 그에 대해 완벽히 거부해야 마땅하다고 말하고 있기 때문이다. 만약 예수님의 부활이 거짓이라면 기독교에 대해 부인하는 쪽을 선택하는 것이 옳다는 이와 같은 단언은, 놀랍게도 기독교의 반대 세력이나 중립적 관찰자의 주장이 아니라 신약 자체에 실제로 기록되어 있는 내용이다.

이는 또한 증거 추구가 기독교 믿음에 역행하는 일이 아니라는 의미로도 해석되는데, 사실상 예수님의 부활과 같은 구체적 사건들이 실제 역사에서 일어났는지의 여부를 확인하는 유일한 방법은 그와 관련된 증거를 찾아내어 판단하는 것이라는 점에서 이는 극히 당연한 주장이라고 할 수 있겠다. 예수님의 부활이 갖는 중요성의 정도를 고려해 볼 때 기독교 사상가들이 역사의 전반에 걸쳐 이 사건에 대한 증거를 꾸준히 축적해 온 것은 전혀 놀라운 일이 아니다. 고린도 전서 15장 역시 예수님이 실제로 죽음에서 부활하셨음에 대한 증거를 바울 자신이 독자들에게 제시하는 내용으로, 대중 앞에서 집행되었던 십자가형 이후 다시 살아나 계신 예수님을 직접 목격했던 특정인들의 이름이 여기에서 일일이 거명되고 있는 것이다. 유명한 독일 신학자 볼프하트 판넨베르크(Wolfhart Pannenberg)는 고린도 전서 15:3 - 8에서 소개되는 역사적 사건들을 기록하는 과정에 있어, 사도 바울이 헤로도토스(Herodotus) 같은 당시 희랍 역사가들의 일반적인 논법, 즉 증인들의 명단 나열 방식을 따랐다고 설명한다.[6] 다시 말하면 바울은 자신의 주장에 대한 신뢰성 확보를 위해 아직 생존해 있고 직접 질문에 답해 줄 수 있는 증인들의 이름을 거론했던 것으로, 자기가 기술한 바를 입증해 줄 실제 인물들이 존재치 않았다면 결코 그와 같은 시도는 할 수 없었을 것이다. 예수님의 육신적 부활을 믿지 않는 신학자 루돌프 불트만(Rudolph Bultmann)조차 이 점에 대해서만은 어쩔 수 없이 동의를 보이면서, 고린도 전서 15장의 내용에 대한 자신의 입장을 "그 본문에 대한 나의 이해는, 예수의 부활을 객관적인 역사적 사실로 신뢰하게 할 만한 접근법이라는 측면에서만 가능하다"[7]라는 말로 정리하고 있다.

기독교 철학자들은 이러한 증거 외에도 충분히 입증된 그 밖의 사실들을 예수 부활의 진실에 대한 증거로서 제시해 왔는데, 그 중에는 예수님이 유대 산헤드린 공회의 ― 당시 유대인들의 대법원 역할을 하던 ― 명망 있는 구성원 중 하나인 아리마대의 요셉이 소유했던 무덤에 안치되신 일과, 사흘 뒤 예수님의 여성 추종자들이 빈 무덤을 발견하면서 벌어지는 일련의 사건도 포함된다. 여기에 언급된 내용 중 어느 것에도 조작의 가능성은 존재하지 않는다. 산헤드린 공회에 아리마대의 요셉이라는 인물이 있었는지와 예수님의 시신이 실제로 그의 개인 묘지에 안치되었는

왜 사람들은 믿음을 갖지 않는가

지에 대해 사실 확인을 하는 것은 너무나도 간단한 일이기 때문이다. 게다가 여성의 증언에 대한 당시의 낮은 신뢰도를 고려할 때 만일 조작된 내용을 쓰려고 하는 사람이었다면, 얼마든지 남성을 이용할 수 있는 이처럼 중요한 사안에서 굳이 여성을 택해 주요 증인으로 사용하지는 않았을 것임도 분명하다. 십자가형 이후 예수님의 살아 계심을 목격했던 500명 이상의 사람들이라는 또 하나의 증거는 물론, 다음의 사실들 역시 확실한 증거로 제시될 만한 내용이다: 분명한 근거 없이는 신뢰가 불가능할 예수님의 부활 사실에 대한 제자들의 확고한 믿음, 자신들의 목숨을 담보로 하는 이러한 믿음을 바탕으로 베풀어진 많은 설교들, 얼마 전 예수님이 공개적으로 십자가형을 당하신 바로 그 장소에서 태동된 기독교 운동의 새로운 발현과 급속한 성장 등등.

위의 내용을 포함한 무수히 많은 증거들은 기독교 철학자들에 의해 오랜 기간 꾸준히 논의되어 온 것이기에 그에 대한 언급을 여기에서 굳이 반복할 필요는 없으리라고 본다.[8] 그럼에도 이 부분에서 우리가 반드시 짚고 넘어가야 할 점은, 기독교의 진리 주장이 "이유나 증거와 완전히 동떨어진 개체"이고 검증 불가능한 내용들이라고 하는 단언은 명백한 오류라는 사실이다. 그들이 검증 가능함은 물론이거니와 신약성경 자체가 오히려 그에 대한 검증을 요청하고 있으니 말이다. 이 요청이 독자들에게 전하는 메시지는, 만약 그 증거들이 예수님의 부활에 대해 증명하지 못한다면 기독교에 대한 믿음을 거부해야 마땅하다는 것, 다시 말해 부활에 대한 증거들을 직접 보고 확인하라는 것이다. 기독교 변증론 분야에서 부활의 증거 관련 연구가 가장 집중적으로 진행되어 온 것도 바로 이러한 이유에서이다.

신 종교 비평가들의 일부는 믿음과 이성(理性) 간의 관계에 대해 혼동하고 있음이 분명하다. 지금까지 살펴보았듯 증거 추구가 기독교 믿음에 반하는 일이 아님은 쉽게 확인될 수 있는 사실이며, 오히려 증거는 기독교 신앙의 조력자와 같은 요소라는 점에서, 신약성경과 기독교 사상가 양자가 기독교의 진리 주장에 대해 신뢰할 이유나 증거를 찾는 노력을 적극 권장하고 있다. 믿음과 이유 추구 사이에 아무런 대립이나 충돌도 없음이 이를 통해 충분히 설명된다는 의미인데, 그렇다면 믿음과 증거라는 사안에 대한 비평가들의 이해 방식에 뭔가 문제가 있을 듯 하다. 그러한 문제점은 과연 무엇일까?

비평가들이 범하는 양도논법의 오류

대부분의 논리 교과서에서 양도논법의 오류(false dilemma)라고 지칭되는 실수를 신 종교 비평가들이 범하고 있다는 것이 위의 질문에 대한 나의 답변이다. 이 오류는 세상에 오직 두 가지의 개념이나 행동 양식만이 존재한다고 — 실제로는 다른 여러 가지 대안들이 존재하는데도 — 잘못 가정하는 사람에 의해 범해지는 실수이다. 그리고서 그 사람은 둘 중의 어느 하나가 명백히 옳지 않거나 바람직하지 못하기 때문에 나머지 하나를 진리로 선택하는 외에 다른 방법이 없다고 주장한다. 결국 이러한 오류는 두 개의 선택권만을 전제로 하는 잘못된 가정이 만들어낸 문제이다.

이에 해당하는 사례는 우리 주변에서도 쉽게 찾아볼 수 있다. 만약 어떤 남편이 새 스테레오를 사느라 엄청난 비용을 써놓고도 그 말을 듣고 기겁하는 아내에게 "그럼 12년간 사용해 온 그 낡아 빠진 75불짜리 스테레오를 계속 들으라는 거야?"라며 화를 낸다면 그는 이러한 오류를 범하고 있는 셈이다. 그는 스스로에게 오직 두 가지의 선택권, 즉 아주 값비싼 스테레오를 사든지 아니면 오래된 75불짜리 스테레오를 계속 듣든지 하는 선택권만을 부여했기에 이와 같은 반응을 보이게 된 것이다. 편리하게도 그는 세 번째의 선택 가능성, 즉 자기가 산 것보다 저렴하면서도 꽤 쓸 만한 다른 스테레오를 살 수 있었다는 가능성은 완전히 무시해 버리고 있다. 만약 그런 선택을 했다면 지나치게 값비싼 스테레오의 구입보다 적은 비용을 지출하면서 동시에 낡은 75불짜리를 계속 사용하는 것보다는 훨씬 나은 결과가 되었을 텐데 말이다. 다시 말해, 실제로는 세 번째의(혹은 그보다 많은) 선택권이 존재한다는 점에서 그는 양도논법이라는 잘못된 논리를 적용했던 것이다.

그렇다면 비평가들이 믿음과 증거라는 문제에 있어 어떤 식으로 이런 오류를 범했다는 것인가? 종교는 "이유나 증거와 완전히 동떨어진 개체"라고 하는 샘 해리스의 비난에 대해 다시 생각해 보자. 그는 신앙의 최후라는 자신의 책에서 히브리서 11:1의 "믿음은 바라는 것들의 실체며 보지 못하는 것들의 증거입니다"(우리말성경)에서 발견되는 믿음에 대한 성경적 정의를 이용하여 자신의 주장을 입증하려고 시도한다. 이 본문에 대한 스스로의 일방적 이해만을 근거로 기독교 신앙을 "궁극적 관심사에 대한 입증되지 않은 믿음"이라고 일축하고 난 그는, 이것은 그저 자체 입증된 믿음에 불과하다는 말로 다시 평가절하해 버린다. 이와 같은 믿음을 조롱하려고 한 번도 니콜 키드먼이라는 배우를 만나 본 적 없는 어떤 사람이 그녀가 자기와 사랑에 빠졌다고 '확신'하는 상황에 비유하면서, 그의 확신을 뒷받침할 유일한 증거란 단지 그럴 것 같다는 느낌뿐임에도, 바로 이 느낌이 마치 자신이 그녀와 깊은 형이상학적 관계나 맺고 있듯 믿도록 그를 설득하는 요소가 된다고 빈정댄다. 결국 이 믿음은 그로 하여금 그녀를 만나기 위해 직접 집 앞까지 찾아갈 결심을

하게도 만들 수 있다면서 말이다.[9]

니콜 키드먼이 자신을 사랑한다는 '확신'은 아무런 실제적 증거가 없는 단순한 느낌에 바탕을 둔 것이란 점에서 그 사람에게는 믿음의 영역에 해당된다는 것이 이 비유를 통해 해리스가 말하려 하고 있는 요점이다. 즉, 성경적인 개념을 차치하더라도 믿음에 대한 정의 자체가 증거의 가능성을 배제하고 있기 때문에, 만약 누군가가 어떤 증거를 가지고 있다면 그 사람은 더 이상 믿음을 가질 수 없는 상태가 된다고 주장하려는 것이다. 그가 신앙을 "입증되지 않은 믿음"이라고 정의했던 일을 기억해 볼 때, 우리가 증거를 바탕으로 무언가를 믿기 시작하는 순간 우리는 더 이상 믿음을 실천하는 것이 아님을 그가 강변하고 있다는 사실이 분명해진다. 결국 두 가지의 경우 가운데 어느 한쪽만이 가능하다고 해리스는 확신하고 있는 것이다.

그러므로 해리스의 주장에 따라 내릴 수 있는 결론은 다음과 같다: 우리에게 진리를 선사한다는 성경을 대할 때 우리는 증거를 찾고자 할 것인지, 혹은 그냥 믿음을 택할 것인지에 대해 결정해야 한다. 달리 표현하면, 우리는 어떤 진리 주장을 입증 혹은 반증하는 증거에 초점을 두든지, 아니면 그저 종교 지도자들이 하는 말을 믿고 신뢰하든지 양자 간에 택일을 해야 하는 것이다. 해리스의 생각으로는 오직 이 두 가지 가능성만이 존재하기에, 신앙인들이 어느 쪽에서 진리를 발견하기로 선택할지에 대한 예측은 그에게 그리 어렵지 않은 일이 된다.

하지만 이것은 잘못된 양도논법이다. 세 번째의 선택 가능성이 분명히 존재하며, 그것은 앞에서 언급된 기독교 철학자들과 신학자들, 기독교의 진리 주장과 관련된 수천 장 분의 증거를 축적해 온 사람들, 그리고 대다수의 일반 기독교인들이 선택했던 입장이다. 이 대안은 곧 기독교의 진리 주장들에 대한 증거를 탐구해 나가면서 그 증거에 의해 예수님은 성자이고 구약과 신약은 하나님의 계시가 기록된 책들임을 믿는 길로 인도되는 일을 말한다. 일단 누군가가 예수님과 성경을 이런 방식으로 영접하게 되면 그 권위는 최고의 것으로 받아들여지는데, 이는 마치 어떤 증거에 의해 누군가가 왕이라는 사실을 배우거나 확신하게 되면 이성적으로 그 왕의 권위를 인정하게 되는 경우와 마찬가지이다. 물론 소위 왕이라던 자가 사기꾼에 불과하다는 사실을 깨닫게 될 경우 그 권위에 대한 인정을 즉시 철회하겠지만 말이다.

이렇게 예수님이 성자라는 사실을 일단 믿게 되면 모든 문제에서 우리는 그분의 가르침을 진리로서 받아들일 수 있으며, 성경에 관해서도 또한 그와 동일한 태도를 취하게 된다. 하지만 예수님이 진정한 성자이고 성경이 하나님의 말씀이자 메시지임을 우리가 믿을 수 있도록 인도되는 과정에서, 증거나 확실한 이유가 중요한 역할을 해 왔다는 사실에는 전혀 변함이 없다. 만약 실망스럽게도 예수님에 관한 어떤 주요 주장이 — 그분이 무덤에서 부활하셨다는 주장과 같은 — 그릇된 것으로 기독교인들에 의해 밝혀질 경우 더 이상 그분을 성자로 믿지 말라고 하는, 앞에서 제시된 제안 역시 바뀌지 않는다. 이미 언급되었듯 신약성경 자체가 기독교의 모든 주장들에 대해 그런 방식의 검토와 검증을 촉구하고 있을 뿐 아니라, 만약 예수님의 부활이 거짓으로 밝혀진다면 더 이상 그분을 따르지 말라는 명령이 신약성경을 통해 직접 우리에게 주어져 있기 때문이다.

이같이 진리 주장에 대한 검증은 일반적으로 신약성경이 추구하는 방식이라는 사실에 좀 더 주목해 볼 필요가 있다. 사도행전은 사도 바울의 설교를 듣고 난 베뢰아의 기독교인들이 그의 메시지가 "사실인지 알

기독교는 비합리적이며 증거 불충분의 개체인가?

아보려고 날마다 성경을 찾아보았다"(행 17:11 우리말성경)는 이유를 근거로 이전의 청중들보다 교양 있는 사람들이라 기록하고 있는데, 이 말씀을 통해 우리는 기독교가 본질적으로 이유나 증거에 반대하지 않는다는 사실을 다시 한번 확인할 수 있다. 그들은 기독교 신앙의 적이 아니라 동지인 것이다.

그러나 비평가들이 기독교의 불합리성에 대해 퍼붓는 비난은 쉽게 잠재워지지 않는다. 이유나 합리성에 관한 자신들의 입장에 대해 뭐라고 변명하든 신앙의 핵심적 가르침을 포함해 기독교인들이 실제로 가지고 있는 믿음은 확실히 불합리한 것으로, 증거가 부족한 내용들에 대한 믿음은 물론 비합리적 내용들에 대한 믿음 역시 문제라는 비판을 그들은 반복하고 있는 것이다. 일정한 개념을 합리적, 혹은 비합리적으로 규정하는 기준에 대해 구체적으로 제시한 적은 없던 도킨스와 해리스, 히친스 세 사람이, 공통적으로 드러내고 있는 한 가지 관점은 단지 증거가 부족한 무언가를 믿는 것보다 합리적이지 못한 개념들을 믿는 일이 훨씬 더 큰 문제라는 비판의식이다. 이런 그들이 불합리하다고 폄하해 버리는 믿음들 가운데 특히 두 가지에 대해서는 우리가 진지하게 대응할 필요가 있는데, 그 중 하나는 하나님의 존재에 대한 믿음이고 다른 하나는 성삼위일체에 대한 믿음이다.

하나님에 대한 믿음은 합리적인가?

책의 서두에서 살펴본 것처럼 기독교의 하나님이라는 개념에 대해 비평가들은 커다란 저항감을 가지고 있다. 하지만 앞으로 다룰 내용을 통해 알게 될 것이듯 하나님의 존재를 반증하는 일은 생각보다 훨씬 어려운 작업이다. 샘 해리스는 도대체 어떻게 자비롭고 전능하다면서 18

만 명의 사람들을 쓰나미로 죽게 하는 하나님을 믿을 수 있는 거냐고 의아해하는데, 이는 악을 바라보는 전통적 입장, 즉 선하고 전능하신 하나님은 악이라는 실체와 공존할 수 없기 때문에 악이 존재하는 현실을 생각할 때 하나님은 결코 존재할 리 없다는 견해를 피력한 것이다. 하나님이 정말로 선하고 전능하다면 분명 모든 악의 제거를 원하고 또한 그렇게 할 수 있을 것이기에 악이 존재한다는 사실은 곧 하나님이 존재하지 않음을 의미한다는 논리이다.[10]

하지만 고난과 악의 존재를 기반 삼은 논의들을 통해서는 하나님을 반증하는 일에 성공할 수 없다. 현실의 비극적 사건들이 참으로 가슴 아픈 일인 것은 사실이지만, 철학자인 알빈 플랜팅가의 적절한 지적처럼 그 일들이 하나님의 부재를 입증할 수 있는 요소는 아니다. 최소한 하나님이 가지고 계신 어떤 이유로 인해 일정 정도의 악이 세상에 존재하도록 허용되고 있다 하더라도, 그렇다고 이것이 완벽하게 선하고 전능하신 하나님의 존재를 반증할 수 있던 적은 없었다. 그분이 그렇게 하시는 이유를 만약 우리가 알 수 있다면 그럴 수밖에 없는 상황을 분명 이해하게 될 것이며, 설령 그 이유들을 우리가 알 수 없다 하더라도 그로 인해서 그렇게 해야 할 이유가 전혀 없다는 뜻이 되는 것은 아니다. 플랜팅가는 이에 대해 다음과 같은 방식으로 설명하고 있다: "하나님께서 악을 허락하시는 이유에 대해 어느 신학자가 알지 못한다는 것이 그 신학자에 관해서는 알아 둘 만한 사실일지 모르지만 그러한 사실과 하나님을 믿는 일의 합리성과는 거의 혹은 전혀 관련성이 없다."[11]

다시 말해, 완전히 선하고 전능한 하나님이 존재하지 않음을 입증하고자 하는 무신론자라면 그러한 하나님은 어떤 악이든 허락할 이유가 전혀 없다는 것을 확실하게 밝혀내어 증명해야 한다. 하지만 우리 같은

기독교는 비합리적이며 증거 불충분의 개체인가?

유한한 인간이 어떻게 그런 문제에 대해 밝혀낼 수 있겠는가? 우리가 알 수 있는 최상의 것이라봐야 우리의 입장에서 생각해 낼 만한 합당한 이유는 없다는 사실 정도이다. 그러나 한편으로 하나님을 반증할 근거가 인간에게 전혀 없다는 점은, 플랜팅가의 말처럼 우리 모두에게 상당히 흥미로운 문제일 수 있다. 게다가 무한하신 하나님께서 특정 사안들에 대해 유한한 인간이 알 수 없는 이유를 가지고 계시리라 짐작하는 것 역시 충분히 합리적인 태도로서, 인간 부모들도 그 자녀들이 이유를 알지 못하는, 때론 이해조차 할 수 없는 일들을 하고는 한다. 그러므로 세상 속에 존재하는 악 자체를 하나님의 존재를 반증하는 요소로 볼 수는 없는 것이다.

리처드 도킨스는 하나님의 존재에 대한 일정 논의를 역이용하여 그 논의에 대한 반증의 합리성을 증명하고자 시도한 일이 있다. 자신의 책, 만들어진 신에서 성 토마스 아퀴나스의 유명한 다섯 가지 방식(Five Ways), 즉 하나님의 존재를 믿을 수 있는 근거라고 아퀴나스가 제시한 다섯 가지 항목을 격렬히 비판하는 방식으로 그분의 부재를 입증하려 한 일이 그것이다. 하지만 영국의 신학자이자 철학자인 앨리스터 맥그래스가 지적했듯 "자신의 능력 밖의 일을 하다 보니 오래도록 흠모받아 온 위대한 논의들에 대한 그의 접근이 지극히 단순하고 피상적인 수준에만 그치고 말았다"[12]는 점에서, 그 시도는 결국 도킨스 자신을 위해서도 무익한 일이 되었던 것 같다. 무신론자들의 논의는 본래 무신론 자체를 옹호하기 위한 것인데 — 아버지의 상징으로서의 하나님을 반증하려던 프로이트의 논의처럼 — 기독교적 믿음의 내적 일관성을 보여 주는 아퀴나스 논의에 대한 그의 비판이 도리어 스스로의 심각한 이해 부족을 노출하는 데에 그치고 말았기 때문이다. 사실 아퀴나스는 자신의 글 어디에서도 그러한 방식들을 연역적 증거(완벽한 확실성을 바탕으로 결론을 제시하는 증거)로 언급한 적이 없으며, 오히려 우주가 드러내는 그 자체의 목적과 설계는 창조자인 하나님의 존재라는 기반을 통해서만 설명될 수 있다는 사실을 말하고자 했을 뿐이었다. 실제로 하나님에 대한 믿음은 무신론이나 자연주의보다 세상의 이치에 더 잘 들어맞기 때문에 우리가 삶 속에서 만나는 대상들에 대해 보다 정확한 이해를 제공하곤 하는 것이다. 뿐만 아니라 맥그래스의 예리한 지적처럼, 그 책을 제외한 다른 모든 그의 저술에서 아이러니하게도 도킨스 자신이 아퀴나스의 그것과 동일한 방식으로 무신론 옹호를 시도하고 있기 때문에, 그가 다섯 가지 방식에 대해 비난하려는 바가 정확히 무엇인지를 짐작하기조차 어려울 정도이다. [13]

아퀴나스 논의의 목적에 대한 도킨스의 오해를 생각할 때 그 논의의 내용에 대한 분석 역시 핵심을 벗어나게 된 것은 당연한 일일 텐데, 하나님을 향한 믿음과 세상에 대한 관찰 방식 사이의 일관성을 논하는 귀납적 경험 증명을 그저 하나님의 존재에 대한 연역적 증명인 양 오해한 그의 착오가 아퀴나스의 연구를 단순히 실패한 작업으로 비하해 버리는 결과를 낳았다. 게다가 그는 여기에서도 그치지 않고, 하나님의 존재 여부와 관련한 논의에서 그분이 존재하지 않는다는 전제를 무신론자들이 입증해야 할 의무는 없다는 주장까지 펴고 있다. 그 증명의 의무는 오히려 하나님이 존재한다는 사실을 증명해야 할 유신론자들에게 있다면서, 하나님을 믿는 이들이 스스로의 의무를 슬쩍 떠넘기며 그의 부재를 증명하라고 도리어 무신론자들을 압박하고 있다 하여 이를 "편리한 계략"이라고 일컫기도 한다. 무신론측에게 증거를 요구하는 것이 불합리한 일임을 강조하기 위해 의외로 순순히 그러한 반증의 불가능성까지 인정하고 있는 도킨스가, 이를 통해 반복적으로 강조하려는 내용은 결국, 하나님이 존재함을 입증하는 일이 유신론자들의 임무이지 하나님이 존재하지 않음을 입증하는 일이 무신론자들의 임무는 아니라는 것이다.

하지만 어째서 그렇다는 것인가? 증거 제시 의무와 관련한 자신의 주장을 뒷받침하기 위해 도킨스는 치아 요정이나 엄마 거위, 인터넷의 비행 스파게티 괴물과 심지어 버트런드 러셀의 천공의 찻주전자 같은 가공의 대상들까지 동원하는데, 이는 그것들의 실체를 믿지 않는 사람들에게 그들이 존재하지 않음을 입증하라고 요구하는 일이 얼마나 불합리한지를 보여 주기 위한 수단이다. 즉, 그들의 존재에 대한 입증이 그것을 믿는 사람들의 의무인 것처럼, 하나님의 존재라는 문제 역시 입증의 의무를 져야 하는 쪽은 그에 대해 믿는 사람들이지 그 반대의 경우일 수는 없다는 논리를 뒷받침할 도구였던 것이다.[14]

입증의 임무와 관련된 이 같은 주장에 대해 우리가 올바르게 대응할 수 있는 방법은 무엇일까? 무엇보다 먼저 분명히 할 점은, 만약 도킨스가 유신론자들을 바라보는 방식, 그들은 신의 존재에 관해 제대로 된 논의를 하기 보다 어떤 '속임수'에 의지해 — 그의 표현에 따른다면 — 자신들의 믿음이 옳다고 우기는 사람들이라는 것이라면 그는 확실히 잘못 이해하고 있다는 사실이다. 내가 여기에서 "만약"이라고 전제한 이유는, '속임수'를 사용한다며 유신론자들을 책망하고 있는 그가 실상은 성 토마스 아퀴나스의 그 유명한 다섯 가지 논의에 대해서도 익히 잘 알고 있다는 사실 때문이다. 앞에서 살펴보았듯, 그것에 대해 적절한 반론을 제시하는 일에는 물론 실패했지만 말이다. 더구나 아퀴나스만이 아니라 C. S. 루이스, 리처드 스윈번, 알빈 플랜팅가, 윌리엄 레인 크레이그 같은 철학자나 신학자, 그리고 이들 만큼 이름이 알려지지는 않았지만 전 세계적으로 고르게 분포되어 있는 다양한 집단의 사상가들 역시 하나님의 존재에 관해 논하는 수천 장의 글을 남겼다. 그리고 그 가운데에는 미국의 철학자이자 미국 철학협회의 전임 회장인 알빈 플랜팅가의 "24편 이상의 유신론적 논의들(Two Dozen (or So) Theistic Arguments)"[15] 과 같은 에세이도 포함되어 있다.

하지만 다른 무엇에 앞서 왜 입증의 임무가 엄격하게, 그리고 항상, 긍정적 주장(하나님이 존재한다는)을 하는 사람들에게 있으며 부정적 단언(하나님이 존재하지 않는다는)을 하는 사람들에게는 있지 않다는 것인가? 사실상 긍정적인 것이든 부정적인 것이든 모든 진리 주장에는 입증의 의무가 따르며, 하나님의 존재라는 문제에서도 유신론자와 무신론자 모두가 일정한 진리 주장을 하고 있는 입장인데 말이다. 유신론자들의 "하나님은 존재하신다"라는 말에 무신론자들이 "하나님은 존재하지 않는다"라고 반박한다는 것은 양측 모두 이 세상과 관련된 중요한 무언가에 대해 사실 주장을 하고 있다는 의미이다. 한 편에서 이 세상에 존재하시는 하나님에 관해 중언할 때 다른 편은 그 사실을 부인하고 있다는 차이일 뿐, 이 가운데에서 유독 부정적 진리 주장만이 정당화나 입증의 임무를 면제받아야 할 쪽이라고 단정할 특별한 이유는 없다.

도킨스가 제시한 가상의 존재들의 자리에 다른 예들을 대입시킨다면 그의 주장에 어떤 변화가 생겨날지 한번 생각해 보자. 만약 한 친구가 당신에게 파인애플이나 코뿔소가 존재한다는 사실을 믿지 않는다거나 조지 워싱턴, 윈스턴 처칠, 혹은 네로 황제가 역사상 존재했던 실존 인물이 아니라고 말한다면 뭐라고 대답할 것인가? 혹은 그 친구가 한술 더 떠 9/11 사태 당시의 세계 무역 센터 공격은 실제로 있었던 사건이 아니며 홀로코스트 같은 참사도 사실은 일어난 적이 없다고 우긴다면 말이다. 물론 그 친구는 위의 내용 모두에 관해 들어서 알고 있지만 그 중 어느 것도 믿지 않겠다고 스스로 결정한 것이다. 이런 식의 입장이 바로 세상사의 어떤 문제들에 대한 부정적 진리 주장으로, 이렇게 되면 도킨스가 사용했던 예시는 갑자기 그 의미를 상실하게 된다. 하나님의 존재를 부인하는 무신론자들의 진리 주장도 일정 사안을 사실이 아니라고 말하는 부정적 진리 주장임이 분명한데, 그럼에도 단지 그 주장들이 갖고 있는 부정적 성격 '덕분에,' 자신들이 사실성을 부인하는 이유를 제시할 의무로부터는 자유로울 수가 있단 말인가? 결코 그럴 수는 없을 것이다.

위의 사례들이 우리에게 알려 주는 것은, 입증의 의무란 도킨스가 강변하듯 어떤 주장의 긍정성이나 부정성에 따라 달라질 수 있는 것이 아니라는 엄연한 사실이다. 하지만 그렇다면 앞서 언급된 치아 요정이나 엄마 거위와 같은 예들에서는 왜 그의 논리가 정당한 듯 보였을까? 그 이유는 바로 도킨스가 자신의 예시에서 누가 보더라도 가상의 존재임을 한눈에 알 수 있는 비실재적 대상들만을 한정적으로 사용하고 있기 때문이다. 자신의 주장이 그런 종류의 존재들에게만 적용될 수 있는 성격임을 잘 알기에 전략적으로 사용했던 예시로서, 사실 성인이라면 아무도 치아 요정이 존재한다고는 생각하지 않을 테니 그것의 부재에 대한 입증이 요구될 리도 없는 것이다. 그러므로 여기에서 증거 제시의 의무를 면제받게 해 준 것은 그 주장들의 부정적 측면이 아니라 바로 그 관련 존재들의 하찮음일 뿐이다. 만일 이러한 가상의 존재들을 플라톤이나 네로, 윈스턴 처칠이나 조지 워싱턴 등의 실존했던 중요 인물들로 대치한다면 이들의 존재를 부인하는 누군가는 그 존재를 주장하는 사람과 똑같이, 혹은 그보다 더욱 엄격하게, 입증에 대한 의무를 져야 마땅할 것이다.

이 문제에 대해 좀 더 구체적으로 확인하기 위해서는 두 이견자들 사이의 토론 장면을 가정해 볼 수 있겠다. 모든 토론에는 한 편에서 찬성하고(긍정적 주장) 다른 편에서 반대하는(부정적 주장) 양자의 입장이 있는데, 이 때 부정적 입장 쪽의 토론자가 자신의 진리 주장은 부정적인 것이므로 입증할 내용이 전혀 없다고 고집하는 경우를 한번 상상해 보자. "아니지요, 입증의 의무는 그녀만이 져야 합니다." 상대 토론자를 가리키며 그가 말한다. "결국 나의 입장은 부정적인 것에 불과하니까요. 무언가를 증명하는 것은 나의 임무가 아닙니다." 그렇지만 긍정이든 부정이든 모든 입장의 진리 주장은 그것을 지지하는 사람의 논리와 근거를 요구하며 누구도 그 원칙의 예외가 될 수 없다는 점에서 그의 말은 결국 큰 폭소를 자아낼 것이다. 치아 요정과 엄마 거위 이야기를 예로 들며 호소한다 해도 별로 달라질 일은 없을 테고 말이다.

하나님에 대한 믿음의 문제에서 우리는 수십억 명의 사려 깊고 지적인 사람들에 의해 지지되는 진지한 진리 주장을 다루고 있다. 사실상 엄청난 숫자에 달하는 우리의 친구나 주변 이웃들이 그분과의 인격적 만남을 증언하고 있을 뿐 아니라, 하나님의 존재에 대해 연구한 수많은 철학자들의 논의가 학술지와 여러 서적들에 꾸준히 기록되어 왔음도 주지의 사실이다. 그렇기에 도킨스나 해리스 같은 비평가들이 하나님의 존재를 믿지 않는다는 이유로 인해 이와 같이 진지한 진리 주장이 사소한 것으로 격하될 수는 없는 일이다. 일부 사람, 심지어 다수의 사람들이 홀로코스트에 대해 부인한다고 해도 그 사건에 대한 진리 주장이 사소한 것으로 바뀌지 않는 것과 마찬가지이다. 더구나 하나님에 대한 이러한 논의들의 신빙성을 도킨스가 전혀 깨닫지 못했다는 점은(그가 그 모든 논

135
기독교는 비합리적이며 증거 불충분의 개체인가?

의들을 다 분석했다는 가정하에) 도킨스라는 인물에 대한 특정 사실은 말해 줄 수 있을지 모르지만 결코 하나님이 존재하지 않음을 입증하는 증거는 되지 못한다. 그러한 결론이 내려지기 위해서는 무신론측의 하나님의 부재에 대한 주장이 확실히 증명될 수 있어야만 한다.

무신론 철학자인 카이 닐슨(Kai Nielsen)은 상당한 지적 정직성을 가지고 이 사실을 인정하고 있는데, 입증의 문제와 관련한 논리적 요청에 무척 신중하게 접근하고 있는 그의 태도를 주의 깊게 살펴보자:

혹 하나님의 존재에 대한 논의들이 증거 박약한 내용으로 보인다 하더라도 그 사실이 하나님의 부재를 입증할 수 있는 것은 아니다… 어떤 논의가 설득력 부족이나 증거의 박약을 드러낸다고 해서 그 논의의 요점이 옳지 않다는 뜻은 아닌데… 이러한 상황조차 단지 해당 논의의 사실성이 아직 입증되지 못한 것일 뿐인지 모른다. 하나님의 존재에 대한 모든 증거들이 틀릴 수도 있지만 그런 경우에도 하나님이 존재한다는 것은 여전히 사실일 수 있다… 한마디로 말해, 증거가 제 기능을 못한다는 지적만 가지고는 충분하지 않다… 하나님은 여전히 존재할 수 있기 때문이다."[16]

여기에서 닐슨은 종종 간과되는 요점, 즉 무신론을 입증하는 작업도 유신론의 입증만큼이나 필수적이라는 사실을 분명히 지적하고 있다. 그렇지만 무신론측 입장에서 하나님의 부재를 입증하려 할 때는 논리학자들이 총괄적 부정이라고 부르는 개념에 대한 증명이 요구되기 때문에 현실적인 면에서 특별한 어려움이 부수된다는 것 역시 사실인데, 이것은 그 작업이 바로 하나님이 우주의 내부와 외부, 그 어디에도 존재하지 않음을 입증해야 하는 일이기 때문이다. 앞에서 이미 질문되었듯, 과연 우리 중 누구라도 우주 전체와 또 그것을 넘어선 어딘가에 신성한 존재가 실재할 수 있다는 가능성을 완벽히 부인할 만큼, 이 우주의 모든 것에 대해 잘 알고 있다고 주저 없이 나설 수 있는 사람이 있겠는가? 그러한 지식이 전지(全知)를 의미하는 반면 우주에 대한 인간의 지식은 극히 제한적인 것일 수밖에 없기에 유신론에 대한 반증은 지금껏 성공할 수 없었으며 하나님의 존재 역시 최소한 가능성으로나마 남겨져 왔던 것이다.

하지만 설령 비평가들이 하나님의 존재에 대한 믿음을 본질적으로 비합리적인 것은 아니라며 기꺼이 인정해 준다 하더라도 유신론의 합리성과 관련된 그들의 회의감은 여전히 변함없을 텐데, 신성한 존재가 실재한다는 것을 믿는 일도 어렵지만 기독교인들이 말하는 종류의 하나님, 즉 삼위일체 하나님을 믿는 일은 더욱이 어렵다는 것이 그들의 주장이기 때문이다. 성삼위체의 교리보다 더 불합리한 것은 있을 수 없다는 확신하에 리처드 도킨스나 여타 종교 비평가들이 기독교의 이러한 가르침을 조롱의 대상으로 전락시키고 있다는 점에서, 이제는 다음과 같은 질문이 제기될 차례인 듯 하다: 기독교도들이 역사적으로 믿어 온 삼위일체 하나님의 교리는 정말 비논리적인 것인가?

삼위일체 교리는 비논리적인가?

도킨스는 삼위일체 하나님이라는 기독교의 교리를 특히 비논리적인 개념으로 보고 있는데, 이 개념을 두고 비아냥대기를 즐기는 그는 예수님이 하나님과 같은 본질 혹은 요소라고 하는 말이 도대체 무슨 뜻이냐고 조롱조로 묻곤 한다. 세 부분으로 구성된 한 명의 신이냐, 아니면 한 부분으로 결합된 세 명의 신이냐는 것이다. 어느 경우이든 그에게는 얼

토당토 않은 개념일 뿐이겠지만 말이다.[17]

이 교리를 이해하지 못하는 것은 비단 도킨스뿐만이 아니다. 얼마 전 나는 이란에서 최근에 건너와 캐나다의 한 주요 대학에서 공부하고 있다는 젊은 무슬림 학생과 이야기를 나눈 적이 있는데, 기독교의 주장 중 가장 이해하기 어렵게 느껴지는 부분이 바로 이 삼위일체 교리라고 그도 말했던 것이다. 자신이 보기에는 그 교리가 정말로 비논리적이며 철저히 모순된 개념이라는 것이 그가 제시한 항변이었다.

도킨스나 그 젊은 학생과 같은 이들에게 우리는 어떤 식의 설명을 제시할 수 있을까? 도킨스의 생각처럼 이 교리가 정말로 어리석은 것인가? 인간의 정상적 이성을 유보시키지 않고서는 믿는 일이 불가능할 정도로 본질적 모순을 내포한 개념이란 말인가? 이 젊은 무슬림 청년과 내가 의미 있는 몇 분 간의 대화를 마치고 헤어지던 때 우리 각자에게는 생각할 거리가 남겨졌다. 나는 이 교리에 대한 회교도들의 관점을 다른 각도에서 이해하게 되었으며 그 청년은 숙고해 볼 만한 새로운 사실, 즉 삼위일체 교리가 극도의 난해성을 가지고 있다는 것은 분명하지만 그럼에도 그것의 내적 모순을 증명하는 일은 — 누구에게든 가능한 일일지가 의심스러운 — 별개의 문제임을 깨닫게 됨과 함께 말이다.

결국 삼위일체 교리가 상당히 난해한 가르침이라는 사실을 우선 인정하는 것이 우리로서는 보다 현명한, 그리고 일단 취해야 할 태도일지도 모르겠다. 그 개념이 단순하거나 이해하기 쉽기 때문에 기독교도들이 받아들이는 것은 결코 아니기 때문이다. 하지만 거기에 분명 불가사의가 존재한다고 해도, 그렇다고 왜 그래선 안 된다는 것인가? 이 교리는 단지 무한하고 범우주적인 하나님을 인간의 언어와 사고의 범주 안에서 설명하기 위한 하나의 표현 방식에 불과할 뿐이다.

한편 이 모든 특성들을 인정하더라도, 일부 사람들에게 이미 그럴 것이듯 이 삼위일체론이 걸림돌로 작용해야만 할 불가피한 이유에 대해서라면, 나는 의문을 제기하지 않을 수 없다. 우리는 정말로 무한하신 하나님에 대한 설명이 모든 면에서 그렇게 명백하고 단순하리라 기대했던 것인가? 만약 그렇게 단순했다면 이번에는 그런 하나님을 인간의 발명품 — 우리 인간이 상상력을 동원해 구성하고 제작한 창작물 — 같다며 모두들 거부하는 사태가 발생했을지도 모를 일이다. 그러나 이와 반대로 삼위일체의 교리는 결코 어떤 인간도 만들어 내거나 생각해 낼 수 없는 차원의 개념인 것이다.

성경을 통해 자연스럽게 이 교리를 접하는 기독교인들은 비기독교인에 비해 훨씬 쉽게 그것을 받아들일 수 있게 되는데, 성경에서는 네 개의 전제, 즉 함께 조합해 볼 경우 삼위일체 교리가 하나의 공식처럼 이해될 수 있도록 돕는 다음의 내용들이 제시되고 있다.

1. 예수님은 신이시다.
2. 그분의 아버지도 신이시다.
3. 성령 또한 신이시다, 그렇지만
4. 한 분의 하나님으로 존재하신다.

이러한 전제들을 바탕으로 미국의 신학자 밀라드 에릭슨(Millard Erickson)은 "하나님은 한 분이지만… 세 인격체이시다"[18]라는 말로 성경적 가르침을 정리함에 의해 가장 근본적인 형태로서의 삼위일체를 알기 쉽게 설명해 주고 있다. 이러한 설명 덕분에 그 자신은 물론 다른 많은 사람들 역시도 하나님의 삼인성(三人性)과 일인성(一人性) 양 개념에 대해 용이한 묘사가 가능하게 되었다.

이 교리에 불가사의가 존재한다고 말하더라도 그 말이 곧 교리의 자기모순을 의미하는 것은 물론 아니다. 모순이란 어떤 것이 A이면서 동시에, 그리고 동일한 조건에서 A가 아니라고 주장할 때 발생하는 상태로서, 만약 내가 내 친구 존의 키가 6피트라고 말하고는 몇 분 후 그의 키는 6피트가 아니라고 말한다면 그 경우 나는 — 물론 내가 그 두 발언을 하는 사이에 존이 신발이나 머리 모양을 바꿈으로서 자신의 키를 변화시키지 않는 한 — 자기 모순을 범한 것이다.

만약 삼위일체 교리가 하나님이 한 분이라고 해놓고는 다시 세 분의 하나님이 계신다고 말하거나 하나님의 내부에 한 인격이 있으면서 동시에 세 인격이 존재한다고 설명한다면 그것은 분명 모순일 터이다. 하지만 이 교리는 그런 식의 내용을 담은 것이 아니며, 자신을 각기 다른 세 인격으로 계시하는 한 분의 하나님에 대한 묘사와 서술을 시도하는 개념이다.

하나님의 삼인성과 일인성이 어떻게 서로 연관되는지를 이해하는 것은 분명 쉽지 않은 일이지만, 밀라드 에릭슨이 역시 언급했듯 기독교인들만이 이와 같은 양극성(兩極性)에 대해 다루고 있는 유일한 사람들은 아니다. 빛이라는 현상을 설명하기 위한 시도로 물리학자들도 그것이 파동이라는 사실과 입자 운동이라는 사실, 그리고 이와 더불어 그 두 관점이 동시에 진실일 수는 없다는 사실까지를 인정하고 있기 때문이다. 이에 대하여 한 물리학자는, "월요일, 수요일과 금요일에 우리는 빛을 파장으로 생각한다; 화요일, 목요일과 토요일에는 그것을 입자 운동으로 생각한다"[19]라고 묘사하고 있다. 물리학자들이 일요일에 빛을 정의하는 방식은 알 수 없지만, 비록 우리가 설명하기 어렵다 해도 그 실체

만은 인정할 수밖에 없는 어떤 불가해적(不可解的) 대상이 존재한다는
사실은 이를 통해서도 분명히 알 수 있는 것이다.

　세 인격체인 하나님에 대한 이해와 개념 형성을 돕는 데에 가장 유용
한 방식 중 하나는 C. S. 루이스가 자신의 유명 저서, 순전한 기독교
(Mere Christianity)에서 제시한 비유법이라고 나는 생각한다. 그의 표
현을 그대로 인용해 보면, 1차원의 세계에 사는 사람이 직선 이상의 것
을 이해하는 일은 불가능한데, 이는 그 사람에게 도형이나 입체라는 개
념이 전혀 존재하지 않기 때문이다. 한편 2차원의 세계에서 사는 사람
이라면 선과 도형에 대해서는 알겠지만 입체의 개념은 역시 전무할 것이
다. 이러한 접근을 통해 루이스의 논의는 다음과 같이 발전된다.

　하나님에 대한 기독교의 설명은 정확하게 같은 원칙을 포함한다. 인
간이 처한 단계는 단순한… 수준으로, 인간의 수준에서 한 사람은 하나
의 존재이며 두 사람은 각각인 두 명의 존재이다 — 마치 2차원의 영역
에서(평평한 판이나 종이와 같은) 하나의 사각형은 하나의 도형이고 두
개의 사각형은 각기 다른 두 개의 도형인 것과 같다. 신성(神性)의 수준
에서도 인격들이 존재한다; 그러나 거기에서는 그 수준에서 살지 않는
우리가 상상할 수 없는 새로운 방식으로 그들이 결합된다. 말하자면 하
나님의 차원에서는 하나의 실체로 남아 있으면서 동시에 세 인격으로 존
재하는 일이 가능한 것이다. 물론 우리는 이러한 존재에 대해 완전히 이
해할 수 없다; 만약 우리가 2차원의 공간만을 감지하도록 만들어졌다
면 정육면체를 상상하는 일이 전혀 불가능할 것과 마찬가지이다. 하지
만 우리는 그에 대해 희미한 개념 정도는 가질 수 있다… 물론 그것은
우리가 상상조차 해 본 적 없는 무언가이겠지만 말이다.[20]

삼위일체는 모순되거나 불합리한 개념이 결코 아니며 신성하고 무한한 존재에 대해 묘사하는 하나의 방식으로서, 그 존재가 자신의 본성 중 일부를 드러내기로 결정한다면 우리가 반드시 접하게 되리라고 기대했어야 마땅할 개념이기도 하다. 루이스의 표현처럼 물론 이러한 개념은 누구도 상상할 수 없었을 무언가이지만, 그럼에도 이 사실은 그가 회심하여 기독교인이 되는 일에 방해로서가 아니라 되어야만 할 이유로서의 역할을 했다. 우리가 일단 어떤 것에 대해 이해하고 나면 그것의 실체가 자신이 짐작하던 바와 전혀 다르다는 사실을 깨닫게 된다고 하는 그의 말이 이 경우를 잘 설명해 주고 있다. 만약 기독교가 누구나 예측할 법한 하나님에 대한 설명을 제시했다면 루이스도 십중팔구 그것을 사람이 꾸며낸 내용으로 여겼겠지만, 그와 달리 삼위일체의 교리는 어느 누구도 지어낼 수 없을 성격의 개념을 가장 확실하게 보여 주는 가르침이었던 것이다.

이렇듯 삼위일체 개념이 불가사의를 내포하고 있다고 해서 그것을 이유로 본질상 비논리적인 개념이라 말할 수는 없는 데다가, 그에 대해 이해할 수 있는 완벽하게 합리적인 방식들이 C. S. 루이스와 같은 기독교 사상가들에 의해 충분히 제시되어 왔음도 이제 분명히 확인되었다. 또한 기독교 자체의 진리 주장들이 불합리하거나 증거가 부족한 것이 아니라는 사실 역시 지금까지의 설명으로 명확해졌으리라 본다. 오히려 사려 깊고 독서를 즐기는 대다수 기독교인들은 자신들의 믿음을 정당화하기 위해 증거를 찾아 사용하는 방식을 추구한다는 점에서 실상은 그와 정반대라고 말할 수 있겠지만 말이다.

하지만 한 가지 성가신 질문이 여전히 남는다: 일부 신자들이 주장하는 것처럼 정말로 기독교인들은 그렇게까지 증거에 가치를 두는가? 이에 대해 도킨스는 만약 정말로 그렇다면 그들은 증거를 한심한 방식으로 사용하고 있는 것이라고 빈정댄다. 자신의 저서인 만들어진 신을 통해 그는 저명한 영국 신학자 리처드 스윈번의 진술을 언급하면서, 증거에 대해 기독교인들이 지니고 있는 반감을 보여 주는 단적인 예로서 그것을 역이용한다. 그 진술이 끔찍하고도 오싹하다며 혐오스러워하는 도킨스의 심각한 반응은, 과연 스윈번의 어떤 이야기에서 비롯된 것인가?

지나치게 많은 증거라는 것이 있을 수 있는가?

도킨스가 비판하는 스윈번의 진술은, 하나님의 존재를 주제로 한 토론회에서 유신론을 입증할 증거가 얼마나 많이 실재하는가라는 질문이 제기되었을 때 그가 제시했던 답변이었다. 당시 그는 "하나님의 존재에 대한 증거는 사실 무척 많지만 그렇게 지나치게 많음이 우리에게는 좋지 않은 일일 수도 있다"[21]라는 말로 질문에 답했는데, 도킨스는 이 답변이 말문이 막힐 만큼 어이없는 것이라고 자신의 책에 적고 있다. 지나치게 많은 증거가 우리에게 좋지 않을 수도 있다니! 무언가에 대한 많은 증거가 어떻게 나쁠 수 있다는 말인가 — 더구나 하나님의 존재에 관해 다루고 있는 중요한 논의에서? 그의 관점에서 볼 때 이런 식의 주장은 증거 자체에 대한 괴상하고도 적대적인 태도의 표출에 다름 아니었던 것이다. 이 진술에 너무도 충격을 받은 그는 해당 문장을 특별히 이탤릭체로 기록한 후, 이것이 얼마나 불합리한 말인지 반복해 읽으면서 생각해 보라고 자신의 독자들에게 요청까지 하고 있다.

스윈번의 진술에 대한 도킨스의 경악을 이해하기 위해서는, 자신의 글들에서 그가 하나님의 존재에 대한 질문이 원칙적으로 해결될 수 없는

기독교는 비합리적이며 증거 불충분의 개체인가?

문제는 아니라고 일관되게 주장해 왔음을 알아 둘 필요가 있다. 도킨스는 만들어진 신이라는 저서에서 만약 하나님이 — 존재한다는 가정하에 — 그렇게 하기로 결정만 한다면 자신의 존재 문제는 무척 쉽게 해결할수 있을 사안이라고 강조한 바 있다. 정말로 하나님이 원한다면 자기에게 유리한 쪽으로 요란하게, 그리고 군소리 없도록 그 문제를 결말지을수 있을 게 아니냐면서 말이다.[22] 도킨스의 말 그대로 표현하면, "만약 하나님이 존재하고 우리의 편의를 원할 경우 그는 충분히 '이 세상을 엄청난 기적들'로 채울 수 있을 것이다."[23] 따라서 그 문제를 해결할 수 있는 실마리인 더 많은 증거가 우리에게 좋지 않을 수도 있다는 말에 그가 그렇게 놀라워하면서, 이것이 증거에 대한 종교 내부의 깊은 적개심을 드러내는 확실한 방증이라고 흥분하는 것도 어쩌면 당연한 일일지 모르겠다.

그렇다면 스윈번은 왜 이 같은 언급을 했을까? 그 이유를 우리가 이해하기 위해서는 과거 수백 년 동안 신학자와 철학자들 간에 지속되어 온 논란의 맥락 안에서 그의 말을 살펴봐야 한다. 여기에서의 논란이란 도킨스가 그에 대해 잘 알지 못했음이 분명한, 그리고 혹 제대로 알았다면 성급한 불신의 목소리를 내기 전에 먼저 신중하게 확인해 보았어야 마땅할 내용의 논의로서, 만약 그렇게만 했더라면 상당한 업적과 신임을 쌓은 학자로 도킨스 스스로가 인정하는 스윈번 같은 사람이 왜 그러한 진술을 했는지에 대해 최소한 몇 가지의 실마리는 얻을 수 있었을 것이다.

한마디로 요약하면 그것은, 인간의 자유와 하나님을 믿으려는 의지 사이의 선택 문제를 주제로 삼고 있는 논의이다. 철학의 분야에서 말하는 자유란 여러 가지 의미를 함축하면서 다른 여러 문제들에도 중요한 영향을 미치는, 다양하고 광범위하게 토의되는 개념이다. 인간이 소유하는 것으로 보통 간주되는 자유의 종류는 한 가지 이상인바, 강요되지 않은 방식으로 행동할 수 있는 행위능력이 의지의 자유라고 불리는 한편, 강요받지 않은 방식으로 허락된 사고와 믿음의 능력은 인식론적 자유, 혹은 지적 자유라고 일컬어진다.

지나치게 많은 증거에 대한 스윈번의 언급은 이 두 종류의 자유와 연관된 내용으로서, 기독교 철학자와 신학자들은 하나님께서 우리들 각자에게 그분에 대한 믿음을 스스로 선택할 수 있을 만큼의 진정한 자유를 위탁하셨다고 역설해 왔다. 믿음과 관련된 이러한 자유를 보장하기 위해 그분은 자신을 믿기 원치 않는 사람들이 압도적 증거에 의해 위압받지 않도록 조치하셨다는 것인데, 다시 표현하면 이 말은 자신에 대한 믿음을 거부하고 싶어 하는 사람들이 너무나 많은 증거 때문에 합리적으로 거부할 수 없게끔 압도되는 상황을 하나님은 원치 않으신다는 의미가 된다. 그 대신 진심으로 원하는 사람들이 자신에게 인도될 수 있을 만큼의 증거를 제시함으로써 그들의 지적 자유와 의지의 자유를 보장하면서, 동시에 하나님을 거부하기 원하는 사람들 역시 합리적으로 그렇게 할 수 있도록 상황을 조성하셨다는 것이다. 만약 그런 방식이 아니라면 의지와 지성의 양쪽에 신성적 힘에 의한 강제가 부과될 수밖에 없기 때문이다.

철학자들에 의해 보다 자세히 표현되어 왔듯 그러한 강제 상황은 한 사람의 의지를 짓밟을 수 있는 인식론적 강압 혹은 영향력을 야기하는데, 하나님께서는 자신을 선택하거나 거부하는 문제에 있어 자유의 보장을 무척 중요시하는 분이기 때문에 그러한 인식론적 강압이 일어나지 않도록 미리 주의하신 것이다.

17세기의 기독교 철학자인 블레즈 파스칼은 이와 관련한 논의에서 의미 있는 말을 남긴 인물 가운데 하나이다. 다방면에서 걸출한 능력을 선보였던 그는 종교 분야에 깊이 있는 족적을 남긴 것은 물론이지만, 확률이론 영역에서 활발히 활동한 수학자이자 공기압 연구 분야에서 능력을 발휘한 과학자이기도 했다. 더불어 계산기의 설계와 구성 작업에서 유능함을 입증받은 공학자로서 뿐 아니라 파리에서 최초로 태동된 대중교통을 창안한 인물로서도 명성을 얻었다. 이러한 업적을 통해 당시 유럽의 지성인 중 최고의 반열에 올랐던 파스칼이기에 샘 해리스조차 그의 "뛰어난 지성"과 천재성을 인정하면서 칭찬을 아끼지 않았던 것이다.[24]

지금 논의되고 있는 문제에서 파스칼의 역할이 특히 중요한 이유는, 위에 언급된 여러 업적들이 증거를 이해하고 중요시했던 그의 확고한 관점을 잘 보여 준다는 데에 있다. 증거의 유익과 한계에 대해 누구보다 정확히 알았던 과학자의 입장에서 하나님의 존재적 특성과 관련해 그가 남긴 언급은 특별히 큰 반향을 불러일으킨다. 도킨스보다 훨씬 앞선 시대에 이미 파스칼은 만약 하나님께서 어느 누구에게든 — 열렬한 무신론자를 포함하여 — 자신의 존재에 대한 합리적 믿음을 거부할 수 없을 만큼 압도적인 증거를 제시하기 원하신다면, 그분은 충분히 그렇게 하실 수 있을뿐더러 또한 하나님에게 그것은 아주 쉬운 일에 불과하다고 선언한 바 있다. 파스칼의 말을 직접 인용하여 들어 보자.

만약 하나님이 가장 완고한 고집쟁이들을 압도하기 원하신다면 그들이 그분의 본질에 대한 진실을 의심하지 않도록 스스로를 분명히 드러내실 수 있다…. [하나님은] 그를 찾는 사람들에게는 보이고 그렇지 않은 사람들에게는 보이지 않는 어떤 징표를 주심으로써, 온 마음을 다해 그분을 찾는 사람들에게 완벽하게 인지되고 공공연히 드러나기를… 그리고 자신을 피하는 사람들로부터는 숨기를…
원하셨다. 보기를 원하는 사람들에게 충분한 빛이 주어진 만큼이
나, 보지 않기를 원하는 이들에게는 충분한 어둠이 주어진 것이다.[25]

다시 말하면 하나님은 쉽게 그렇게 하실 수 있으면서도 자신에 대한
증거를 이용해 사람들을 압도하는 일을 원치 않으시며, 찾으려 하지 않
는 사람들이 아니라 진심으로 찾고자 하는 사람들을 위해 스스로를 분
명하게 드러내 주는 분이라는 것이다. 여기에서 파스칼은 하나님을 믿
지 않겠다고(의지적 행동에 의해) 결정한 사람들, 즉 믿기를 원치 않으
며 하나님이 없기를 오히려 바라는 사람들이 세상에 존재한다는 사실
을 분명하게 지적하고 있다. 하나님께서는 정확히 그들이 원하는 것, 즉
믿지 않을 기회를 주실 것이며, 그들이 자신의 의지로는 믿기를 원치 않
으면서 정신은 그 존재를 받아들일 수밖에 없도록 강제될 만큼 — 쉽게
그렇게 하실 수 있으면서도 — 증거를 이용해 압도하지 않으신다는 것
이 파스칼의 논점이다. 현대 무신론 철학자인 토마스 네이글(Thomas
Nagal)은 놀라울 정도의 정직한 표현으로 그러한 불신자의 의지를 예
시하고 있다.

나는 경험을 통해 내 스스로가 이러한 [종교에 대한] 두려움에 지
배받고 있음을 말하지 않을 수 없다. 내가 아는 가장 지적이고 해
박한 사람들 중 몇몇은 종교적 믿음을 가진 이들이다. 하지만 나는
하나님을 믿지 않을 뿐 아니라 내가 믿는 바가 옳은 것이기를 희망
한다. 나는 하나님이 없기를 바라는 것이다! 나는 하나님이 존재하
는 것을 원치 않는다. 그런 식의 우주를 나는 원하지 않는다.[26]

네이글과 같이 믿기를 원치 않는 사람들이 분명히 존재하기 때문에, 그러한 입장의 사람들이 하나님을 부인할 합리적 방법을 찾을 수 있도록 증거의 분량을 조정한 것이 바로 그분 자신임을 파스칼은 지적하고자 했던 것이다. 만약 자신에 관한 증거의 양으로 이러한 사람들을 압도한다면 그들의 의지에 거슬러 하나님의 존재에 대한 지적 동의를 강요하는 결과가 된다는 설명을 통해 파스칼은, 자신을 믿으면서 인격적 관계를 맺으려는 사람들만이 자유롭게 그렇게 할 수 있는 여건을 하나님 스스로 보장하셨다는 사실을 강조하고 있다.

우리는 왜 하나님이 이런 방식을 취하시는지 궁금하게 여길 수도 있고, 혹 그분이 다른 방식으로 했어야 하지 않나 생각할 수도 있을 것이다. 하지만 파스칼은 이 문제에 대해 하나님께서 현명한 행동을 하셨다고 여겨야 할 이유를 제시하는데, 그의 설명 방식은 다음과 같다: "하나님은 정신보다는 의지를 움직이기 원하신다. 완벽한 명확성은 정신에는 도움이 되지만 의지에는 해가 될 수 있기 때문이다."[27]

"누군가를 그의 의지와 반대되는 방향으로 설득했다 해도 결국 그 사람은 여전히 자신의 의견을 견지하고 있을 것이다"라는 말에서 보듯, 파스칼이 제시한 설명은 오늘날의 대중문화에서 종종 발견되는 다소 심층적인 개념과 관련이 있다. 이 개념을 바탕으로 다시 표현하면, 만약 하나님이 자신을 거부하기 원하는 사람들에게까지 믿어야 할 증거를 강제할 경우 정신적인 측면에서는 문제가 명확해질지 모르지만, 그 과정 중 하나님을 거부하기 원하는 그들의 의지는 압박을 느낄 것이라는 말이 된다. 이것은 그분께서 결코 하지 않으실 일이며 그런 점에서는 하나님도 우리 모두의 생각과 다르시지 않다. 우리 중 어느 누가, 마음 속으로는 진심으로 원치 않지만 실제로는 거절할 수 없는 입장의 사람들에게 자기와 관계를 맺자고 강요하고 싶겠는가? 그것은 사실상 관계도 아니다, 그렇지 않은가? 일단 우리가 하나님도 타인들과 진정한 관계를 맺기 원하시는 인격체임을 인정한다면 — 물론 신성한 인격체이긴 하지만 — 그분의 입장에서 그렇게 행동하시는 이유에 대해 충분히 이해할 수 있는 일이다.

이러한 사실을 근거로 본다면 스윈번이 "하나님의 존재에 대한 증거는 실제로 무척 많지만 이렇게 지나치게 많음이 우리에게는 좋지 않은 일일 수도 있다"[28]고 한 말은, 자신과 영원한 관계를 맺을 인간을 창조하신 하나님께서 '많은 증거'를 제시하시되 지적인 믿음을 강요당함으로써 자유의지가 파괴될 만큼의 많은 증거는 제공하지 않으신다는 인식의 표현이라 하겠다. 이 진술에는 불합리한 내용이 없을 뿐 아니라 증거에 대한 혐오와도 아무런 관계가 없다. 오히려 증거의 중요성을 충분히 인정하는 표현인 동시에, 자신에 대한 강요된 믿음보다 인간들 스스로의 자발적 사랑을 기대하시는 하나님께서 증거에 대해 특별한 의미를 두고 계신 이유를 잘 설명해 주는 서술인 것이다.

도킨스는 자기반박적이다

이 장을 마치기 전에 기독교의 진리 주장들을 증거 불충분의 논리라고 확신하는 도킨스식 접근 방식의 모순을 다루고 넘어갈 필요가 있겠다. 앞 부분에서 우리는 하나님의 존재에 대한 아퀴나스의 다섯 가지 개념에 대해서도 도킨스가 비판을 가했다는 사실을 다룬 바 있다. 그렇지만 하나님의 존재와 같은 기독교의 진리 주장에 애초부터 증거나 논점이 없었다면 도대체 그는 무엇에 대해 비판할 수 있었단 말인가? 그가 증거의 내용에 대해 비판했다는 사실은 기독교 주장에 증거 자체가 없다는 자신의 반복된 주장과 모순되는 것 아닌가?[29]

이것은 결코 사소한 문제가 아니다. 지금까지 도킨스는 종교인들로 하여금 비합리적 개념들을 믿게 한 것이 종교의 비증거적 특성이고, 이것이 결과적으로 일부 종교인들의 폭력 행위를 유발해 왔다는 점에서, 종교가 가진 가장 큰 문제 중 하나는 이러한 비증거적 특성이라고 끊임없이 주장해 왔던 것이다. 그런데도 종교인들은 자신들의 믿음이 증거에 기반한 것이 아니라는 일방적 단언에 대해 반론을 제기할 충분한 기회조차 가진 적이 없다. 하지만 그런 단언들이 사실이라면 왜 도킨스는 자신이 존재하지 않는다고 주장하는 바로 그 증거의 내용을 두고 반박에 골몰하는가?

어쩌면 혹자는 그가 실제로 주장하고 있는 바가 기독교에는 적절한 것으로 여겨질 만한 증거가 없다는 말이리라 짐작할지 모른다. 도킨스의 주장과 유사한 표현을 통해 그런 식의 내용을 의미하는 사람들도 간혹 있으니 말이다. 물론 그것이 정말 그의 의도였다면, 비록 기독교의 진리 주장을 뒷받침하는 모든 증거에 대한 신중한 분석과 반증이 선행되지 않았다는 점에서 그의 말을 합리적이라고까지는 할 수 없더라도, 어느 만큼은 이치에 닿는 지적으로 볼 수도 있을 것이다. 그러나 도킨스는 그런 거창한 작업은 시도조차 한 적이 없을뿐더러, 그가 여태껏 기독교를 이해해 온 전체적 맥락을 고려할 때 그런 의도로 말한 것이 아님은 분명하다고 보여진다.

그의 기독교에 대한 인식은 단순히 취약한 증거에 기반을 둔 부실한 신념 체계 정도가 아니다. 자신의 전공인 과학 분야와 달리 본질적으로 기독교는 증거에의 관심이 전혀 없는 단순한 믿음만의 영역이라고 말하는 도킨스는, 기독교의 주장들이 성경과 성인들에 대한 믿음을 근거로

하는 이유도 종교가 기능하는 방식이 원래 그런 것이기 때문이라며 일축해 버린다. 그가 보기에 종교에서의 증거란 기껏해야 진리 주장이 유래하거나 신뢰받는 과정에 방해만 되는 요소들일 뿐이다.

앞에서 언급되었듯 이것은 기독교에 대한 크나큰 오해임에도 도킨스는 그러한 오해를 무조건적으로 신봉하고 있는 듯 보인다. 하지만 기독교 사상가들이 제시했던 기독교적 믿음에 관한 논의에 그가 예민하게 반응하고 있는 것은 결국 그 사상가들이 증거와 믿음의 입증에 관심이 있었다는 사실을 그도 묵시적으로 인정한다는 의미가 된다. 이 증거들에 그 자신이 동의하는가 그렇지 않은가는 여기에서 그다지 큰 문제가 아니며, 중요한 사실은 그와 같은 대응을 통해 도킨스 스스로 기독교의 진리 주장에 증거가 존재할 뿐더러 그 분량도 결코 부족하지 않다는 사실을 간접적으로 확인해 주고 있다는 것이다.

그렇지만 신 종교 비평가들의 공격은 여기에서도 그치지 않는바, 앞에서 간략히 다루었듯 종교, 특히 기독교를 본질적으로 과학과 상치(相馳)되는 것으로 단정하는 다수의 비평가들이 이 문제를 두고 논란을 계속하고 있는 상황이다. 이제부터는 그러한 주장이 사실인지에 대해 살펴봐야 할 차례이다.

5

기독교는 반(反)과학적인 것인가?

종교의 방식은 과학이 기능하는 방식과 정반대의 것인가? 과학계의 구성원들이 증거를 조사하면서 우주에 대한 새롭고 흥미로운 사실 등을 추구한다면 이것이 종교의 영역과 정반대의 방향으로 엇나가게끔 스스로를 제한하는 일이란 말인가? 다수의 신 종교 비평가들이 그렇다고 믿고 있는 만큼 그와 같은 관점의 근거를 밝히는 일이 필요하며 도킨스의 만들어진 신이라는 책의 한 구절이 이 작업의 출발점이 될 수 있을 것이다. 그 내용에 의하면 자기들의 경전을 읽고 믿음을 갖는 종교인들의 경우에,

그들은 성스러운 책에서 진리를 읽었기 때문에 자신들이 옳다는 것을 알며 나아가 그 무엇도 자신들의 믿음을 변화시킬 수 없다는 사실을 안다… 그 책은 진리이기에 만약 어떤 증거가 그와 상충한다면 이 때 폐기해야 할 대상은 책이 아니라 그 증거가 된다.

그에 반해 도킨스 자신의 입장은 이렇다는 것이다:

과학자로서 나는… 성스러운 책을 읽음으로써가 아니라 증거의 연구 과정을 통해 믿음을 얻는다. 여기에는 참으로 큰 차이가 있다. 과학자인 내가 근본주의 종교에 반감을 느끼는 이유는 그것이 과학적 진취성을 약화시키고 있기 때문이다. 종교는 우리에게 생각을 바꾸지 말라고, 알려질 준비가 되어 있는 흥미로운 것들에 대해 알려고 하지 말라고 가르친다.[1]

이 의견에 동의하고 있는 샘 해리스 역시 과학을 "세상을 설명하는 우리의 진술들이 진실임(최소한 거짓은 아님)을 입증하기 위해 가장 헌신적인 자세로 노력하는" 학문으로 묘사하면서, "이론의 범주 안에서 관찰과 실험에 의해" 작용하는 체계라는 사실에 자부심을 드러낸다.[2] 이와 반대로 종교적인 사람들에 대한 그의 평가는, 신이 기록한 자신들의 특별한 경전의 가르침에 따른 것이라는 이유만으로 자기가 하는 행동에 스스로 확증을 부여하는 사람들로서, 이런 태도 때문에 종교적 믿음이 "합리적 논의의 영역 밖에" 자리하게 되는 것이라는 비난 정도이다. 그리고는 원래 그들이 "이유와 증거로부터 완전히 동떨어져 있는 사람들"이기에 "대부분의 종교에는 애초부터 자신들의 핵심 교리를 그것에 의해 판단하고 수정할 타당한 장치가 존재할 수 없었다"라는 말도 덧붙인다. 앞에서 살펴보았듯 해리스로 하여금 종교적 신앙을 "근본적인 사안들에 대한 정당화되지 않은 믿음, 증거 부재의 단순한 믿음"[3]이라고 정의하게 만든 것이 바로 이런 식의 편견이다.

이제 우리는 종교가 과학계 전반에 대항하는 고질적 반대 세력이라는 관점이 정말로 사실에 부합하는지에 대해 따져 보려고 한다. 만약 그러한 관점이 옳은 것이라면 자신의 신앙을 진지하게 다루면서 성경의 권위를 확신하는 사람들은 모두 과학과 대립하는 입장에 서게 되는 것이며, 또한 그렇다면 과학은 진정한 진보를 위해 모든 종교를 배척함과 동시에 끊임없이 종교적 세력에 저항해야 할 테니 말이다. 지금부터 세 가지 이상의 측면에서 그와 같은 관점에 대응할 수 있는 방법을 생각해 보고자 한다.

세계관과 삶의 방식

첫 번째 대응 방식은 흥미롭게도, 도킨스의 주장에 옳은 부분도 있다고 인정하는 것이다. 다른 모든 사람들처럼 종교적 신념을 가지고 있는 사람들 역시 일정한 믿음이나 세계관의 틀 안에서 살아가는데, 이 세계관은 세상의 본질과 기원, 인간 자신, 기타 생명체, 가치관, 도덕, 그리고 삶의 방향 등에 관해 한 개인이 의식적, 무의식적으로 가지고 있는 기본적 전제들로 구성된다.[4] 그럼으로써 각자의 삶에 의미를 부여하고 주위 환경에 대한 해석 방식에 지침을 주게 되는 세계관은, 지금의 논의와 관련한다면 우리가 삶에서 고려할 개념들 중 일정 부분을 배제시키는 역할과 관계가 있다. 예를 들어, 현대 사회를 살아가는 대부분의 사람들은 지갑이나 열쇠 꾸러미 등을 잃어 버렸을 때 그것이 흔적도 없이 사라졌을 가능성에 대해서는 고려조차 하지 않는데, 이는 그런 일이 일어날 경우를 아예 상상도 하지 않음으로써 있을 법한 상황의 범주에서 처음부터 제외시켜 버리기 때문이다. 잃어 버린 물건이 주머니에서 떨어졌거나 누군가가 훔쳐 갔거나 어딘가에 잘못 두었을지는 몰라도 흔적 없이 사라지는 경우에 대해서는 일고의 가치도 없다고 여기기 때문에, 그런 가능성에 대해 말하는 사람이 혹시 있더라도 우리의 반응은 그저 "농담하지마!"라는 정도에 그칠 것이다. 게다가 우리가 생각해 낼 수 있는 설명 방법이 더 이상 남지 않았을 때조차 이런 입장이 크게 바뀌지는 않을 것으로, 잃어 버린 물건을 여기저기에서 찾아보다가 결국 "어떻게 된 건지는 모르겠지만 그냥 바람처럼 사라지지 않은 것만은 분명해"라며 혼잣말을 할지도 모를 일이다.

마찬가지로 종교적 세계관에서도 아예 고려 대상에서 배제되는 개념들이 있다. 기적이 불가능하다거나 하나님은 존재하지 않는다는 등의 일정 개념은 기독교적 세계관의 가장 기본적인 전제와 양립할 수 없는 것이기에 한 기독교인이 그 개념들을 받아들이는 일은, 불가능까지는 아니더라도 상당한 어려움을 수반하게 될 것이다. 여기까지는 물론 도킨스가 옳다.

하지만 그는 이 상황이, 자신이 선택한 무신론적 자연주의를 포함해 다른 모든 세계관에도 적용된다는 사실은 전혀 깨닫지 못하고 있는 듯하다. 마치 자신은 어떤 방향으로 귀결되는 증거이든 받아들일 준비가 되어 있고 어떤 식의 결론이 도출되더라도 기꺼이 수긍할 것처럼 말하고 있지만 이것은 결코 사실이 아니다. 기본 정의에서부터 자연주의는 기적적인 상황이나 초자연적인 존재의 가능성을 배제해 버리는 관점이며, 따라서 자연주의자의 세계관에서는 비록 구체적인 자료들이 존재하더라도 초자연적 현상의 가능성이 포함되는 결론은 전혀 인정하지 않는 사고 체계를 형성하게 된다. 자연주의자라면 그런 식의 결론에 대해서는 거부하는 일 외의 다른 선택이 있을 수 없는 것이다.

다시 말하면 세계관들의 제한이나 배제의 기능은, 종교적 관점을 가진 사람들에게 적용되는 것과 동일한 방식으로 도킨스에게도 적용된다. 따라서 만약 종교적인 사람들을 자신들의 세계관의 희생자라고 한다면 도킨스 역시 그 자신이 소유한 세계관의 희생자로 보아야 한다.

위에서 언급되었듯 이러한 사실은 도킨스 자신의 주장이 방향을 되돌려 그 스스로에게로 다시 적용될 수 있음을 의미한다. 예를 들면 우주의 신적 기원이나 예수님의 부활과 같이 기적의 출현을 보여 주는 어떤 증거에 대해서도 도킨스는, 자연주의자인 자신이 기적은 일어나지 않음을 "알고 있기" 때문에 그러한 일은 일어나지 않았다며 이미 결론을 내린 상태이다. 어떤 증거도 그의 믿음을 변화시킬 수 없기 때문에 만약 그러한 믿음과 상반된 증거가 제시된다면 그가 무시해 버리거나 재분석할 대상은 그 증거이지 자신의 결론이 아닌 것이다. 자신이 신봉하는 무신론적 자연주의에 배치되는 어떤 것을 도킨스가 받아들일 수 있는 유일한 방법이란 스스로의 세계관을 버리고 초자연적이거나 기적적인 것들을 용인하는 새로운 세계관을 채택하는 길뿐이며, 물론 이와 같은 결정권은 기존의 종교인이 무신론적 자연주의 세계관에 공감하는 경우에도 동일하게 주어지는 선택이다.

찰스 템플턴(Charles Templeton)과 앤터니 플루(Anthony Flew)는 오랜 숙고 후 기존의 세계관을 바꾼 인물들의 사례로 유명하다. 템플턴은 기독교적 유신론에서 경건한 불가지론(不可知論)이라 자칭하는 관점으로 선회했고 플루는 무신론에서 유신론으로 입장을 전환했는데, 이와 같은 경우도 다른 세계관의 타당성에 대해 고려해 볼 마음이 그들에게 있었기에 가능했던 일이다. 하지만 결국 한 사람이 자신의 세계관 내부에서 사고 활동을 하고 있는 한은 ― 어느 누구라도 그러한 사고 활동을 하는 한은 ― 그는 그 세계관으로 인해 특정 개념들을 배제하게 되며, 이 사실은 다른 모든 이들의 경우와 마찬가지로 도킨스에게도 해

왜 사람들은 믿음을 갖지 않는가

당될 수밖에 없는 것이다.

도킨스나 그와 뜻이 같은 사람들에게는 탐탁치 않게 들리겠지만, 기적과 신성한 창조자는 물론 초자연성이나 그와 관련된 모든 것을 배제하는 자연주의는, 어찌 보면 기독교인들의 세계관보다 훨씬 더 큰 제약을 갖는다고 말할 수 있다. 자연주의자의 세계관이 관대하고 자유로운 철학인 양 간주되던 1908년 당시의 풍조에 대해 글을 썼던 G. K. 체스터턴(G. K. Chesterton)은, 실제로는 그것이 기적의 가능성을 인정하는 다른 관점들보다 훨씬 더 제한적이라는 면에서 아주 가소로운 현상일 뿐이라고 일축했다. "어떤 이상한 이유로 인해 기적을 믿지 않는 것이 믿는 것보다 더 관대한 입장이라는 고정관념이 생겼다. 그 이유가 무언지는 짐작조차 어려울뿐더러 아무도 나에게 제대로 된 대답을 해 주지 못한다"라는 항의와 함께 말이다. 자연주의자들이 항상 기적에 관한 보고를 믿지 않는 이유에 대해 다시 질문을 제기한 체스터턴은, 그들의 관점이 기적을 믿지 않는 입장을 허락해서가 아니라 "그들의 엄격한 물질주의가 그것을 믿는 입장을 허락하지 않아서 믿을 수 없는 것"[5]이라는 심오한 답변을 스스로 제시하기도 했다.

체스터턴이 이를 통해 지적하는 요점은 명확하다. 즉, 무신론적 자연주의자는 증거가 분명한 경우에조차 지적인 창조자가 우주의 배후에 존재할 수 있음을 가능성으로나마 고려해 볼 자유마저 없다는 것이다. 그런 상황은 그에겐 상상도 할 수 없는 경우인데, 이는 그의 세계관이 창조자라는 개념 자체를 배척함으로써 애초부터 그것을 가능성의 범주에서 제외시키기 때문이다. 반면 기독교인들은 기적의 가능성이나 우주의 지적 원인에 대해 개방적인 동시에, 사물에 관한 자연주의적 설명에 대해서 역시도 증거가 분명하고 하나님이 만물의 궁극적 원인으로 고려되는

기독교는 반(反)과학적인 것인가?

경우라면 얼마든지 유연한 입장을 취할 수 있다.

이런 면에서 볼 때 기독교인들은 개념 탐구와 증거 추구에의 접근성에 있어 무신론자들보다 열등한 입장이 아닌 데다가 어떤 면에서는 보다 우월한 위치에 있다고도 말할 수 있다. 그러므로 이 모든 사실들의 결론은, 기독교인들의 경우 자신들이 가진 세계관 때문에 도킨스나 해리스 같은 사람들보다 비과학적 사고를 하고 있다고 판단받을 이유는 결코 없다는 것이다.

이와 더불어, 과학 영역에서의 실제 상황과 관련된 또 다른 질문도 있다. 과학 분야에 종사하는 사람들 중 종교적 믿음을 가진 이들, 특히 기독교인들이 전혀 존재하지 않는다는 것인가? 그리고 종교와 종교인들이 "과학적 작업의 진전을 방해하고 퇴보시키기까지 한다"는 도킨스의 주장이 현실 상황을 정확히 반영한 말인가? 게다가 그의 비난처럼 종교적 신앙, 보다 구체적으로는 성경의 권위에 대한 믿음이 사람들로 하여금 "알려질 준비가 되어 있는 흥미로운 것들에 대해 알려고 하지 못하도록"[6] 만드는 것인가? 믿음이라는 것이 어떤 식으로든 우리를 과학적 작업과 양립하기 어렵게 만든다는 말이 과연 사실인가?

조작된 갈등

하지만 그러한 관점은 진실과는 거리가 너무도 멀다. 과학계에 종사하는 많은 사람들은 종교와 과학 간에 아무런 내재적 갈등이 없는 것으로 보고 있을뿐더러, 현대 과학의 창시자 가운데 다수의 사람들이 실제로 하나님을 믿었다. 여기에는 과학뿐 아니라 신학 분야에서도 방대한 글을 남긴 아이작 뉴턴(Isaac Newton)과 로버트 보일(Robert Boyle), 그리고 자신들의 연구 기록에 성실한 기도와 신학적 사색들을 함께 담았던 요하네스 케플러(Johannes Kepler)와 얀 밥티스타 판 헬몬트(Jan Baptist van Helmont) 등이 포함된다. 미국의 대표적 진화론계 생물학자이자 2002년 사망 당시까지 하버드 교수로 재직했던 무신론자 스테븐 제이 굴드(Stephen Jay Gould)조차 자연과학과 종교적 믿음에는 완벽한 일관성이 있으며 따라서 정직한 과학자가 되기 위해 종교적 믿음을 포기할 필요는 없다는 의견을, 만세 반석(Rock of Ages)이라는 자신의 저서에서 분명히 밝히고 있다. 그는 자신이 몸담은 진화론적 생물학 분야의 많은 동료들이 종교를 가진 신앙인이라는 사실과 관련하여 다음과 같이 기술했다: "나의 동료 중 절반 가량의 사람들이 지극히 어리석은 것이 아니라면 진화론 과학은 전통적인 종교적 믿음과 충분히 공존할 수 있다는 뜻이 된다 ― 무신론과 공존하고 있듯 말이다."[7]

상당한 명성을 가진 과학자들이 이런 말들을 남긴 데 대해 도킨스로서는 무척 곤혹스러웠겠지만 이런저런 고민 후에 결국 그가 할 수 있던 말은 "나는 굴드가 자신의 책 만세 반석에 쓴 내용이 다 진심에서 나온 것이라고는 생각지 않는다"[8] 정도였으며 사실 이것은 논박이라고 볼 수도 없는 표현이었다. 그러나 도킨스 자신이 한 말들이 모두 진심이었듯 굴드 역시 진심에서 나온 말을 했던 것일 뿐 아니라, 현재까지도 많은 전문 과학자들이 일반 신자 못지 않게 각자의 종교에 충실한 삶을 살고 있는데, 이를 두고 미국의 사회역사학자 로드니 스타크(Rodney Stark)는 사회과학이나 예술 분야에 종사하는 학자들보다 그들이 오히려 더욱 신실한 믿음을 가졌다고까지 말하기도 했다.[9]

이렇듯 종교와 과학 간의 내재적 갈등의 문제는 도킨스나 해리스의 주장과 달리 실제로는 존재하는 현상이 아니며 그 이유 또한 분명하다고 말할 수 있다. 대다수의 기독교인들이 잘 알고 있듯 성경은 과학 서적으로 읽히도록 의도된 책이 아닌데다가, 과학 분야에 종사하는 대다수의 기독교인들 역시 그런 식의 접근법은 사용하지 않는다. 성경은 하나님께서 그분 자신과 우리 인간에 대해, 우리가 바른 삶을 사는 방법에 관해, 그리고 가장 중요하게는 인류와 화목하기로 계획하신 당신의 사랑에 관련해 중요한 내용들을 말씀하신 계시이다. 과학적 지식이라는 측면에서 볼 때 성경은 하나님이 세상을 창조하셨다고 선포하면서도 어떻게 창조하셨는지에 대해서는 상세히 설명하지 않으며, 그 간략한 설명조차 방대한 책의 첫 부분에서만 짧게 다루고 있다. 기독교인들이 이 내용을 해석하는 방식은 여러 가지일 수 있겠지만, 그들 대부분이 하나님께서 어떻게 세상을 창조하시고 그것이 어떻게 운행되는지의 세부 사항을 탐구하는 일은 과학자들의 몫이라는 점을 기꺼이 인정한다.

바울과 아퀴나스의 사역 중간 시기 중 가장 두각을 드러낸 신학자였던 성 어거스틴(St. Augustine, AD 354-430)조차, 세상의 기원을 다루는 성경 본문은 그와 관련된 내용에 대해 일반 자료들의 정보를 참고하면 안 될 만큼 엄격하게 해석하도록 의도된 것이 아님을 분명히 한 바 있다. 그의 말을 빌린다면, "우리는 앞뒤 분별 없이 어느 한 편의 주장만을 추종하다가 진리 추구에 동반된 진보가 그 주장을 반증했을 때 함께 쇠락해 버리는 위험을 감수할 필요가 없다. 그런 태도는 성경의 권위 수호를 위한 것이 아니라 자신의 생각을 고수하려는 아집이 낳은 것이기에 말이다."[10]

또한 어거스틴은 성경 속의 가르침에 대해 기술할 때 다른 종교 자료들을 통해 많은 사람들이 이미 알고 있는 내용과 명백히 충돌될 수 있는 방식으로는 시도하지 말 것을 기독교인들에게 당부하기도 했다.[11] 여타

왜 사람들은 믿음을 갖지 않는가

의 학문적 가르침에 의해 옳지 않은 것으로 쉽게 판단될 수 있는 해석 방식에 성경을 교리적으로 적용시키는 것은 오류라면서 그는 다음과 같이 덧붙인다:

비기독교인들은 땅과 하늘, 세상의 갖가지 요소들, 별의 움직임이나 궤도, 그들의 크기와 상대적 위치, 일식과 월식의 예측 가능성, 계절들과 한 해의 주기, 동물과 나무, 돌 등에 관해 자신들이 알고 있는 특정 지식을 이성과 경험에 의해 비롯된 것으로서 인식한다. 그러므로 어떤 한 기독교인이 성경의 의미를 추측해서 전달하고 그러한 주제들에 대해 말도 안 되는 이야기를 하는 것을… [비기독교인이] 듣게 된다면 이는 위험하고도 수치스러운 일이다… 그 불명예가 무지한 한 개인에게 돌아가기 보다 존중받아 마땅한 성서 작가들 전체의 의견인 것처럼 외부인의 오해를 사게 될 테니 말이다.[12]

많은 사람들이 이러한 어거스틴의 조언을 받아들인 결과 이후 종교와 과학 간에는 아무런 내재적 충돌이 없었으며, 과거부터 현재까지 활동했던 다수의 과학자들 또한 기독교 신념에 의해 고무되고 동기화된 과학적 작업을 기독교적 사고의 틀 안에서 계속하여 왔다. 복잡한 기계의 내적 기능을 잘 이해할수록 그 기계의 발명가에 대한 경외심이 더해지는 것과 마찬가지로, 과학 분야에 종사하는 많은 기독교인들 역시 창조의 다층성(多層性)과 경이로움을 보다 정확히 이해함에 따라 우주의 창조자에 대한 경외심을 더욱 키울 수 있었던 것이다. 그러므로 사실상 과학 연구는 기독교적 세계관을 배척하도록 만드는 작업이 아니라 오히려 적극 권장하는 일이라고 보아야 할 것이다.

옥스퍼드대 동물학과의 세포 생물학 교수인 데이빗 쇼튼(David Shotton)이 "현재 활동 중인 모든 과학자들이 반드시 읽어야 하는…" 최고의 저서로 손꼽았던 과학의 영혼(The Soul of Science)에서 이 책의 공동 저자인 하버드의 화학자 찰스 택스턴(Charles Thaxton)과 과학 작가 낸시 피어시(Nancy Pearcey)가 피력한 내용을 그대로 옮겨 보면, 많은 사람들이 과학과 종교의 관계에 대해 흔히 갖고 있는 인상은 갈등과 적개심이지만,

이러한 개념은 사실상 최근 들어 생겨난 커다란 오해 중 하나로서, 3세기 이상 동안 신앙과 과학의 관계는 협력이라는 말로 가장 잘 설명될 수 있는 것이었다. 1500년에서 1800년대 시기의 과학자들이 살았던 세상은 오늘날의 과학자들의 그것과 전혀 달랐는데, 당시의 과학자들은 과학적 탐구와 종교적 헌신을 양립할 수 없는 것으로는 결코 생각지 않던 신앙인이었다는 점에서 그러하다. 오히려 그들의 동기는 그와 정반대로 자연의 경이로움에 대한 연구를 통해 그것을 창조하신 하나님을 영화롭게 하려는 종교적 갈망이었다.[13]

영국 개방대학의 과학과 기술, 의학의 역사 분야 교수이자 캠브리지대 협동 연구 학자였던 콜린 러셀(Colin Russell) 또한 자신의 저서, 교차의 물결: 과학과 신앙의 상호관계(Cross-Currents: Interactions between Science and Faith)에서 과학과 종교 간의 전쟁이라는 개념은 비교적 최근의 발명품이라는 사실에 동의하고 있다. 그는 이 책에서 기독교, 특히 성공회 교회의 문화적 점유를 견제하고자 이러한 갈등 개

왜 사람들은 믿음을 갖지 않는가

념을 교묘하게 배양시킨 인물로서 토마스 헨리 헉슬리(Thomas Henry Huxley, 1825-1895), 존 윌리엄 드레이퍼(John William Draper, 1811-1882), 앤드류 딕슨 화이트(Andrew Dickson White, 1832-1918) 등의 19세기 사상가들을 지목하고 있다. 그 동기가 실제로 무엇이었든 사실상 그들 주장의 대부분은 동시대의 주요 철학자와 역사가들, 즉 기독교가 과학적 진보를 방해하기는 커녕 오히려 그것이 번성할 수 있는 토양을 제공해 왔다고 반박한 알프레드 노스 화이트헤드(Alfred North Whitehead)나 마이클 B. 포스터(Michael B. Foster) 등에 의해 거부되었다. 이들은 기독교가 그 문화의 내부에서 과학을 태동시킴으로써, 과학을 위협하는 요소가 아니라 도리어 그것의 탄생을 도운 배경이 되었다고 말하는데, 이 점이 바로 우리의 세 번째 답변 — 많은 이들에게 놀라운 사실일 것이 분명한 — 으로 이어질 내용이다.

과학 발전에 대한 기독교의 놀라운 기여

과학 분야에 종사하는 많은 이들에게 믿기 어렵게 들릴 수도 있는 이야기이지만, 과학과 종교 간에는 사실상의 내재적 갈등이 없을뿐더러 우리가 현재 알고 있는 대부분의 과학적 성취들은 기독교가 아니었다면 존재조차 불가능했으리라는 것이 기독교인 과학자들의 단언이다. 그들이 이렇게 말하는 데에는 여러 가지 이유가 있지만, 근대 과학의 역사를 연구했던 로드니 스타크는 서구 사회의 대다수 사람들이 놀라워할 이러한 사실에 대해 "과학역사가들 사이에서는 이미 전통적 지혜가 된 내용"이라는 한마디로 일축해 버린다.[14] 실제로 이런 개념이 동료 학자들 사이에서 워낙 상식적으로 받아들여지던 터라, 자신의 저서 출간을 앞둔 그가 부차적이고 불필요할 듯한 이 내용을 과학의 역사에 대한 일정 부분과 함께 책에서 제외시키려고 계획한 일도 있었다. 결국에는 일반 독자들을 위해 두 가지 모두 포함시키기로 결정을 번복했지만 말이다.

그렇다면 과연 어떤 의미에서 기독교가 과학 분야의 성취를 가능하게 했다는 것인가? 이에 대해 스타크는 기독교의 세계관과 우주관이 존재하지 않았다면 과학은 어떤 경우에도 태동조차 할 수 없었을 만큼 그 관점들이 과학의 출현에 필수불가결했다는 점을 들어 명료한 답변을 제시하고 있다. 그의 말을 빌리면, "기독교에서는 하나님이 합리적으로 반응하는 신뢰할 만한 전능자로, 그리고 우주는 합리적, 합법적, 안정적 구조로 정비된 후 인간의 이해를 기다리고 있는 그분의 인격적 창조물로서 묘사된다."[15]

우주가 질서 정연하게 구성되어 있다는 과학자들의 기본 신념에 동의했던 노벨상 수상 경력의 생화학자 멜빈 캘빈(Melvin Calvin) 역시 이러한 믿음의 근원에 대해 깊이 숙고하고는, 진화의 화학(Chemical Evolution)이라는 저서를 통해 이 주제에 관한 자신의 의견을 개진하고 있다:

이 같은 신념의 근원을 밝혀내기 위한 연구를 통해 나는, 2천 년 혹은 3천 년 전에 형성된 것으로 보이는 이 기본적 개념이 고대 히브리인들에 의해 서구 사회에 처음 공표되었음을 알게 되었다: 즉 우주는 단 한 사람의 신에 의해 지배되는 것이지 여러 명의 신이 각자의 법을 가지고 자신의 영역을 다스리는 변덕스러움의 산물이 아니라는 것이다. 그리고 이러한 유일신적 관점은 이후 현대 과학의 역사적 기반이 되었다.[16]

왜 사람들은 믿음을 갖지 않는가

이보다 훨씬 전, 저명한 철학자이자 수학자이며 버트런드 러셀과 수학의 원리(Principia Mathematica)를 공동 저술한 알프레드 노스 화이트헤드(Alfred North Whitehead)는, 1925년 하버드에서 개최된 로엘 강의(Lowell Lectures) 중 유럽에서 과학이 발생한 것은 보편화된 "과학의 가능성에 대한 믿음이… 중세의 신학으로부터 파생되었기"[17] 때문이라는 설명을 내놓음으로써 서구의 청중들에게 큰 충격을 안겨 주었다. 그가 어떻게 이와 같은 진술을 할 수 있었는지는 참으로 놀라운 일인데, 그렇다면 그는 도킨스나 해리스와 같은 대다수의 무신론자들이 종교를 과학적 탐구의 치명적 장애물로 지목하고 있음을 알지 못했다는 것일까? 그러나 그들과 정반대의 생각을 가졌던 화이트헤드는, 일부 기독교인들이 특정한 과학적 설명이나 발견에 반대했던 몇 가지 과거 사실들만 제외한다면, 중세적 정신 기조에 깊은 영향을 미쳤던 사고(思考)하는 창조자로서의 하나님에 대한 기독교적 인식이야말로 과학을 향한 개방적 태도를 준비시킨 동시에 그것의 발생 자체에도 핵심적 공헌을 한 요소였다고 확신했다. 그는 자신의 입장을 다음과 같이 설명하고 있다:

하지만 나는 과학의 태동을 도운 중세주의의 위대한 공헌에 대해 아직 소개조차 하지 못했다. 그러니까, 모든 구체적 상황이 일반적 원칙들을 실증하면서, 완벽하게 명확한 방식으로 그것의 선행 요소들과 상호 연관될 수 있는 확고부동한 믿음에 대해서 말이다.

이러한 믿음 없이는 과학자들의 엄청난 노고도 별 의미 없는 무용지물이 될 수 있다. 연구의 동력이 되어 주는 것은 이러한 직관적 확신, 즉 베일을 벗을 비밀이 존재한다는 확신일 텐데, 그렇다면 그 같은 확신이 어떻게 유럽인들의 마음 안에 그렇게까지 생생하게 자리 잡을 수 있었던 것일까?

유럽에서 존재하던 이러한 인식 체계를 각기 다른 문명들의 경우와 비교해 볼 때 그 기원에는 오직 하나의 원천만이 있는 듯 하다. 다시 말하면 그 인식은 여호와의 인격적 에너지와 희랍 철학자의 합리적 사고에 의해 형성될 수 있었던, 하나님의 합리성에 대한 중세기적 믿음을 그 근원으로 삼은 것이었다. 세상의 모든 구체적 세부 항목이 지시되고 명령되었다… 나는 지금 몇몇 개인의 명시적인 믿음을 말하는 것이 아니며, 수 세기 간의 견고한 신앙을 통해 확립된 유럽인들의 마음 속 인식에 대해 이야기하고 있는 것이다. 반복하지만 내가 여기에서 가리키고 있는 바는 사고 자체의 성격이지 단순히 말로 된 교리를 의미하는 것이 아니다.[18]

또한 화이트헤드는 기독교 이외의 종교와 세계관에서 발견되는 신에 대한 개념들은 지속적인 과학 발전을 돕기엔 너무나 비인격적이고 비합리적일 수 있다고 지적한다. 신의 성정(性情)에 대한 그와 같은 이해 방식에서는, 모든 사건이 불합리하고 난폭한 신, 혹은 비인격적이고 불가사의한 사물들에 의해서만 발생될 수 있는 것이기 때문이다. 그리고 그런 경우라면 이 세상과 그에 관련한 사건들이 인격적이고 신뢰할 만한 창조자의 합리성에 근거하여 성립된다고 이해하며 확신을 갖는 것은 어느 누구에게나 불가능한 일이 된다.

화이트헤드의 통찰력 있는 분석을 참고로 하면, 이방 종교는 자연 세계를 신의 거처로 보는가 신 자신의 본성의 방사물로 간주하는가의 관점에 따라 애니미즘 혹은 범신론의 경향으로 분류된다. 애니미즘의 가

왜 사람들은 믿음을 갖지 않는가

장 잘 알려진 형태는 영혼들 혹은 신들이 자연 속에 존재한다고 보는 입장으로, 바위나 호수 등 안에 혼령들, 악마들이 존재한다고 믿는 것이다.[19] 다른 비기독교적 사고 체계에는 창조물 자체가 존재하지 않는바, 영원한 개체로서 무한 반복을 거듭하고 있는 우주 역시 그 과정에 아무런 목적이나 창조 주체가 존재하지 않는다는 점에서, 결국은 일관성 없고 예측 불가능하며 자의적인 거대 신비에 불과해진다. 어느 누구도 이 세상에 대해 정확히 이해할 수 있으리란 보장이 없는 만큼 과학 연구의 발전을 위한 동기화 역시 있을 수 없고, 지혜를 향한 행로 또한 명상과 신비주의적 통찰에 의해서만 가능하게 된다.

그러나 창조에 관한 성경의 가르침은 이와 전혀 다르다. 행성들은 신성한 것이 아니며 하나님이 세상의 여러 영혼 중 하나인 것도 아니다. 오히려 그분은 그들의 창조자로서, 탁자가 목수의 노동의 산물이듯 이 세계는 하나님의 작업의 산물이다. 화이트헤드의 논점은, 우주의 창조자에 대한 특별한 인식과 함께 우주 그 자체가 과학 발생을 위한 필수적 요소였으며, 이러한 개념들을 제공한 것이 곧 유대-기독교적 사상(Judeo-Christianity)이라는 것이다.

이 같은 맥락 속에 성장한 사람들이 과학을 가능성 있는 작업으로 믿었다는 점에서 과학은 기독교적 세계관으로부터 발전된 산물이라 볼 수 있으며, 연구와 학습의 대상인 하나님의 창조물에 대해 우리가 더 정확히 이해할수록 창조물과 창조자 모두에 더 깊이 감사하는 결과가 나타난다는 것이 여기에서 우리가 얻게 되는 결론이다. 이 사실은 스타크가 했던 말을 통해서도 확인되는데,

명상만 가지고는 몇 세기를 지난다 해도 과학은 물론 어떠한 실

중적 지식도 생산될 수 없겠지만, 하나님의 수작업에 대해 이해하려
는 노력을 고취시켰던 종교가 있었기에 지식이 발전하고 과학도 성
장할 수 있었다… 그리고 그것은 스콜라 철학 분야의 과학자들뿐
아니라 16, 17세기의 위대한 업적에 동참했던 여러 사람들이 스스로
를 이해한 방식이었다 — 창조의 비밀을 추구하는 자로서 말이다.[20]

하지만 다시 한 가지 의문이 생긴다: 다른 초기 비기독교 문명들에도
역시 과학이 존재하지 않았는가? 희랍, 로마와 중국 등의 문명들도 이미
조직화된 지식, 학문 기관, 심지어 기술력까지 보유하고 있었던바, 과학
이 오직 서구 유럽 문명에서만 발생했다고 확신할 수 있는 것인가?

이 질문은 사실 이전 시대의 사람들에 의해 지금의 우리보다 훨씬 구체
적으로 제기되었던 것으로, 이 같은 문제에 관심을 가진 독자들을 향해
보다 심도 있는 탐구가 당부된 적도 있다.[21] 그러나 중국인들의 초기 기
술력과 문화 진보가 일반적으로 잘 알려진 사실이라는 점에서 중국 문
명에 관한 몇 가지 언급은 필요하다고 보는데, 이러한 문명이 과학의 발
전을 유도했으리라 짐작하는 사람도 있겠지만 중국인들 자신의 생각은
전혀 그와 다르다.

중국인들의 문화적 진보를 근거로 그들이 유럽보다 훨씬 이전에 과학
을 발전시켰을 것이라고 짐작하는 사람들이 많아서인지 초기 중국 문
명의 과학성 부재(不在)에 대해 논한 버트런드 러셀의 글은 한때 큰 반
향을 불러일으키기도 했다. 이러한 내용을 다룬 책, 중국의 문제(The
Problem of China)에서 러셀은, "중국 문화에는 확실히 과학성이 결핍
되어 있었지만 최소한 과학에 대한 반감은 존재하지 않았다. 따라서 과
학 지식의 전파 과정 중 유럽 교회들이 경험했던 종류의 어려움은 겪지

않을 수 있었다"[22]고 기록하고 있다.

여건만 마련되었다면 중국의 과학적 진보가 서구를 앞지를 수도 있었으리라던 러셀 자신의 최초 가설이 결국 잘못된 예측으로 판명된 것인데, 아마도 그는 화이트헤드가 발견했던바, 즉 서구의 과학을 태동시킨 사고하는 창조자라는 개념이 중국 문화에는 전혀 존재하지 않았으며 그렇기에 중국에서 과학은 서구에서처럼 발전될 수 없었다는 사실에 대해 모르고 있었던 듯하다.

역사학자이자 막스주의자이며 자신의 연구와 저술의 상당 부분을 중국 과학 기술사 관련 분야에 할애했던 조셉 니드햄(Joseph Needham)도 그와 같은 사실에 동의하고 있는데, 중국의 초기 과학 발전이 실패했던 이유를 비종교적이고 물질주의적인 부분에서 찾아내려 애쓰던 그가 마침내 도달했던 결론은, 당시의 중국인들에게는 합리적 법칙과 물리적 개념으로 구성된 우주에 명령권을 행사하는 인격적이고 합리적인 창조자에 대한 믿음이 없었기 때문이라는 것이었다. 니드햄의 말에 따르면,

비인격체인 자연에 대해 규율을 부과하는, 천상의 신성한 입법자에 대한 개념은 그들에게 형성되지 못한 상태였다… 이것은 자연 속의 질서 개념이 중국인들에게 존재하지 않아서가 아니라, 그들에게는 그 질서가 어떤 이성적 존재에 의해 규제되는 것으로 여겨지지 않았기 때문이며, 따라서 다른 이성적 인격체들이 그가 정한 신성한 규율을 각자의 세속 언어로 설명할 수 있다는 사실도 믿을 수 없었던 것이다. 아마도 도교 신자들은 자신들이 직관하고 있는 우주의 섬세함과 복잡함에 대해 그토록 단순한 개념을 가진 사람들이 있다는 사실을 알았다면 비웃어 댔을 것임이 분명하다.[23]

여기에서 잠시 짚고 넘어가야 할 문제가 있다. 만약 우주에 대한 특별한 개념이 과학의 태동에 필수적이었다고 믿는 우리의 생각이 옳다면, 현재든 과거든 그것이 원인으로서의 역할을 하기에 충분했다고 보는 관점 역시 틀리지 않을 것이다. 하지만 다른 많은 문화적, 사회적 발전들 또한 과학의 발생과 전파라는 양 분야를 촉진하기 위해 필요했는데, 여기에는 무역과 상업의 성장, 기술의 진보, 과학적 제도화, 그리고 간행물 배포 등이 포함된다. 다시 말하면 만약 석기시대의 어떤 문화를 순식간에 기독교로 전환했다고 해도 그로 인해 갑자기 과학이 발전되리라고는 기대할 수 없다는 뜻으로, 이를 통해 발견되는 분명한 사실을 다음과 같이 요약해 볼 수 있다: 과학의 발생이 충분히 가능했을 상당수의 사회에서 그러한 조짐조차 나타나지 못했던 것은 그 발생에 요구되는 어떤 물질적 요소의 결핍 때문이 아니다. 결국 그들도 중국인들의 경우처럼 세상과 그 기원에 대한 핵심적 전제(인격적이고 합리적인 창조자의 존재)를 소유하지 못했음이 문제였던 것이다.

왜 사람들은 믿음을 갖지 않는가

⑥
성경적 도덕성은 끔찍한 것인가?

우리는 1장에서, 성경이 가르치는 도덕성이 황당하다며 분개하는 많
은 신 종교 비평가들 중, 이 분노를 누구보다 격렬히 표현해 온 사람이
리처드 도킨스라는 사실에 대해 살펴본 바 있다. 그는 성경에서 여성 혐
오, 적에게의 복수, 범죄 행위에 대한 지나치게 가혹한 처벌 — 개인적인
성적 취향의 문제처럼 처벌해서는 안 된다고 자신이 믿는 행위에 대한
— 등등을 찾아낸다. 앞에서 언급되었듯 결국 그는 구약성경의 하나님
을 "모든 소설의 주인공 가운데 가장 불쾌하다고 할 만한 인물, 즉 시기
심과 자만심이 강하고 편협하며 불공정할 뿐 아니라, 용서를 모르는 통
제 집착자… 동성애 공포자, 인종차별주의자, 유아 살해자, 대량 학살
자…" 등으로 규정한다.[1] 신약의 예수님 역시 본인의 윤리 기준을 구약
으로부터 이끌어 내려 하지 않을 경우에만 그보다 나은 존재이고 말이
다.

    성경적 도덕성과 그 배경이신 하나님에 대한 이런 식의 묘사를 우리

가 어떻게 받아들여야 할까? 무엇보다 먼저, 모든 성경 본문은 당시의 역사적, 사회적, 그리고 문화적 맥락 속에서 이해되어야 한다는 사실을 지적할 필요가 있겠다. 이 사실은 그 당시와 지금의 우리를 가로막는 거대한 역사적, 문화적 거리감 때문에 특히 난해하게 여겨지는 본문을 다룰 때 더욱 유념할 만 하다. 그렇지 않을 경우 본문이 기록된 시기에는 적절하지 않았을 오늘날의 기준을 함부로 그 내용에 대입함으로써 해당 본문을 오역하는 일이 발생할 수 있기 때문이다. 그 점이 곧 우리와 괴리가 큰 시대와 장소에서 쓰여진 본문의 의미에 대해 거침없고 비판적인 언급을 하는 일에 특별히 주의해야 하는 이유 중 하나이다.

　도킨스는 성경의 본문을 해석할 때 그러한 주의를 기울이지 않았고 따라서 그가 시도했던 성경적 도덕성에 대한 공격의 토대는 심히 약화될 수밖에 없었다. 앨리스터 맥그래스가 지적하듯 성경 전반에 대한 도킨스의 강한 부정적 태도는 그 자신이 갖고 있는 한계, 즉 본문 자체에 대한 지식 부족과 핵심 주제에 대한 피상적 접근이라는 내재적 문제 위에 극소수의 본문들에 국한된 선별적 연구라는 외재적 문제가 복합됨으로써 도출된 결과물이다.[2] 만들어진 신에서 그는 히브리 성경에 대한 극심한 분노를 표현하지만 그의 인용문 중 두 가지를 제외한 나머지 모두는 성경의 첫 다섯 권으로부터 나온 것에 불과하다. 그러므로 그 두 가지, 즉 사사기로부터 인용된 내용까지 포함시켜 생각한다 하더라도 결국 나머지 33권에 대해서는 그가 일고(一考)조차 않은 채로 구약 전체를 판단했다는 의미가 된다. 구약성경과 같이 방대하고 심오한 책에 있어 배타적으로 선별된 일부 내용을 다룬 자료만을 가지고 전체의 가르침을 공정하게 탐구했다고 과연 당당히 주장할 수 있는 것일까?

　신약의 히브리서 저자를 바울이라고[3] 말하는 것은 신학교 1학년 학생들이나 범할 만한 실수로서, 학생들은 곧 그 책의 작가는 밝혀지지 않았으며 수 세기간 대다수의 사람들이 바울을 저자로 여기지 않아 왔기 때문에, 원칙적으로 작가의 명칭을 "히브리서 기자"로 대신한다는 사실을 알게 된다. 하지만 도킨스는 이런 식의 실수를 통해 자신이 그렇게도 끈질기게 조소를 보내는 본문들에 대한 스스로의 지식 부족을 그대로 노출하고 만다.

또한 그가 성경에 기록된 일부 행위들을 단지 거기에 쓰여 있다는 이유만으로 승인되고 정당화된 행동처럼 간주하는 식의 논리를 전개함으로써, 모든 문학에 공통적으로 사용되는 규범적 행위와 서술적 행위 간의 차이를 구별하지 못하는 듯한 인상을 준다는 문제도 있다. 그러한 경우의 일례로 구약의 이야기들이 여성 혐오적이라는 자신의 곡해된 주장을 입증하기 위해 도킨스가 사용하고 있는 본문을 들 수 있는데, 기브아 도시 남성들이 한 여성을 윤간하여 죽음에 이르게 했던 이야기 가운데, 다음날 아침 그녀의 분노한 남편이 전쟁을 촉발할 목적으로 아내의 시신을 칼로 조각내 사방으로 흩어 보내는 내용이 등장한다(삿 19:1 - 29).[4] 이것은 물론 끔찍한 이야기이지만, 성경이 보여 주는 여성 혐오의 내용을 입증하려는 도킨스에 의해 이 이야기가 인용되었다는 것은, 그 전체적 맥락을 고려할 때 심각한 오해에서 비롯된 결과이다. 이 내용이 포함되어 있는 사사기는 처음부터 끝까지 당시의 사람들이 하나님으로부터 돌아서서 "자신들의 소견에 옳은 대로" 행한 일에 대해 탄식하고 있으며(삿 17:6; 21:25; 참고 삿 2:11;12; 4:1; 6:1; 10:6; 13:1) 그 결과들은 종종 참혹한 것일 뿐이다. 다시 말하면 이 책은 인간의 행동 방식에 대한 하나님의 명령이 아니라, 인간들이 그분의 명령을 거부했을 때 나타난 결과에 관한 기술이다. 만약 당뇨병 환자가 의사의 지시를 무시하고 콜라나 사탕을 먹다가 사망했다면 어느 누구도 그 의사를 비난하지는 않을 것이다. 그 이야기를 들은 사람 중 누구도 사망한 환자에게 콜라나 사탕을 먹으라고 의사가 조언했다고는 생각하지 않을 것이기 때문이다.

아마도 성경의 하나님이 여성 혐오론자라는 점을 입증하기 위한 도킨스의 예시로 인해 가장 고개를 젓게 되는 측면은, 비참하고도 비극적인 서약 때문에 자신의 딸을 제물로 바쳐야 했던 이스라엘 장군 입다의 이야기를, 아들 이삭을 제물로 바치려는 아브라함을 하나님께서 제지시키셨던 창세기 22장의 내용과 대조해 제시하는 일일 듯 하다. 도킨스는 이 두 이야기를 비교하면서, 이삭이라는 어린 소년의 목숨이 경각에 달렸을 때는 하나님이 그를 구하고자 중재에 나섰지만, 입다의 딸인 소녀가 죽음을 앞둔 경우에는 아무런 개입 없이 방관만 했으니, 이것이 여성혐오에 근거한 처사가 아니면 무엇이냐고 따지고 있다.[5]

하지만 그런 식의 비교는 완전히 자의적(恣意的)인 것이며 이 두 이야기에서 하나님이 그렇게 행동을 하신 이유는 거기에 등장하는 사람들의 성별과 아무런 관계가 없다. 입다의 경우는, 전쟁에서의 승리를 하나님께서 허락하시면 집에 돌아왔을 때 제일 먼저 만나게 되는 것을 희생 제물로 바치겠다는 참으로 끔찍한 서약을 ─ 누구든 절대로 해서는 안 될 ─ 했던 사람이 맞게 된 당연한 귀결이었다. 그때나 지금이나 대부분의 경우에 그러하듯, 하나님은 비록 비극적인 일이라 하더라도 각자가 선택한 행위의 결과는 스스로 경험하게 하시기 때문이다.

그렇지만 아브라함과 이삭의 상황은 자신의 뜻에 의해 행위를 선택하고 실행하려던 어떤 사람이 맞게 된 당연한 귀결이 아니며, 이 이야기에서 처음부터 끝까지 모든 사건을 조종한 분은 바로 하나님이셨다. 하나님은 아브라함에게 이러한 행동을 요구하시고 한 단계씩 지시해 가셨지만 이 과정 내내 아브라함이 아들 이삭을 죽이도록 진심에서 명령하거나 허락하려는 의도는 전혀 없으셨다. 아브라함은 하나님을 신뢰하고 그 지시에 따라 순종했는데, 이것 역시 유대 민족 창건자로서의 개인적 준비 단계 중 하나인 시험 과정이었다.

우리는 입다가 서약대로 실천하려 할 때 하나님께서 막아 주셨기를 바랄 수도 있지만 나는 그런 바람을 가지는 이유에 대해 우리가 정확히 알고 있다고는 생각하지 않는다. 고통의 문제(The Problem of Pain)라는 자신의 통찰력 있는 저서에서 C. S. 루이스가 잘 설명하고 있듯, 만약 실제로 하나님께서, 그분이 정말 존재한다면 틀림없이 그렇게 했을 거라며 도킨스가 나열하는[6] 항목들과 같이 인간 행동의 나쁜 결과를 막기 위해 매번 간섭하고 나서신다면 결국 자유로운 행위자로서 우리의 삶은 유지될 수 없을 것이기 때문이다.

하나님께서 그런 식으로 간섭하신다고 가정해 보자; 그러면 과연 어디까지 관여하셔야 하는가? 야구 방망이로 누군가를 때리려 할 때 그것이 나뭇가지로 바뀌도록, 험한 말이 느닷없이 튀어나올 때 고운 말로 바뀌도록, 그리고 옹졸한 생각이 떠오를 때는 관대한 생각으로 변하도록 하셔야 한다는 말인가? 물론 하나님은 이러한 일들을 모두 하실 수 있지만 그렇게 되면 우리는 로봇이나 그와 비슷한 무언가가 되고 만다. 구약의 입다 이야기는 스스로 무언가를 선택하거나 결정하는 문제에서 사람들이 흔히 저지르는 잘못을 그도 범함으로써, 결국 여느 사람들과 마찬가지로 그 일의 결과를 책임져야 했던 경우일 뿐이다. 따라서 위의 두 이야기는 하나님의 여성 혐오나 선호하는 성별 등과는 아무런 관련이 없으며, 그런 접근법으로 성경을 대하려는 사람에게만 그런 식의 결론이 나올 수 있는 것이다.

성경의 가르침에 관한 도킨스의 또 다른 오해 가운데에는 원죄 교리가 "신약 신학의 핵심에 놓여 있다"[7]라고 한 주장도 포함된다. 하지만 이는 사실과 다르며, 실제로 그것은 예수님께서 이 땅을 다녀가신 수 세기 후 성 어거스틴에 의해 발전을 이룬 교리이다. 신약성경의 본문을 주의 깊게 읽어 본 사람이라면 죄에 대한 예수님의 훈계가 구원의 복음만큼 많지 않다는 것을 잘 알 수 있을 것이다. 우리는 요한복음 3:16 - 18의 내용을 통해, 세상은 그 자체의 죄로 인해 구원을 필요로 하며 따라서 자신이 오신 목적은 "세상을 심판하시려는 것이 아니라 그 아들을 통해 세상을 구원"(17절 우리말성경) 하시기 위함이라는 예수님의 자비를 확인하게 된다. 이와 같이 그분의 주요 메시지는 죄가 아니라 구원이며, 로마서 1장에서 죄의 문제를 깊이 다루고 있는 사도 바울조차 죄보다는 용서라는 개념에 천착(穿鑿)하고 있다. 죄는 어떤 특정 지역의 몇몇 사람이나 집단만의 문제가 아니라 전 세계적 현상이라는 것을 로마서 3:23의 "모든 사람이 죄를 범했다"는 선언을 통해 설파하고 있는 바울은, 그런 만큼 모든 사람에게 절실히 필요한 것이 하나님의 용서라는 메세지를 가는 곳마다 전하려 애썼던 것이다.

뿐만 아니라 요한계시록을 "성경에서 가장 이상한 책 중 하나"[8]라고 간단히 무시해 버린 경우에서 알 수 있듯, 분명 도킨스는 성경을 정확히 해석하기 위해 요구되는 작업에 대하여는 별다른 관심조차 없었던 것으로 보인다. 요한계시록은 묵시문학이라 불리는, 해석자들에게 수고스러운 노력과 상당한 겸손을 요구하는 문학 형태에 속하지만, 도킨스는 이러한 유형의 문학에 대해 이해하려는 노력을 어디에서도 보여 주지 않고 있다. 이는 자신이 불편하게 느끼는 본문들 안에도 탐구해 볼 만한 해답이 존재하는지 알아보기 위해 진지한 연구에 임하는 일이 도킨스에게는 전혀 관심 밖의 사항임을 나타내는 문제적 징후로서, 이를 보면 그의 유일한 목적이 성경에 대한 무조건적 비판 제기가 아닐까 하는 의혹이 강하게 일어나지 않을 수 없다. 수많은 신실한 기독교인들 역시 구약성경의 같은 본문들을 대할 경우 난해함을 느끼게 되는 것이 사실이지만, 그럴 때마다 기독교 신학자들이 제시한 해석의 규칙과 맥락 이해 방식에의 조언을 통해 그 같은 문제를 해결하려 노력해 왔음에 비추어 볼 때 말이다.

구약성경에 대해 성실하게 탐구하는 사람이라면 그 책이 다루고 있는 주된 내용이 이웃 민족과의 끊임없는 전쟁을 겪어 내는 이스라엘 사람들의 이야기라는 사실을 쉽게 깨닫게 될 것이다. 한편으로 주변의 국가나 부족들과 싸워야 했던 그들은, 다른 한편으론 집단으로서 자신들의 정체성을 확립, 유지하기 위해 필사적으로 애쓰기도 했다. 이것은 결코 쉬운 과업이 아니었으며 게다가 그것이 전부도 아니었다. 그러나 이 과정을 통해 그들은 점진적으로, 그리고 한 번에 한 가지씩, 하나님에 대해 배워 갈 수 있었다. 그들의 경전은 이미 완성된 한 권의 책으로 주어진 것이 아니라 약 천 년 이상의 기간 동안 하나님께서 자신을 드러내신, 즉 우리가 점진적 계시라고 부르는 과정 가운데 만들어진 것이었다. 그 시간을 통과하면서 이스라엘 사람들은 자신들의 하나님에 대하여 점점 깊이 이해하게 되었다.

하지만 도킨스가 끔찍하다고 언급한 구절들뿐 아니라 그가 내용을 전혀 알지 못하고 있는 듯한 구약성경의 다른 부분들 역시 이스라엘 역사 초기부터 함께 존재해 온 것임을 우리는 잘 알고 있다. 도킨스가 인용했던 구약의 여섯 권의 책 안에는 타인에 대하여 동정과 친절, 그리고 용서를 보이라고 가르치는 구절들도 상당수 포함되어 있다. 자신에게 해를 가한 사람에게 동등한 보복을 할 수 있는 구체적 지침이 레위기에 기록되어 있는 반면(레 24:20), 이방인을 환대하라는 하나님의 명령 역시 구약의 다섯 번 째 책, 신명기를 통해 이스라엘에게 주어져 있는 것이다(신 10:17 - 19). 또한 같은 레위기에 동족의 노예화와 유아 봉헌 제사, 이웃 종족의 생활 규범 모방 등을 금지하는 내용과 더불어(레 25:39 - 43; 18:21; 20:2), 가난한 이들과 힘든 처지의 사람들에게 빚을 탕감해 주도록 매 50년 단위로 지켜야 하는 희년에 대한 명령도(레 25:8 -55, 특히 25 - 28절) 포함되어 있다. 도킨스가 인용한 책에 함께 기록되어 있는 이런 내용들을 통해 우리는, 만들어진 신에서 그가 단정한 것보다 훨씬 더 총체적이고 긍정적인 성경적 도덕성과 그 뒤에 계신 하나님의 모습을 발견할 수 있는 것이다.

구약성경의 다른 책들까지 살펴볼 경우 — 예언서나 지혜서와 같이 도킨스가 완전히 무시하고 있는 — 상황은 훨씬 더 흥미로워진다. 구약성경 속 이스라엘의 이야기는 자신들을 향한 하나님의 원대하신 목적에서 벗어나 계속 엇나가는 사람들의 삶과 그 역사로서, 그들은 종종 가난하고 힘없는 사람들을 착취하거나 하나님께서 명령하신 일의 진의를 왜곡해 빗나간 종교 의식을 지나치게 중시하는 우(愚)를 범하기도 한다. 그러므로 예언서에서는 하나님의 대변인인 선지자들이 죄에서 돌이킬 것을 이스라엘에게 반복 요청하는 내용이 주를 이루지만, 이를 통해 인간에 의해 대언되는 가장 위대한 도덕적 안목들도 함께 제시될 수 있었던 것이다. 이사야 선지자는 이스라엘이 종교적 의식과 관습만을 너무 중시하느라 보다 중요한 의무인 "선행을 배우며 정의를 추구하고 학대 받는 자를 도와주며 고아를 위해 변호하고 과부를 위해 싸우는"(사 1:17, 12

- 17절 참고 우리말성경) 삶을 살지 않는다고 준엄하게 경고하고 있고, 미가 선지자 또한 이와 유사하게, 번제나 기타 제사들과 같은 종교 의식에 너무 몰두한 사람들이 "공의에 맞게 행동하고 긍휼을 사랑하며 겸손히 네 하나님과 함께 행하라"(미 6:8, 6 - 8절 참고 우리말성경)는 하나님의 도덕적 요구를 무시해 왔다며 반성을 촉구한다.

한편 이들 가운데에서도, 하나님 스스로 아낌없이 베푸시기 원하고 또 자신의 백성들 역시 실천하도록 특별히 요구하시는 자비와 용서라는 덕목에 대해 가장 확실한 표본을 제시하고 있는 책으로 요나서를 꼽을 수 있는데, 이야기 내용의 역사적 사실성과는 별개로 이 선지서가 제시하는 핵심적 주제는 하나님의 유일한 '잘못'이란 — 심지어 요나 선지자의 눈에조차 — 자비를 입을 자격이 전혀 없는 니느웨 사람들에게 너무나 관대하고 자비로우시다는 것이다.

니느웨는 적국 국민이면 남자나 여자, 어린 아이를 불문해 자행하는 끔찍하고 잔인한 행위로 잘 알려진 앗수르 제국의 수도로서, 그들의 군사작전 전술의 세부 사항에 대해 알아보려는 사람이라면 특히 소름이 끼칠 몇 가지 표현에 대해 미리 마음의 준비를 해 두어야 할 정도이다. 대부분의 이스라엘 사람들이나 다른 주변국 국민들과 마찬가지로 요나 역시 그들의 지나친 잔인성에 대해 익히 잘 알고 있었던 만큼, 단순히 그들이 회개만 하면 용서해 주시겠다는 하나님의 약속이 그의 생각으론 너무나 불공평한 것이었다. 그럼에도 자신에게 맡겨진 임무를 피하기 위해 가능한 모든 시도를 하던 요나가 결국 니느웨 사람들에게 회개를 촉구했을 때는, 그들이 악행과 폭력성에서 돌이키고 하나님의 자비를 얻는 일이 실제로 일어났다(욘 3:5 - 10). 요나는 이에 분개했고 "이런 일이 있을 줄 알았습니다"라면서 하나님께 대들었지만, 그런 가운데에도 그가 "주께서는 은혜롭고 동정심이 많은 하나님이시고 진노하는 데 더디시고 사랑은 충만하시며 재앙을 내리는 것을 주저하신다는 것을 내가 알고 있었기 때문입니다"(욘 4:2 우리말성경)라고 고백할 수밖에 없었던 배경에는 여러 가지의 시사점이 담겨져 있다. 자신의 사역을 피하고 싶은 사명으로만 여겼던 요나였기에 개인적으로는 '불행한' 성공을 거둔 전도자로서 이름을 남기게 되었지만 말이다.

구약성경에 관한 보다 완벽한 이해를 통해 구체적으로 목격되는 하나님의 모습은 도킨스에 의해 그려진 왜곡된 방식과는 확실히 다르다. 여기에서 우리가 만나는 하나님은 인간들보다 부도덕성을 훨씬 더 배격하고 질책하시지만 동시에 자신이 그토록 혐오하는 악을 기꺼이 용서하는 일에 있어서도 인간들의 수준을 크게 능가하는 분이시다. 그렇기에 구약성경은 하나님의 품성과 성향에 대해 "은혜롭고 자비로우시며, 노하기를 더디하시며, 인자하심이 크시다"(시 103:8; 참고 시 145:8; 욜 2:13; 욘 4:2 - 3 표준새번역)라는 묘사를 반복하고 있는 것이다.

그렇다면 남자나 여자, 아이들과 동물까지도 가리지 않고 한 집단이나 도시를 파괴하라는 지시와 같이 당혹스러울 만큼 가혹하게 느껴지는 하나님의 행동과 명령들을 우리가 어떻게 이해해야 할 것인가? 이와 같은 명령들이 구약 전체를 관통하며 보여 주는 하나님의 자비롭고 관대한 품성과 어떻게 공존할 수 있단 말인가?

이 질문에 대한 대답을 얻기 위해서는, 어떤 특정 행위의 정확한 의미 파악을 원한다면 그것이 일어난 광범위하고 전체적인 맥락 속에서 이해해야만 한다는, 앞에서 언급된 사실을 다시 상기할 필요가 있다. 그리고 그렇게 당혹스러운 사건들이 일어나게 된 보다 광범위한 맥락은, 이스라엘을 다른 나라들 사이에 낀 한 평범한 국가로 만들려는 것이 결코 아니며, 자신의 지도 방법에 따라 명운이 달라질 이 민족에 대해 특별한 목적을 두셨던 하나님의 처음 의도 안에서 발견될 수 있다. 그 목적에 대한 이해만이 난해한 관련 문장들의 해석에 도움을 줄 수 있는데, 하나님께서 이스라엘에 두셨던 특별한 목적이란 바로 당신의 사랑과 용서의 메시지를 전 세계 사람들에게 전달하는 도구로서 그들을 성장시켜 나가는 것이었다. 이스라엘과의 협력 작업을 통해 다른 나라의 국민들도 하나님을 알게 하고, 또 그분이 자신들을 사랑하기에 자비와 용서를 베풀기 원하신다는 사실을 깨닫도록 하는 것이 그들에게 의도된 애초의 목적이었음은, 성경의 첫 번째 책인 창세기에 기록된, 이스라엘이 열방에 축복이 되는 존재로 의도되었다는 내용에 분명하게 드러나 있다(창 12:1 - 3).

하지만 구약 속 이스라엘의 이야기를 읽은 사람이라면 누구나 그것의 상당 부분이 비극적 내용임을 알게 될 텐데, 이는 그들이 유아 봉헌 제사나 우상숭배 같은 주변 국가들의 관습에 계속적인 유혹을 받는 가운데 도리어 주위 민족에게 하나님의 메시지를 왜곡하여 전달함으로써 생겨난 결과였다. 그럼에도 불구하고, 이런 내용들을 통해 우리가 기억해야 할 사실은, 만약 방황을 계속하는 사람들에 의해서나마 하나님의 크신 목적이 성취되고 또 그 같은 일탈 행위 때문에라도 자신의 깊은 사랑을 온 세계 국가들이 알게 된다면, 그런 죄악들 역시 기꺼이 취해서 사용하고자 하셨던 하나님의 이야기가 거기에 담겨 있다는 것이다.

그렇다면 우리가 진지하게 생각해 볼 문제는, 복음의 소식을 세상에 알리며 그것을 위해 살아가는 효과적 도구가 되어야 할 이스라엘에게 당혹스러울 정도의 잔혹한 명령들이 때로 꼭 필요하리라는 사실을 하나님께서 미리 아셨을까 하는 것이다. 다시 말하면, 일정한 처벌이 주어지지 않을 경우 ― 도킨스가 너무나 불합리하다고 생각하는 ― 하나님의 사랑과 용서의 메시지를 전달하는 사명에 계속적 장애가 되는 주변의 관습들에 이스라엘 민족이 너무 쉽게 현혹되리라는 사실을 그분이 미리 알고 계셨을까라는 것이다. 실제로 그들이 끝없는 실패와 방황을 거듭했다는 것은 역사가 증명해 주고 있는 사실이니 말이다.

뿐만 아니라, 유난히 폭력적이고 정의롭지 못한 문명들이 완전히 파괴되지 않는다면 그 잔재가 다시 자라 이스라엘을 재차 유혹하는 관습으로 회귀하리라는 사실 역시 하나님께서 미리 아셨을까 하는 점에도 궁금증이 생긴다. 여리고는 여호수아서 사건 이전의 40년 이상 기간 동안 반복적으로 이스라엘을 공격했던 아말렉 국가의 전략 도시였으므로(출 17:8 - 14; 민 21:1 - 3), 만약 도킨스가 대량 학살이라 일컫는 공격으로 그 도시가 파괴되지 않았다면 하나님의 희망과 사랑의 메시지를 주변국들에 전하는 통로로서의 국가 건설을 꾀하던 이스라엘의 시도는 결국 실패로 끝났을 것임이 분명하기 때문이다.

한편 이와 같은 심판이 사악한 길에서 돌이키도록 주변 도시들을 향해 반복해 주어진 하나님의 요청과 경고뿐 아니라 순종할 경우 처벌을 면제하겠다는 확고한 약속까지 제시된 후에야 비로소 실행된 일이라는[9] 사실에도 주목할 필요가 있다. 이 경우를 오늘날의 상황에 대입해 본다면, 살인이나 겁탈, 혹은 타인에 대한 위협을 계속하는 사람들을 얼마나 오랫동안 처벌하지 않은 채로 ― 혹독한 처벌이 마땅함에도 ― 하나님께서 용인하셔야 하는가라는 질문으로 대치된다. 예레미아 선지자에 의해 명확하게 선포된 하나님의 용서에 대한 약속은 이러하다.

내가 어떤 민족이나 나라의 뿌리를 뽑아내거나, 그들을 부수거나

왜 사람들은 믿음을 갖지 않는가

멸망시키겠다고 말을 하였더라도, 그 민족이 내가 경고한 죄악에서
돌아오기만 하면 나는 그들에게 내리려고 생각한 재앙을 거둔다.

렘 18:7 - 8 표준새번역

이 원칙은 요나의 사역을 통해 주목의 대상이 된 니느웨의 경우에서 대표적 예를 찾을 수 있지만 여리고의 이야기에서도 또한 명확히 제시되고 있다. 이 도시의 사람들은 이스라엘의 접근을 감지했고 심지어 그들이 엿새 동안 자신들의 도시를 에워싸고 도는 것도 목격했기에, 원하기만 하면 그들을 통해 하나님의 말씀을 접하고 그것에 주목할 수 있을 충분한 시간이 있었다. 하지만 이들은 오히려 문을 걸어 잠그고 하나님께서 하실 어떤 말씀에도 귀를 닫은 채로 이스라엘에 대적하는 입장만을 고수했던 것이다. 그런 와중에도 여리고에 살던 라합이라는 여성만은 이스라엘의 평화 제의를 받아들임으로써 온 도시에서 유일하게 구원을 얻었는데, 이것은 한 편의 이야기로서도 무척 흥미로운 내용일 뿐 아니라 자신에게 호의적 반응을 보이는 사람들을 위해 하나님께서 어느 만큼의 은혜를 베푸시는지 보여 주는 대표적 사례로서도 의미가 크다(수 2:1 - 21; 6:17, 22 - 23). 그로부터 몇 장을 지나 기록된 이야기에서는 비록 기만적 방법을 통해서나마 이스라엘과 평화 협정을 맺은 덕에 심판을 면하게 된 기브온 민족의 경우도 목격할 수 있다(수 9:3 - 20).

이 모두를 통해 분명히 드러나는 것은 바로 어느 누구에게도 처벌의 재앙을 내리기 원치 않으시는 하나님의 참모습이다. 하나님께서는 그러한 처벌을 슬픈 마음으로, 그리고 악에서 돌이켜 그분의 용서를 받아들일 것을 끝까지 거부하는 국가나 개인에 한해 최후의 수단으로 사용하신다. 하나님의 선지자들이 묘사하는 그분의 모습도 정확히 이와 같은

데, 에스겔 선지자의 입을 빌어 수사학적으로 질문하고 계신 하나님의
말씀을 들어 보자.

> 내가 악한 사람이 죽는 것을 조금이라도 기뻐하겠느냐? 주 여호
> 와의 말이다. 오히려 그가 자기 길에서 돌이켜 사는 것을 내가 기뻐
> 하지 않겠느냐?
>
> 겔 18:23 우리말성경

> 그러니 그들에게 말하여라. '내 삶을 두고 맹세한다. 나는 악인의
> 죽음보다는 오히려 그들이 자기의 행동으로부터 떠나 사는 것을 기
> 뻐한다. 돌이키라! 너희의 악한 행동으로부터 떠나라! 이스라엘 족
> 속아, 너희가 왜 죽으려 하느냐? 주 여호와의 말이다.'[10]
>
> 겔 33:11 우리말성경

이것은 사람들이 파괴적이고 사악한 길에서 스스로 되돌이킬 때 기뻐
하시는, 그리고 그렇지 못할 경우 심판을 내릴 수밖에 없음으로 인해 비
탄에 잠기시는, 자비로우신 하나님의 본모습이다.

이 구절들은 우리가 때로 이해하기 힘들게 느끼는 어떤 행위들을 실행
하시는 하나님의 크신 목적에 대한 암시이기도 한데, 이러한 암시적 내
용이 알려주는 엄연한 사실들에도 불구하고 우리는 종종 하나님께 이보
다는 더 나은 이유가 있었어야 하지 않나 생각하곤 한다. 그리고 실제
로 그분에겐 더 나은 이유가 있었을 수 있음에도 우리는 하나님이 하셨
던 몇몇 일들을 두고 과연 그 일들을 정당화할 적절한 이유가 있는지에
계속하여 의문을 제기하는 것이다. 하지만 구약성경에 적힌 하나님의

어떤 행위를 부도덕하다거나 불공정하다고 단정하려는 사람이라면, 그분이 그러한 행위를 하는 데에 아무런 선한 의도도 잠재되지 않았음을 의심의 여지없이 알고 있다는 조건이 요구된다. 그러나 우리 중의 어느 누구도 그런 것을 정확히 알 수 없는 일인데다가, 적어도 성경 속의 하나님이 자신의 행위에 대해 충분한 도덕적 이유를 가지고 있었으리라는 짐작은 분명히 합리적인 것이기에, 이 모든 가능성을 완벽하게 부인하는 일은 전지적 지식을 소유한 경우에나 가능할 법 하다.

도덕적으로 충분한 이유란 일정한 사안에서 관련 인물이 비난받지 않아도 되는지의 판단 근거로서, 한 어린이에게 의료 목적인 주사를 통해 고통을 주는 의사와 그 어린이를 잡아 누이고 바늘로 찔러 같은 고통을 주는 학교 불량배 간의 차이를 예로 들어 설명할 수 있다. 후자가 잔인한 폭력인 반면 전자는 선한 행위인데, 여기에서 양자 간의 차이란 전자에만 있고 후자에는 없는 도덕적 이유의 존재이다. 전문적인 철학자이든 혹은 일상에서 도덕적 결정을 요구받는 평범한 사고력의 소유자이든, 우리 모두는 이 차이를 본능적으로 인지하고 있다.

더구나 구약성경은 분명한 목적을 가지고 일을 행하신 하나님의 이야기이다. 오류를 범하기 쉬운 인간들을 사용하여 같은 문제점을 가진 이웃 민족들에게 자신의 사랑과 용서를 전하려고 의도적으로 움직이신 하나님의 계획인 것이다. 이 점을 고려할 때, 우리로서는 이해하기 어려운 일들도 하나님의 선한 목적하에 행해졌으리라고 믿는 것은 단지 가능한 일이 아니라 그래야 마땅한 일이다. 구약 전체를 관통하며 온 세상에 은혜를 베푼 하나님의 긍휼하신 성품과 원대하신 목적에 대해 이해하게 되면, 바로 이 사랑과 긍휼에서 우리가 당혹스럽게 느끼는 행위들이 비롯되었다는 인식에도 신빙성이 부여될 수 있다. 결국 요나를 분노로 몰아

넣은 요소 역시 하나님의 자비로운 성품이었으니 말이다.

한편 또 다른 측면에서 생각할 때, 위에서 언급되었던 어린이는 자신에게 고통을 주는 의사의 행위가 내포한 이유를 알지 못하고 있으며, 그 아이가 알고 있는 것은 단지 의사와 어머니가 협력하여 자기에게 고통을 가하고 있다는 사실뿐이다. 하지만 이와 같이 안타까운 경우에조차 행위 배후의 의도를 아이가 알지 못한다는 사실이 거기에 선한 의도가 없음을 의미하게 되지는 않는다 — 그러한 의도는 분명히 존재하기 때문이다. 그 아이의 상황이 바로 구약성경을 연구할 때의 우리의 상황과 유사하다고 볼 수 있는 것은, 하나님께서 행하신 어떤 당황스러운 사건들을 접할 때마다 거기에 과연 선한 이유라는 것이 있을 수 있을까라는 의문을 우리가 품게 된다는 이유에서이다. 반복하지만, 그 문제에 관한 우리의 지식 부족이 하나님의 행위들에 선한 의도가 없었다는 뜻으로 직결되는 것은 아니며 특히 구약성경 전반을 통해 하나님이 선한 목적을 가지고 모든 일을 행하셨던 사실을 생각해 볼 경우 더더욱 그러하다. 이것은 단순히 어려운 질문에서 회피하려는 편리한 방식이 아닌데다가, 사실 하나님이 하신 행위의 불공정함을 입증하고 싶은 사람에게는 이 주제에 관한 지식이 반드시 필요한 조건이기도 하다. 특정한 행동들의 도덕성을 판단하는 문제에 있어서는, 하나님께서 어떤 행위를 하셨음에 대해 우리가 알고 있다는 것과 그 행위가 — 당황스럽거나 심지어 고통스럽게까지 느껴지는 행위일지라도 — 부도덕하고 불공정한 일임을 확신할 수 있다는 것은 전혀 다른 문제이다. 그러한 확신을 위해서는 하나님이 아무런 선한, 혹은 충분한 도덕적 이유 없이 특정 행위를 행하셨음을 확실하게 입증하는 작업 역시 필요하며, 어떤 면에서 이 논제는 우리가 일상생활의 원리를 통해 종종 인식하는 상당히 친숙한 개념이기도 하다. 예를 들어, 혹 우리와 전혀 다른 문화권에서 살던 한 사람이 우리 지역을 방문했다가 푸른 제복을 입은 어떤 이가 누군가를 강제로 붙잡아 길 아래쪽 큰 벽돌 건물의 철창 안으로 밀어 넣는 모습을 목격했다고 가정해 보자. 이 때 푸른 제복의 그 사람은 부도덕하고 잔인한 행위를 한 것인가? 물론 그 방문객에게는 그렇게 보였을 수도 있겠지만, 만약 무력을 행사한 제복 입은 사람이 범인을 체포한 경찰일 경우 실상은 그 반대라는 것을 우리는 잘 알고 있지 않은가? 모든 것은 각 행위의 배경과 의미에 달려 있으며 그 의미를 제대로 알기 위해서는 전체적 맥락을 이해해야 한다. 결국 문제는 푸른 제복의 사람이 도덕적으로 충분한 이유를 가지고 행동했느냐의 여부에 달린 것이다. 도덕적 이유의 중요성 논의는 폭넓은 이해를 얻으면서 그 영향력을 바탕으로 다른 많은 주제들에까지 적용되어 왔다. 예컨대 그것은 하나님께 대적하는 악의 세력에 대한 전통적 주장이 옳지 않음을 많은 종교 철학자들이 신뢰할 수 있도록 영향력을 미치기도 했던 것이다. 기본적으로 그와 같은 전통적 주장은 전능하고 완벽하게 선한 하나님의 존재가 악과 양립하는 일은 논리적으로 불가능하므로 악이 실제로 존재한다는 점에서 하나님은 존재할 수 없다고 단정하는 입장이다. 하지만 그런 식의 논리에 대해 알빈 플랜팅가는, 하나님께서 이 세상에 일정한 악을 허락하신 것에 선한 이유가 있을 수 있음은 충분히 가능한 일이라고 설득력 있게 논하는 한편, 그 이유에 대해 우리가 알지 못한다는 사실이 곧 이유가 존재하지 않는다는 결론으로 연결되는 것은 아니라는 점도 정확히 지적하고 있다. 자신의 요지를 보다 분명히 하기 위해 그는 다음과 같은 질문을 제기한다.

어떤 신학자가 하나님께서 왜 악을 허락하시는지 자신은 모르겠다고 인정했을 경우를 가정하자. 그 상황에서 어떤 사실이 도출될 수 있는가? 별 도움될 것 없는 내용뿐이다. 하나님에게 악을 허용할 선한 이유가 있으시다고 할지라도 왜 그 신학자가 꼭 그것을 알 것이라 기대해야 하는가? 아마도 하나님께는 선한 이유가 있겠지만 그 이유는 우리가 이해하기에 너무나 난해한 것일지 모른다. 하나님께서 악을 허용하시는 이유에 대해 신학자가 알지 못한다는 것이 그 신학자에 관해서는 알아 둘 만한 사실일지 모르지만 그러한 사실과 하나님을 믿는 일의 합리성과는 거의 혹은 전혀 관련성이 없다.[11]

이러한 인식을 앞의 내용에 적용해 볼 경우, 구약성경 속에서 하나님이 하신 모든 일들이 도덕적으로 분명한 이유를 바탕으로 실행된 것이라는 가정은 충분한 가능성을 확보하고 있으며, 그 이유를 우리가 정확히 알지 못한다는 사실이 이유가 존재하지 않는다는 결론으로 이어지는 것은 결코 아님을 확인하게 된다. 게다가 우리가 앞에서 살펴본바, 하나님의 근본적인 성품이 관대하시다는 것과 구약성경 전반에 기록된 그분의 행위가 선한 의도에 의해 행해졌다고 하는 두 가지 사실이 그러한 가능성을 더욱 증폭시킨다. 따라서 우리에게 당혹스럽게 보이는 행위들조차 하나님께서는 선한 목적으로 행하셨음을 믿는 것은 그리 어려운 일이 아니다(몇 가지 추측 가능한 목적들에 대해 이미 언급했을뿐더러 그 외의 다른 가능성 역시 얼마든지 존재할 수 있다). 이 모든 내용들이 말해 주는 사실은, 우리가 이해하기 어려워하는 행위들 역시 분명 하나님의 사랑과 공의에 의해 동기화되었으리란 가정은 단순한 가능성이 아니라 충분한 개연성을 가진 전제라는 점이다.

이것은 또한 무한한 지식과 총체적 안목을 소유하신 하나님에 견주어 볼 때 그에 비견할 무엇 하나 갖고 있지 않은 인간들이 설익은 주장을 섣불리 내세우는 일이 왜 이치에 안 맞는 행동인지도 잘 설명해 준다. 만약 우리에게 자신 있게 말할 수 있는 유일한 진실이 있다면, 그것은 오로지 구약성경을 통해 계시되고 있는 하나님의 실상은 온 세상의 유익을 위해 선한 목적으로 일하시는 은혜롭고 자비로운 분이라는 사실뿐일 것이다.

더구나 성경에 제시된 하나님에 대한 묘사는 구약에서 그치지 않으며, 그 방점이 찍혀야 할 내용은 오히려 구약의 마지막 책이 기록되고 난 수백 년 이후 나사렛 예수께서 전면에 등장하셨던 당시의 사건들이다. 도킨스가 구약성경에 대해 덧붙인 비난 중에는, 구약에 몇 가지 "좋은 부분"도 있지만 그것들조차 다른 "고약한 부분들" 사이에 섞여 있음으로써 어떤 것이 "도덕적인 내용"이고 어떤 것이 그렇지 않은지 분별하는 일을 도리어 어렵게 만든다는 불평도 포함되어 있다. 아마도 그는 우리가 준수할 행위들의 기본 원칙을 "도덕적인 내용"이라고 정의하고 있는 듯한데, 자신이 성경에 제기하는 또 하나의 문제로서 구약이 이 원칙의 결정에 필요한 기준을 제시해 주지 못한다는 점을 들고 있는 것이다.

하지만 도킨스가 전혀 이해하지 못했던 사실이 있는데, 성경이 제시하지 못한다고 자신이 단정했던 그 기준이 지난 2천 년 간 기독교인들에게는 정확하게 제시되어 왔으며, 그 기준이란 바로 이전과 다른 방식으로 하나님을 계시하기 위해 세상에 오셨던 나사렛 예수께서 보이신 본보기, 즉 그분의 말씀과 행위 자체라는 사실이다. 다시 말해 예수님 자신이 이 세상에 대한 하나님의 가장 위대하고 궁극적인 계시로서, 자신의 제자들에게 "나를 본 사람은 아버지를 본 것"(요 14:9 우리말성경; 1 - 9절 참고)이라고 말씀하신 그분은, "아버지의 품 속에 계시는" 자신이 "그분을 나타내 보이셨다"(요 1:18 표준새번역)고도 선포하셨다. 게다가 여기에서 발견되는 또 하나의 흥미로운 사실은, 예수님께서 구약을 정정되어야 할 책으로 여기셨다는 도킨스의 주장과는 달리 사실상 예수님 자신은 유대인의 율법을 고치거나 폐하기 위해서가 아니라 완성하려고 세상에 왔음(마 5:17)을 천명하셨다는 점이다.

이러한 이유로 기독교인들은 그리스도론의 여과장치(Christological filter)라는 기능을 통해 구약을 읽고 해석하는데, 이는 곧 예수님의 가르침과 예시적(例示的) 행위가 구약의 정확한 이해를 위한 해석 방식의 지침이 된다는 의미이며, 또한 그것이 바로 현대의 기독교인들이 구약성경에 나오는 제사 행위를 계속하지 않는 이유이기도 하다. 여기에서 더 나아가 본서의 주요 관심사인 종교적 폭력이라는 측면에서 접근할 경우, 이 땅에 계실 동안 어느 누구를 향해서도 폭력의 가해자 입장에 서지 않으셨던 예수님께서, 끔찍할 정도의 폭행을 당하는 과정에서도 그러한 폭력의 원인을 스스로 제공하신 일은 단 한 번도 없었다는 사실에 주목해 볼 수 있겠다.

더우기 예수님께서는 세상의 모든 인간은 사랑의 하나님께서 자신의 형상을 따라 지으신 목적성 있는 창조물(창 1:26 - 27)로서의 내재적 존엄성과 가치를 지닌 존재라는 구약성경의 원리에 대해 정확한 혜안을 갖고 계셨다. 하지만 이 기본 원리에서 한 걸음 더 나아가신 그분은 그것의 구체적 의미를 이 땅에서의 실제 삶으로 보여 주셨는데, 우리에게 제시된 실천 원리는 다음과 같다:

무엇이든 요청하는 이에게 필요한 것을 주는 것(마 5:40 - 42)

다른 뺨을 돌려 댐으로써 공격하는 이에게 비폭력적으로 대응하는 것
(마 5:39)

친구뿐 아니라, 놀랍게도, 원수까지 사랑하는 것(마 5:43 - 44)

우리에게 잘못한 사람들을 용서하는 것(마 6:14 - 15)

모든 종류의 위선을 거부하는 것(마 6:5 - 6,16 - 18, 7:3 - 5)

때로 예수님은 타인을 존귀하게 여긴다는 개념의 의미를 상당히 구체적으로 설명하셨다. 선한 사마리아인의 우화를 통해 일상에서 교제가 없는 소원(疏遠)한 상대가 어려움에 처한 경우라도 필요하다면 자신의 일정까지 포기하며 기꺼이 도와주어야 한다고 제자들에게 가르치셨는데, 예수님의 가르침에서는 이런 선한 일들이 하나님의 성품을 따르는 행위로서 설명되고 있다(마 5:45).

따라서 오늘날 예수님을 믿고 따르는 모든 이들은 종교적 목적을 달성하기 위한 폭력의 남용에 대해 철저히 거부함이 마땅하다. 물론 기독교인들도 실수를 반복하는 인간이기 때문에 때론 배운 바대로 실천하지 못할 수 있지만, 그와 같은 경우에도 우리에게 필요한 것은 부족함과 실수에서나마 교훈을 얻으려는 겸허한 마음가짐이다. 기독교인임을 자처하는 일부 사람들이 종교적 명목을 빌어 행하는 폭력이 대다수 예수님의 제자들로부터 비난을 받는 이유도 그러한 행위가 예수님께서 본보기로 보이신 행동과 그분의 분명한 가르침이라는 두 기준 모두를 무신경하게 거스르는 처사이기 때문이다.

한편 이와 같은 사실은, 예수님을 믿고 따르는 우리가 그분의 위대한 도덕적 가르침을 가지고 지금껏 어떤 일을 해왔는가라는 중요한 질문으로도 이어진다. 우리 주변의 많은 이들 역시, 예수님의 가르침을 실천하

며 사는 사람은 어디에 있어도 선한 영향력을 미칠 것임을 알기에, 그렇게 사는 소수의 사람들만으로도 완전히 다른 곳으로 변하게 될 새로운 세상을 함께 꿈꾸고 있다. 그런 이들이 살고 있는 세상이 어떻게 변하지 않고 그대로일 수 있겠는가?

물론 예수님의 제자들도 허점 많고 불완전한 보통 사람들이었지만, 과거 2천년 간 그분의 가르침에 고무된 많은 이들이 주님께 배운 바대로 살아가려는 노력을 부족한 가운데에도 이어 왔으며, 이러한 사람들의 수고로 인해 세상의 꾸준한 변화가 가능했음은 누구도 부인할 수 없는 사실이다. 예수님의 가르침을 본받아 살아가고자 결단한 이들은 연령과 인종, 사회적 지위의 구별 없이 전 세계인의 삶을 향상시키는 일에 기여해 왔는데, 이는 참으로 고무적 사실인 동시에 기독교가 세상의 가장 심각한 위해(危害) 요소 중 하나라는 일부 종교 비평가들의 주장이 얼마나 부당한지를 보여 주는 분명한 증거이기도 하다. 기독교는 도리어 우리 모두가 감사해야 마땅할 여러 가지 실질적이고 심대한 유익의 원천이 되었는바, 그것이 이제부터 우리가 다루게 될 중요하고도 널리 회자되는 내용들이다.

⑦
예수님이 제안하신 삶을 살기

일부 종교 비평가들은 기독교의 불관용성과 폭력 성향이 자신의 믿음을 타인에게 강요하는 특정 부류의 사람들을 양산했다는 말로써 기독교와 기독교인에 대한 그릇된 개념을 전파해 왔다. 그러나 실제로는 예수님의 가르침에 대한 어떤 이의 헌신이 진심일수록 선행(善行)에 대한 열의는 물론 인간의 존엄성과 가치, 평등과 평화, 그리고 타인의 자유 선택권 등을 더욱 존중하는 변화가 그의 사고 체계 전반에 일어나게 된다. 이는 누구나가 중요하게 여기는 개념들로서, 모든 사람이 그 원칙을 꾸준히 실천한다면 세상이 완전히 다른 곳으로 변화되고 종교와 폭력 간의 관계를 다루는 책도 더 이상 쓰일 필요가 없게 될 가치들이다.

하지만 앞에서 언급되었듯, 불행히도 기독교도를 자처하는 사람들이 예수님의 가르침을 항상 정확히 실천해 왔던 것은 아니며, 때로 자신의 관점을 타인에게 강요하면서 다른 종교 체계의 사람들에 대해 관용을 보이지 못한 경우도 있었다. 게다가 1478년부터 1550년 사이의 스페인 종교재판 당시 자행된 끔찍한 일들을 비롯하여, 그와 거의 동시대에 일부 국가에서 행해졌던 교회 주도의 마녀사냥, 그리고 1662년 성공회를 공식 국교로 삼으면서 5인 이상이 모이는 타종교인들의 집회를 불법으로 제재할 수 있도록 의회에서 입법화한 영국의 통일규약(Act of Uniformity) 등의 사례도 있었다.

이 사건들은 오늘날 대다수의 기독교인들에 의해 기독교 역사에서 비극으로 남을 일로 심하게 지탄받고 있는바, 각 사례나 관련 인물들에 대하여는 "이러한 불관용과 잔혹성이 특정 집단에 의해 지지되어 오기는 했지만 그것은 결코 교회의 머리이신 예수님의 윤리적 가르침이 아니다"[1]라는 캐나다의 정치과학자 존 레데콥(John Redekop)의 말을 빌어 기독교인 전반의 의견을 대신할 수 있을 것이다. 스탈린이나 레닌에 의해 유발된 공포심만을 가지고 무신론을 판단해서는 안 되듯, 성경의 가치와 가르침의 의미를 판단하는 일에서 그것에 대한 경시와 악용의 사례를 기준으로 삼을 수는 없는 일이며, 무엇보다도 그러한 비극적 사건들을 빌미 삼아 지금까지 전 세계의 수많은 사람들이 본받으며 살고자 힘쓴 성경적 가치관의 긍정적 영향력을 평가절하해서는 안 될 것이다.

그러면 지금부터는 예수님의 제자들에게 명령된 몇 가지의 실천적 가치관을 살펴본 후, 그 가치관을 실천했던 이들이 이루어 낸 성취들에 대해서도 생각해 보기로 하자.

인간의 본질적 존엄성

앞에서 간략히 언급되었듯 이 개념은 예수님이 주신 모든 도덕적 가르침들의 기초이자 동시에 그 가르침들이 왜 중요한가에 대한 설명까지 제시하는, 가장 근본적이며 윤리적인 명령이다. 종교나 신념, 성별, 사회적 지위, 지리적 상황에 관계없이 모든 인간은 사랑의 하나님께서 "스스로의 형상으로" 만드신 목적성 있는 창조물(창 1:27)이기에 본질적 존엄성과 가치를 부여받은 존재라는 사실을, 성경은 다른 어느 가르침보다 명확한 지침과 함께 제시하고 있다.

인간이 본질적 존엄성과 가치를 소유하고 있다는 말은, 건강, 능력, 혹은 사회에 공헌할 수 있는 자격이나 여건 등 각자가 가진 어떤 자질 때문이 아니라, 인간이라는 한 가지의 공통된 이유로 인해 그들의 삶이 가치 있음을 의미하는 개념이다. 더 나아가 이와 같은 본질적 존엄성이 인간에게 내재된 하나님의 형상이라는 특성에 의거한다는 점에서, 이 가르침은 결국 모든 인간이 존엄성을 가지고 있다는 의미로 이어지며, 이 사실은 다시 우리 모두가 창조자의 눈에 동등하게 가치 있는 존재라는 결론으로 연결된다.

평등

인간 평등의 원칙은 앞에서 다룬 인간 존엄성의 존중을 근거로 하여 비롯된 개념으로, 역시 성경에서 명확하게 제시되고 있는 또 하나의 가르침이다. 앞에서 논의되었듯 평등의 이상이 오용되기 쉬운 것은 사실이지만 그럼에도 이것이 동료 인간들을 대함에 있어 우리 모두가 보편적으로 적용하며 살아야 할 매우 중요한 개념이라는 점 또한 부인하기 어렵다. 갈라디아 교회의 성도들에게 쓴 편지를 통해 사도 바울은 당시의 사람들이 파벌을 만들면서 타인들을 차별하는 데에 이용했던 민족, 사회적 지위, 성별 등의 통상적 구분에 대해 엄중한 질책을 가하고 있다. 이 서신에서 그가 예수님의 제자들 사이에는 "유대 사람이나 그리스 사람이나, 종이나 자유인이나, 남자나 여자나 차별이 없습니다. 그것은 여러분이 그리스도 예수 안에서 다 하나이기 때문입니다"(갈 3:28 표준새번역)라고 선포하고 있는 말씀은, 모든 사람이 그 내부에 신성(神性)의 일부분을 보유하고 있기 때문에 그들의 중요성은 동등하며 가치나 존엄성의 차등이란 있을 수 없다는, 위에서 언급된 가르침을 정확히 풀어 설명한 내용이다. 이와 같이 예수님의 제자들이 그분의 가르침에 따라 살았던 곳에서는 차별이나 분열이 사라지면서 평등의 원칙이 그 자리를 대신하게 되었는데, 그에 대한 실례(實例)들도 이후의 내용에서 다시 다루어 보고자 한다.

이러한 관점에서 생각해 보면 타인을 대하는 방식에 있어 평등 원칙의 중요성은 아무리 강조해도 지나치지 않다. 사회나 정부의 업무에 적용할 경우 그것은 기본적 출발점으로서의 평등 — 법 앞의 평등이나 투표권의 평등과 같은 — 으로 해석되는 한편, 범법자에게도 이 원칙이 확대될 수 있다는 측면에서는 감금된 사람들도 동등한 인격적 대우와 공정한 처우를 누릴 수 있어야 한다는 의미로까지 연결된다. 그리고 이보다 중요하게는, 정치 지도자들 역시 본질적으로 일반인들보다 더 큰 권위나 가치를 가지고 있는 것이 아니므로, 그들이 현재 향유하고 있는 권력과 상관없이 타인들과 똑같은 기준에 의해 판단받아야 한다는 뜻으로도 쓰일 수 있다.

황금률

예수님께서 제자들에게 주신 "무엇이든지, 남에게 대접을 받고자 하는 대로, 너희도 남을 대접하여라"(마 7:12 표준새번역)라는 교훈 또한 당연히 모든 인간의 본질적 존엄성에 기인하는 가르침으로, 만약 타인들도 나와 동등한 중요성과 가치를 가진 존재임을 인정한다면 내가 대우받고 싶은 대로 그들을 대우하는 일은 합리적인 행동임에 틀림없을 것이다. 황금률(Golden Rule)이라 불리는 이 도덕 원칙은 일상생활에서 우리가 타인들과 맺는 관계에 있어 최우선시하는 규칙이 되도록 예수님께서 의도하신 것인데, 실제로 예수님께서 하신 말씀의 전문은 "너희는 무엇이든지, 남에게 대접을 받고자 하는 대로, 너희도 남을 대접하여라. 이것이 율법과 예언서의 본뜻이다"(마 7:12 표준새번역)이다. 다시 말해, 타인을 대하는 방식의 지침이 되는 이 한 가지 원칙을 따름으로써 그들을 돌보는 일이 도덕적 의무가 되는 삶의 방식으로 각자가 살아가게 되는 것이며, 또한 이 규칙을 따르기만 하면 다른 원칙들에 대해서는 그다지 많이 생각할 필요도 없어진다는 것이다. 결국 우리 중 어느 누가 강도를 만나 해를 입거나 도움을 필요로 하는 상황일 때 거절당하기를 원할 것인가?

이 원칙의 힘은 그 적용의 용이성과 단순성에 있다고 할 수 있는데, 모든 사람들로 하여금 타인의 입장에서 생각해 보도록 촉구하고 만약 그런 경우라면 자신이 어떻게 대우받기 원할지를 스스로 질문해 보게 함으로써 일반적인 도덕적 원리를 즉시 명확화시킬 수 있다는 점에서 그러하다.

한편 각각의 특정 상황에서 황금률이 어떻게 적용되는지에 대한 구체적 지침을 기독교가 제시하고 있지 않다는 점도 눈여겨 볼 만한데, 이는 그러한 지침을 제정하는 작업이 애초에 불가능할뿐더러 하나의 상황에 적합한 특정 방식이 다른 상황에서는 전혀 맞지 않을 수 있다는 점에서 그 같은 일의 시도 자체가 무의미해지기 때문이다. 따라서 이 원칙이 특정 연구나 업무 등에서 지침적 원리로 기능할 경우, 각 상황에서의 활용 방식을 판단하고 결정하는 작업은 그 분야의 전문가들에 의해 준비되고 습득될 임무라고 본다.

아마도 황금률은 전 세계를 통해 가장 널리 알려진 도덕 원칙일 것으로, 이 원칙은 사실상 모든 사람들이 이미 옳다고 생각하는 가치들의 요약이자, 진정한 의미로 보면 예수님의 도덕적 가르침이 특별히 새로울 것 없음을 말해 주는 구체적 본보기이기도 하다. 하지만 C. S. 루이스가 즐겨 쓰는 표현처럼, 진실로 위대한 도덕 교사는 결코 새로운 도덕성을 가르치는 사람이 아니며, 학생들은 지루해서 건너 뛰고 싶어 하는 부분을 반복 연습시키는 피아노 교사처럼, 모두가 무시하기 원하는 오래된 도덕 개념들을 끝없이 반복해 가르침으로써 자신의 제자들이 그 내용을 완전히 익힐 수 있도록 도움을 주는 스승인 것이다. [2]

확실히 이 사실은 도덕적 가르침이라는 영역에서의 기독교의 공헌에 대한 흥미 있는 질문을 불러일으키고 있다. 예수님께서 완전히 새로운 도덕적 교훈을 만들어 내셨던 것도, 또 예수님과 제자들이 그러한 가르침을 베푼 유일한 이들도 아니었음은 분명한바, 예수님보다 5천여 년 전의 시기에 살았던 공자 역시 황금률과 유사한 내용을 가르친 일이 있기 때문이다.

그러므로 예수님의 위대한 공헌은, 황금률의 경우에 그분이 하신 것처럼, 원칙적으로는 새로운 것이 아닌 도덕적 개념들을 더욱 확장시키고 발전시키신 일이라고 할 수 있다. 공자가 이 규칙을 "타인이 자신에게 하도록 허락하지 않을 일을 남들에게 하지 말라"[3]고 부정적 측면에서 언급한 반면, 예수님께서는 이를 "남에게 대접을 받고자 하는 대로 남을 대접하여라"(눅 6:31 표준새번역)라는 긍정적 개념으로 접근하셨다. 그분은 우리가 해선 안 될 일에 초점을 맞추는 대신 해야 할 일들에 더 관심을 두셨는데, 이는 공자가 제시한 내용과 다르거나 전혀 새롭게 만들어진 규칙이 아니라 오히려 그것의 확장 혹은 발전으로 부를 만한 지침이다. 이에 대해 C. S. 루이스는, 공자의 견해에 동의하지 않는 사람이 예수님의 황금률을 받아들일 이유가 없는 만큼이나, 공자의 의견에 동의하는 사람이라면 같은 규칙의 확장이자 발전인 예수님의 가르침 또한 즉시 인정할 것이라며 두 교훈 간의 관계를 정리하기도 했다.[4] 예수님은 이에서 한 발 더 나아가 여러 다양한 행위들에 황금률을 적용하고 계시는데, 물론 그로 인하여 이들 모두를 따르며 사는 일이 더 어려워진 것은 사실이지만, 우리가 제대로 실천만 할 수 있다면 이 세상에 엄청난 변화를 가져다 줄 규칙들임 또한 분명한 사실이다.

예수님은 살인에 대한 흑백논리 — 현재와 마찬가지로 당시에도 자주 논란을 일으키던 — 를 다룸에 있어서도 다른 도덕적 가르침에서와 같은 방식을 취하셨다. 그분은 이 규칙을 살인이라는 행동과 관련된 모든 부분으로까지 확장하셨는데, 이는 살인 자체가 잘못된 행위일 뿐 아니라 그것을 촉발하는 태도와 마음 역시 그릇된 부분임을 말씀하시기 위한 것이었다(마 5:21-22). 반복하지만, 이런 원칙을 지키며 살아가는 일이 우리 각자에게 더 큰 부담이 될 수는 있겠으나 적절히 실행하려는 노력만 수반된다면 많은 놀랍고 심대한 변화들이 일어날 것임에는 의심의 여지가 없다.

한편 예수님의 공헌은 단지 도덕 원칙들을 확장하는 일에만 그치지 않았으며, 하나님의 사랑과 용서의 메시지를 널리 선포하는 사역을 통하여 그같이 위대한 가치들에 따라 살도록 부름받은 이들을 위한 실천적 운동의 기틀까지 마련하셨다. 황금률과 같은 가르침에 따라 사는 일이 모든 인간의 본질적 존엄성을 인정하고 존중하며 살아가는 방식임을 생각할 때, 예수님께서 이런 사역을 중시하신 것은 분명 그 원칙에 대한 성실하고 헌신적인 실천이야말로 예수님의 제자로서의 삶에 있어 중요한 구성 요소 중 하나이기 때문일 것이다.

사랑과 사회 정의

앞에서 반복적으로 언급되었듯, 타인을 존경과 사랑으로 대우하라는 예수님의 말씀 역시 인간이 가지고 있는 본질적 존엄성에 바탕을 둔 가르침이다. 자신의 이웃을 자기 자신처럼 사랑하는 것은 그 중요성에 있어 하나님을 사랑하는 일 다음에 해당한다고 그분은 말씀하셨다. "네 이웃을 네 자신처럼 사랑하여라"라는, 구약성경의 초반부에서(레 19:18) 언급되기 시작한 이 도덕 원칙은, 그 레위기의 말씀을 "최상의 법 (royal law)"이라 칭하며 재차 중요성을 부각하고 있는 야고보의 서신 (2:8), 즉 신약성경의 후반부에 이르기까지, 성경 전반에 걸쳐 반복적으로 강조되고 있는 주제이다.

널리 알려진 선한 사마리아인의 이야기는(눅 10:25-37) 이 원칙의 실천적 측면을 다루면서 일상 속에서 어떻게 타인에 대한 사랑을 보여야 하는가라는 질문에 해답을 제시해 주는 예화이다. 사실 이 이야기는 말씀을 듣던 청중 중 한 사람이 — 우리가 두고두고 감사를 표해야 할 — 던진 질문에 대한 예수님의 답변 내용이었다. 이웃을 자신처럼 사랑하라는 예수님의 가르침을 듣고 난 그는 "하지만 누가 나의 이웃입니까?"라며 상당히 대답하기 난감한 질문을 제기했는데, 사실 그는 자신의 이웃이 누구인지를 정확히 정의할 수 없는 사람에게 어떻게 그들을 사랑할 의무가 지워질 수 있는가라는 의문을 갖게 되었던 것이다. 그러나 예수님은 이 질문에 대해 그의 논리를 역으로 전환시킴으로써 질문의 허점을 드러내는 답변을 제시하셨다. 결국 진정한 문제는 누가 나의 이웃인가가 아니라 주위 사람들에게 어떻게 내가 기꺼이 이웃이 되어 줄 수 있는 가라는 것이다.

예수님의 가르침은 악당들로부터 심한 폭행을 당한 뒤 죽은 듯 길가에 쓰려져 있는 유대인을 우연히 목격한 사마리아 출신의 사람 — 유대인들과의 오랜 골 깊고 쓰라린 역사를 가진 — 에 관한 이야기였다. 다른 두 유대인 목격자가 길 반대편으로 피해서 지나치며 그를 못 본 체할 때 도움을 주고자 그의 곁으로 다가갔던 이가 바로 이방인인 그 사마리아 사람이었다. 스스로에게는 큰 불편이 야기되는 일이었음에도 그는 민족적 적개심을 잊고 자신의 일도 뒤로 미룬 채 다친 이의 상처에 기름을 바르고 붕대를 감아 주고는 계속 보살핌을 받을 수 있는 곳으로 데려가 치료비까지 대신 지불했다.

이야기를 마치신 예수님은 청중들을 돌아보며 "이 세 사람 중 누가 강도 만난 사람의 이웃이라고 생각하느냐?"(눅 10:36 우리말성경)라는 핵심을 찌르는 질문을 던지셨다. 물론 정답은 의심할 바 없이 곤경에 처한 이를 도와준 사람이 그의 이웃이라는 것이며, 이 답변에 이의를 제기할 사람은 없을 것이기에, 그렇다면 모두가 이 원칙을 실천하며 살아야 한다고 제언하셨던 예수님의 말씀 역시, 이미 잘 알려져 있던 도덕 원칙을 확장하여 제시하신 또 하나의 가르침이었다.

이에 덧붙여 예수님은 하나님께서 특별히 애정을 가지고 바라보시는 사람의 조건으로, 배고픈 자를 먹이고 목마른 자에게 물을 주며, 헐벗은 자를 입히고 아픈 자를 돌보며, 갇힌 자를 방문하고 상실을 겪는 자를 위로하는 등의 친절을 베푸는 사람을 들고 계신다(마 25:31-46). 하지만 이와 같은 선행을 베풀지 않으려는 사람들을 향해서는 마태복음 10장을 통해 무척이나 두려운 징계의 예언을 선포하고 계시기도 하다.

예수님을 따르는 모든 이들이 이러한 가르침 전부를 항상 충실하게 실행해 오지는 못했을지라도 수많은 기독교인들이 그분의 교훈에 깊이 고무됨으로써, 가난하고 집이 없거나 병들고 속박되었거나 혹은 그 외의 어려움을 가진 연약한 이들을 위한 구제와 사회 정의 실현에 크고 작은 규모로 헌신하는 결과를 낳았다. 국립 통계 기관인 캐나다 통계청의 보고에 따르면 보편적으로 교회에 출석하는 기독교인들이 대다수의 비기독교인에 비해 자원봉사에 훨씬 많은 시간을 할애한다고 하는데, 최근의 연구에서는 정기적으로 교회 예배에 참석하는 캐나다인의 62퍼센트가 다양한 이타적 활동에 자신들의 시간을 자발적으로 투자하는 반면 그렇지 않은 사람들이 이러한 활동에 참여하는 비율은 43퍼센트에 그치는 것으로 나타났다. 또한 기독교인들은 자신들의 봉사를 교회 관련 사역에만 제한시키지 않으며, 자원봉사 시간의 60퍼센트 정도는 보건 의료, 청소년 스포츠, 환경 관련 단체, 다양한 사회 기구에 이르는 여러 종류의 세속 분야에 투자된다고 한다. 밴쿠버 선(Vancouver Sun) 일간지의 종교면 주필인 더그 토드(Doug Todd)는 캐나다 통계청과 자신의 심층 연구에 의해 밝혀진 내용을 다음과 같이 요약하고 있다:

기독교인들은 국내적으로나 국제적으로, 스스로를 보호할 수 없는 입장의 사람들을 돕는 일에 있어 최전방의 위치에 서 있다. 그들은 캐나다 원주민을 지원하고, 밴쿠버시 동부 지역에 비누를 나누어 주며, 도미니카 공화국에 소액 융자를 제공하고, 가나에 깨끗한 물을 공급하는 동시에, 에이즈 환자들을 돌보면서, 아시아의 환경 정책을 지지하기도 한다… 또한 그들은 노예 해방과 전쟁 종식, 시민의 권리 옹호와 사막 보호 등을 위해 싸우면서 사회 정의 운동을 이

끌어 왔다.[5]

이후에 다시 살펴보겠지만 오늘날 사회 정의나 구제 활동에 헌신하고 있는 대다수 기관들은 굶주린 자를 먹이고 헐벗은 자를 입히며 아픈 자를 돌보라고 명하신 예수님의 뜻을 따르기로 결단했던 많은 사람들에 의해 생겨난 조직들이다.

국가주의의 약화와 국제주의의 강화

애국심과 국가주의가 흔히 긍정적인 감정으로 간주되곤 하지만 과연 이것이 정당한 일일까? 자신의 국가나 국민에 대한 충성심과 그들의 안녕을 위한 헌신이 특정 정치 상황에서 강한 단결과 연합을 불러올 수 있는 반면, 국가주의라는 사상은 극단적이거나 군사적인 성향을 보일 경우 특히 사악한 양상으로 발전할 수 있는 이념으로, 이와 같은 양상이 우려스러울 만큼 강화되는 일은 실제 현실에서도 흔히 목격된다. 역사 전반에 걸쳐 군사적 국가주의가 인류 전체에 해악적 역할을 해왔음을 지적하는[6] 존 레데콥은, 그 사상이 타 국가의 국민들을 외부인, 심지어 적으로 인식하는 부정적 개념을 조장함으로써 너무도 빈번하게 유혈 충돌의 원인이 되어 왔다는 점을 그 이유로 들고 있다.

만약 모든 사람이 기독교의 원칙에 따른 일관성 있는 삶을 살아가기만 한다면 군사적 국가주의의 경향이 억제될 뿐 아니라 그를 위해 반드시 필요한 상호 균형의 유지에도 도움이 된다는 사실은 많은 이들에게 다소 생소한 내용일 수 있을 것이다. 그러나 기독교는 두 가지의 실질적 방법을 통해 건전한 국제 정신을 강화할 수 있는데, 첫째는 세속적 시민의식과 자국의 권리에 대한 주장에는 항상 일정한 조건이 따른다는 사실을 기독교적 신념이 가르쳐 줌에 의해서이다. 사도 바울은 정치권력을 가진 자들이 하나님으로부터 임명을 받은 것은 사실이지만 그들에게 무제한의 권력이나 이익 추구가 허락된 것은 아니라고 말하면서, 이들이 각자의 통치권 내에 있는 사람들의 유익을 위해 쓰임받도록 목적된 하나님의 종일 뿐(롬 13:1-7)이라는 점을 강조하고 있다. 정부 역시 인간사 전반을 관장하는 근저이자 질서와 평화의 유지를 통해 혼돈과 유혈의 발생을 막도록 하나님께서 의도하신 기관으로, 바울이 자신의 독자들에게 하나님의 종인 정부의 권력에 복종하라고 명한 내용은 이러한 원칙을 바탕으로 세상의 정부 위에 그분이 두신 가치와 목적, 그리고 그 한계에 대해 분명하고 통찰력 있는 안목을 제시한 말씀이다.

예수님의 제자들은 예루살렘 통치권자들에게 이 원칙을 적용하여 선포하면서, 만약 하나님과 정부에 대한 충성의 의무가 상충한다면 결단코 하나님에 대한 순종을 선택하겠다는 자신들의 입장을 분명히 밝히고 있다(행 4:19-20). 이와 같이 성경의 가르침을 진지하게 받아들이는 사람이라면 세속 국가에 대한 애국심에는 항상 제한이 따르게 되며 국적 역시 이차적 중요성을 갖는 요소라는 점을 기억해야 한다. 하지만 이는 결코 정부의 가치를 경시하는 일이 아닌데, 그다지 힘이 강하지 않은 정부조차 그 존재만으로 개인들의 혼란과 불편을 상당 정도 차단해 줄 수 있는 것이 사실이며, 영국 철학자인 토마스 홉스(Thomas Hobbess)도 흔히 자연 상태라고 불리는 무정부 상태의 삶을 "고독하고 빈곤하며, 추하고 야만스러운, 결핍의 상태"[7]라는 표현으로까지 묘사하고 있기 때문이다.

기독교가 건전한 국제 정신을 강화하는 두 번째 방식은, 교회가 갖고 있는 본질을 바탕으로 과도한 국가주의를 통제함에 의해서이다. 기독교 교회는 전 세계의 국가들과 각 지역의 구성원들을 포함하는 초국가적이고 범세계적인 체제로서 각국의 정치 영역을 초월하여 기능할 수 있기 때문이다. 이에 따라 정치적, 문화적 차이의 중요성이 약화되고, 불화관계의 상대국 국민에 대해 외부인이나 적으로 보는 경향도 감소하는데, 이런 포용적 분위기가 국가 간의 친목을 증진함으로써 인간 공통의 불편과 어려움을 함께 해결할 수 있는 초국가적 대안까지 협의할 수 있게 된다.

그렇다면 어떻게 우리가 예수님께서 요청하신 방식으로 살아갈 수 있을까라는 질문에 대한 대답은 간단해진다. 즉, 인간 존엄, 평등, 황금률, 이웃 사랑, 군사적 국가주의 통제 등의 원칙에 따라 살아가는 것이다. 기독교는 예수님의 가르침이 전파되고 실천되는 모든 곳에서 현실의 삶을 통해 이런 훌륭한 가치들을 추구해 나가고 있다. 어떤 기독교인도 완벽한 일관성을 가지고 그들 모두를 실천하지는 못했지만, 수많은 이들의 삶 속에서 진지하게 다루어진 이 원칙들이 그간 세상에 뿌려 온 씨앗은 이제 결실을 눈앞에 두고 있다. 물론 안타깝게도, "기독교의 긍정적 결과를 무시하거나 비난하는 일이 학문 분야와 대중문화 모두에서 유행처럼 번져 왔다"[8]라는, 마르케트(Marquettte) 대학 사회학 교수, 데이빗 O. 모버그(David O. Moberg)의 통탄과 같은 현실을 종종 마주하게 되지만 말이다. 그런 의미에서 이제는, 기독교가 전파했던 가치들로부터 도출되어 이 세상에 선물로 주어진, 여러 긍정적 결과물에게로 관심을 돌려 보고자 한다.

8

세상에 대한 기독교의 선물들

종교, 특히 기독교의 전멸을 열렬히 바라는 이들을 위해서라면, 자신들이 원하는 바가 어떤 결과를 낳을지 신중하게 숙고해 보라는 조언이 반드시 필요할 듯하다. 보다 현실적으로는, 만약 기독교가 존재하지 않았을 경우 지금의 세상이 과연 어떠했을지, 혹은 예수님께서 이 땅을 다녀가심으로 그분의 제자들이 가르침 받은 대로 살게 되기 이전에는 세상이 어떠했는지, 깊이 성찰해 보라는 말이 도움이 될지 모를 일이다.

기독교가 올바른 연구를 통해 제대로 이해되기만 한다면, 그것의 실상이 21세기 비평가들에 의해 무차별로 쏟아 부어지는 비난과는 전혀 무관할뿐더러 도리어 세상에 존재하는 선한 요소들의 원천이라는 점이 명확화되리라는 사실은 역사적 검증을 통해서도 여실히 드러난다. 역사상 인간 문명에 끼친 기독교의 유익한 영향은 실로 경이로울 정도로서, 이 점에 관해 깊이 생각해 본 일이 없는 사람이라면 지금부터 읽게 될 내용이 놀라울 수도 있겠지만, 관련 연구 과정을 통해 내가 그랬었듯 독자들 역시 그 내용들로부터 고무받을 수 있기를 바란다.

현대 사회에 살고 있는 우리가 당연하게 여기면서 그것이 존재하지 않는 세상을 상상조차 하지 못할 수많은 유익하고 인도적인 요소들은, 예수님께서 남기신 가르침을 따라 살면서 때론 크나큰 개인적 희생까지 감수했던 많은 기독교인들의 삶의 결과물이다. 나는 이것이 곧 기독교는 악을 부추기는 위험한 동력이며 따라서 세상에서 사라지는 편이 인간에게 더 좋다는 비난에 대한 궁극적 답변이 될 수 있다고 생각한다. 이러한 비난은 사실과 전혀 무관하다는 것이 나의 입장으로, 다음의 간추린 사례들은 그 이유에 대한 적절한 설명이 될 것이다.

유아 살해를 멈추기 위한 노력

앞에서 이미 살펴보았듯, 예수님의 초기 제자들은 인간을 하나님의 형상대로 창조된 존재로, 그리고 인간의 생명을 본질적으로 신성하고 가치 있는 것으로 믿었다. 따라서 그들이 타인의 생명, 특히 가장 초라하고 연약한 이들의 생명을 경시하는 주위 사람들의 풍조에 자주 충격을 받았음은 당연한 결과였다. 역사적 사실에 바탕해 이 문제를 살펴볼 때, 희랍인들과 로마인들 사이에서 "유아 살해가 수치스러울 만큼 일상화되었었다"[1]고 기록한 프레드릭 파라(Frederic Farrar)의 보고와 같이, 기형이거나 몸이 약한 아기들을 살해함에 있어 거리낌이 없던 그 사회들에서는, 익사시키는 일반적 방법과 함께 보다 더 잔인한 수단까지 종종 동원되었음을 발견할 수 있다. 로마와 그리스의 주요 사상가들에 의해 유아 살해 행위가 정당화되기도 했는데, 이것이 얼마나 보편적인 일이었던지 2세기의 희랍 역사가 폴리비우스(Polybius)는 그 결과로 발생한 고대 희랍의 인구 감소에 대해 우려를 표할 정도였다.[2]

불행히도 이런 끔찍한 행위는 고대 문화에서만 끝나지 않았는데, 1890년대의 선교학자이자 프린스턴 신학교 강사였던 제임스 데니스 (James Dennis)의 기록에 나타나듯, 당시 아프리카의 여러 지역에서 행해지던 유아 살해는 북미와 남미의 원주민들 사이에서조차 오래된 풍습으로 자리잡고 있었다.[3] 자신이 낳은 무방비 상태의 어린 아이들을 기꺼이 살해하는 길고도 비탄스러운 역사가 인간 스스로에 의해 꾸준히 전승되고 있었던 것이다.

하지만 어린 아이들도 성인과 똑같은 본질적 가치를 소유한다고 믿었던 초기 기독교도들은 유아 살해 행위를 살인으로 규정하며 비판에 앞장섰다. 예수님께서 아이들을 향한 특별한 사랑을 가지고 계셨고 또한 그것을 베풀기에 힘쓰셨음을 그들이 잘 알고 있기 때문이었다(마 19:14). 초기 기독교 문학 역시 유아 살해를 반복하여 정죄하면서 기독교인들로 하여금 그와 같은 행위를 범하지 못하도록 금지했는데, 서기 85년과 110년 사이 예수님의 제자들이 베풀었던 가르침을 다룬 디다케 (Didache)라는 자료를 보면 예수님의 추종자들은 "결코 유아 살해와 같은 잔혹 행위를 범해서는 안 된다…"라고 명기되어 있으며,[4] 바나바의 서신(Epistle of Barnabas)으로 알려진 서신서 역시도 "낙태가 금지된 행위인 것처럼 유아 살해 역시 금지되어 마땅한 풍습이다"[5]라는 말로 그러한 행위들을 정죄하고 있다.

기독교인들은 이러한 부도덕 행위를 단지 답습하지 않는 데에 그치지 않고, 인간 생명의 가치를 중시하는 자신들의 신념에 위배되는 모든 행위를 척결하기 위해 어디든 가는 곳 마다에서 반대의 목소리를 높였다. 서기 313년 밀란 칙령의 발효로 기독교가 법적으로 인정되기 전까지는 유아 살해 폐지를 위한 정치적 행동에 나설 수 있는 기독교인들이 거의 없었지만, 이후 그들의 공개적 활동이 허용되고 곧이어 황제인 발렌티니안(Valentinian)에게 의견 개진까지 할 수 있는 여건이 마련되면서, 성바실리우스(Basil of Caesarea) 주교가 황제에게 끼친 영향력의 덕분으로 서기 374년 마침내 이 행위의 공식적 위법화가 이루어졌다.

아직까지도 유아 살해가 지구상에서 완벽하게 사라지지는 않았지만 기독교 교회가 꾸준히 지속해 온 반대 운동에 대한 도덕적 공감대의 확산에 의해 오늘날 세계 여러 지역에서 유아 살해 금지 법령이 시행되는 결과를 낳았다. 일리노이대 사회학 교수였던 알빈 J. 슈미트(Alvin J. Schmidt)가 말했듯, 전반적으로 성공을 거둔 것으로 평가할 수 있는 유아 살해 종식을 위한 투쟁은 "기독교의 가장 위대한 유산 중 하나이다."[6]

어린이 유기의 종식을 위한 투쟁

상대적으로 덜 알려지긴 했지만, 유아 살해와 똑같이 잔인한 풍습으로서, 원치 않는 아이를 유기하는 행위 역시 한때 만연하던 풍조였다. 알빈 슈미트의 보고에 의하면 그리스 ― 로마 시대 당시 부모들이 원치 않던 유아는 살해되지 않을 경우 쉽게 버려지곤 했는데, 초기 희랍과 로마의 문학에 자주 등장하는 이 같은 행위에 대해 그는, "희랍이나 로마의 문학에서 어린이 유기에 대한 죄책감은 실마리조차 찾기 어려울 정도이다"[7]라는 믿기 어려운 진술을 남겼다.

유아 살해를 반대한 것과 같은 이유로, 고위층의 지도자부터 낮은 지위의 일반인에 이르는 수많은 기독교인들이 유기 행위를 성토하는 일에 발벗고 나섰다. 어린 아이를 포함한 모든 인간이 하나님의 형상으로 만들어졌다면 그들 모두가 본질적 가치와 존엄성을 가졌다는 의미이므로,

아이들을 방치하여 죽음으로 내모는 유기 행위는 크나큰 죄악이 분명하다고 선언하면서 말이다. 2세기 후반 이집트의 교부로서 상당한 영향력을 가지고 활동하던 알렉산드리아의 클레멘트는 이 문제에 관해 모순을 보이는 로마의 도덕적 풍습을 비판했는데, 그 당시의 로마인들이 어린 새나 동물에게는 정성을 쏟으며 극진히 보살폈던 반면, 막상 자신의 자녀들을 함부로 유기하는 일에는 전혀 죄책감을 못 느끼는 이중적 삶을 살고 있었기 때문이다.[8] 클레멘트와 입장을 같이 했던 또 다른 아프리카의 교부 터툴리안(Tertullian) 역시 어린이 유기 행위를 심각한 사회문제로 보면서 그에 대한 강력한 비판을 제기하기도 했다.[9]

하지만 기독교인들은 이러한 행위에 대해서도 단순히 비판하는 일에만 그치지 않았으며, 슈미트의 증언처럼 이들은 유기된 아이들을 구조하여 자신들의 집으로 데려온 후, 입양하여 친 자녀처럼 양육하는 선행을 실천했다. 이러한 일에 특별한 열정을 가지고 있던 칼리스투스(Callistus)라는 로마인은 자신이 찾아낸 기아(棄兒)들을 기독교인의 가정과 연계시키는 역할을 자임했으며, 2세기 후반 디종 지역에 살던 베니거스(Benignus of Dijon)라는 인물 역시 유기된 어린이들에 대한 보호와 양육에 앞장섰다. 당시 낙태 실패로 기형이 된 아이들을 포함하여 여러 가지 이유로 유기된 아이들이 기독교인 가정에 상당수 입양되었는데, 그에 대한 사례들이 다양한 기독교 자료물들의 내용에서 발견된다는 것은 슈미트의 보고를 통해서도 확인할 수 있다.[10]

그들의 결연한 행동에 힘입어 서기 374년 유아 살해가 불법화되면서, 어린이 유기 행위 역시 범죄임이 발렌티니안 황제에 의하여 확정되자, 이후의 황제와 왕들도 같은 규정을 따르게 되었으며, 결국 이 일련의 과정은 당시 사람들의 도덕 의식에 급격한 전환을 불러왔다. 오늘날도 드물게 발생하는 일이기는 하지만 이제 이러한 행위는 간발(間髮)의 비극이라고 불릴 만한 정도가 되었고, 대부분의 사회는 유기된 아이들에 대한 구조 노력을 공공의 임무로서 받아들이고 있다. 이와 같이 어린이 유기 척결 과정에서 이룩한 또 하나의 전반적 성공 역시 세계의 어린이들에 대한 기독교의 선물 중 하나라고 하겠다.

고아원과 어린이 보호

힘없는 어린 아이들에 대한 초기 기독교인들의 보호 노력은 유아 살해와 어린이 유기 종식을 위한 투쟁에만 그치지 않았다. 기독교 발생의 초기 당시 사람들의 일반적 수명이 워낙 짧다 보니 — 주로 30세 안팎에 불과했다 — 어린 자녀들을 남겨 둔 채 부모가 사망하는 일이 빈발했고 실제로 부모 중 한쪽, 혹은 양부모 모두가 사망한 아이들의 인구가 상당수에 달했다.[11] 기독교인들은 과부나 병자, 장애인, 빈곤층 등의 다른 연약한 이들뿐 아니라 무력한 고아들을 돌보는 것 역시 성경적 명령으로 이해했는데, 이는 특히 신약성경 야고보서의 말씀인 "하나님 아버지 앞에서 정결하고 흠이 없는 경건은 환난 가운데 있는 고아와 과부를 돌보며 세상으로부터 자신을 지켜 물들지 않도록 하는 것"(약 1:27 우리말성경)이라는 교훈에 대한 순종 행위였다. 이러한 하나님의 명령으로 인해 고아들에게 특별한 긍휼을 느끼게 된 초대교회의 기독교인들은, 고아가 된 어린이를 돌보기로 서약하는 세례식에 대부모로 참석하는 일을 첫 시작으로 삼고, 다음 단계로서 요구되는 여러 실천 행위들도 꾸준히 계속해 나갔다.[12]

최초의 기독교 변증론자 중 하나로 2세기 후반에 사역한 순교자 저스틴(Justin Martyr)은 자신의 저서, 변증(Apology)을 통해 교회 예배의 공식 순서에 포함되어 있던 고아들을 위한 모금 활동에 대해 소개했으며,[13] 역시 변증론자이자 교부였던 터툴리안도 아프리카의 카르타고 교회들에 "부모나 다른 재정적 후원이 없는 소년 소녀들을 돕기 위한 공동기금이 존재했다"[14]라는 기록을 남기고 있다. 서기 350년과 400년 사이에 제정된 후 초대교회 당시의 교회법을 가장 포괄적으로 보존한 조문(條文)으로 이름이 남게 된 사도헌장(Apostolic Constitution)에서도 고아들을 돕기 위해 주교가 계획했던 여러 가지 방안들을 발견할 수 있다.[15]

서기 313년 기독교가 합법화되면서 어린이들에게 조직적인 보호를 제공하려는 기독교인들이 오파나트로피아(orphanatrophia: "고아들을 돌보는 곳"의 의미)라고 명명된 기관을 설립했는데, 이것은 이후 전 세계적으로 일반화된 고아원 시설의 공식적 시초가 되었다. 4세기 중후반 무렵 성 바실리우스와 성 크리소스토모스(St. Chrysostom of Constantinople)가 주로 성당 건물에 부속되던 오파나트로피아의 계속적 설립을 건의한 후[16] 기독교의 여러 수도회들에 의한 고아 돌봄 사역이 수 세기간 계속되었으며, 그들 중에는 13세기 말까지 8백개 이상의 고아 보호 시설을 운영했던 성령 수도회(the Order of the Holy Ghost)도 포함되어 있었다. 이와 같이 중세 시기 수도원들의 대다수는 고아를 돌보는 사역에 있어 적극적인 참여를 보였다.[17]

기독교인들의 헌금에 의해 지원받는 고아원의 운영이 오랜 기간 동안 유럽 전역으로 확산되는 가운데, 여기에서 더 나아가 기독교도 개개인이 자체적으로 고아원을 건립, 운영하는 일도 생겨났다. 17세기 후반 루터교 목사이자 독일 할레(Halle) 대학 교수로 재직하던 A. H. 프랑케(A. H. Francke)의 경우가 그러했는데, 그는 집 없는 어린이들을 가르치고 돌보는 일이 자신에게 맡겨진 가장 중요한 사명이라고 생각할 정도였다. 19세기 영국의 선교사이자 자선가였던 조지 뮐러(George Muller) 역시 이 같은 사역에 헌신했던 인물로서, 유대인들을 대상으로 자신이 선교 활동을 펼치던 영국의 브리스톨 시에 고아 소녀들을 위한 시설을 설립함과 함께 이들에 대한 돌봄을 본격적으로 시작하였다. 이후 다른 영국 도시에까지 관련 시설들이 널리 퍼져 나감에 따라, 1898년 뮐러의 사망 당시 그의 단체와 연결된 수많은 고아원에서 보호와 교육을 받고 있던 아이들의 숫자는 8천 명을 웃돌 정도였다.[18]

무기력한 어린이들을 돌보기 위해 기독교인들이 실천한 또 하나의 의미 있는 선행은 (orphan trains)라고 불릴 만한 사역이었다. 중세기와 그 이후 시기의 모든 고아들이 보호시설의 관리하에 있던 것은 아니었기에 그들 중의 일부는 부랑자가 될 수밖에 없었는데, 이들의 실상을 보고 충격받았던 미국 목회자 찰스 로링 브레이스(Charles Loring Brace)가 교회 의회와의 협력을 통해 어린이 구호 협회(Children's Aid Society)라는 단체의 설립을 1853년 완성시켰다. 브레이스는 이 아이들이 농촌 가정에서 양육될 경우 정상적 가정의 틀 안에서 생활하면서 신선한 공기와 좋은 음식, 적절한 지도를 제공받는 등 무기력한 상황에서 탈피할 적절한 환경을 누리게 되리라고 믿었고, 그에 따라 이후에 고아열차로 불리게 되는 기차를 이용하여 부랑아들 수백 명을 뉴욕 북부, 뉴저지, 코네티컷, 그리고 중서부의 농촌 가정으로 수송했다.[19]

이와 같이 대부모로서의 개별적 고아 보호, 고아원 시설 설립, 고아열차 운행 등 새로운 형태의 구호 방식을 기독교인들이 고안해 냈다는 점은 의미가 큰데, 이 일과 관련해 알빈 슈미트는 아래의 설명을 제시하고 있다.

원치 않게 태어난 수천 명의 유아들이 초기 기독교인들에 의해 구조되면서 정상적 삶의 기회를 얻을 수 있었던 것은 예수님의 추종자들이 그분께서 남기신 두 가지 말씀에 분발되었기에 가능했다: "내가 나그네 됐을 때 나를 맞아들였다"(마 25:35 우리말성경), 그리고 "어린 아이들이 내게 오는 것을 허락하고 막지 말라. 하나님 나라는 이런 아이들과 같은 사람의 것이다"(막 10:14 우리말성경).[20]

구세군

전 세계적으로 구세군만큼 높이 평가받고 있는 국제기관은 아마 찾기 어려울 것으로, 현재까지도 이곳의 구성원들은 병원을 방문하고 가난한 가정을 돌보며, 집이나 직장이 없는 사람들에게는 음식과 잠자리, 또한 일자리를 제공하고, 사회적으로 가장 어려운 처지에 있는 이들에게 상담과 기타 조력을 제공하면서 자신들의 임무를 조용히 계속해 오고 있다.

그 이름이 보여 주듯 기독교적 기원을 가지고 있는 구세군은 세상을 향해 기독교가 제공한 또 하나의 선물로서, 런던의 젊은 목사 윌리엄 부스(William Booth)에 의해 1860년대에 최초로 설립되었다. 자신의 교회에서 매주 예수님의 말씀을 낭독하고 전하던 중 런던 동부 지역의 가난과 질병, 범죄 등을 목격하게 되면서 이러한 문제들과의 투쟁을 통해 자신이 베풀던 가르침을 몸소 실천하기로 결심했던 그는, 1865년 몇몇 기독교 자선사업가들의 지원을 받아 동런던 기독교 부흥회(the East London Christian Revival)라는 이름의 단체를 시작했다. 이를 통해 시작된 실천 행위가 가난한 이들에게 싼 값의 음식을 제공하는 프로그

램이었는데, 이것은 후에 "백만인을 위한 급식(Food-for-a-Million)"이라는 이름으로 알려지게 되었다. 이 새로운 사역의 첫 연례 회의가 열린 것은 1870년 11월이었으나, 구세군이라는 시설이 공식적으로 창설된 것은 8년후인 1878년 8월이었다.[21]

사회적으로 연약하며 어려운 처지에 있는 이들을 위해 사역의 영역을 확장해 나가던 구세군, 1883년 호주 멜버른에 석방된 복역자들의 임시 거처를 개소한 데 이어, 1884년에는 노예로 팔려간 소녀들의 탈출을 돕는 대담한 사역까지 병행하기 시작했다. 1886년 캐나다로도 조직이 확대되면서 알콜중독 여성들을 돌보는 시설이 토론토에 마련되었는데, 노숙자들이 있는 지역을 찾아가 보호소를 여는 활동이 1889년까지 이곳을 통해 계속되었다.[22]

현재는 기독교인이 아닌 자원봉사자와 직원들도 대거 참여하고 있는 이 조직이 지금까지 가장 중점을 두며 계속하고 있는 사역은 가난한 자, 병든 자, 실업자, 노숙자 등과 같이 사회의 도움이 절실히 필요한 이들에 대한 사랑과 조력의 제공이다. 한편 이러한 조력 제공 과정에서 습득된 경험과 기술이 널리 인정받음에 따라, 사업의 지속을 도우려는 정기적 재정 후원도 교회와 정부 등 여러 기관으로부터 꾸준히 제공되고 있다. 이들의 이 같은 헌신적 활동은 전 세계의 모든 사람들이 감사해야 할 구호 봉사의 산 역사라고 말할 수 있을 것이다.

YMCA 와 YWCA

오늘날 YMCA라는 축약된 명칭으로 불리고 있는 기독교 청년 모임(Young Men's Christian Association)은 이들이 오랜 기간 이어 온 유익하고 방대한 실천 행위에 대해서는 아는 바가 없는 사람들도 그 이름만은 친숙히 기억하고 있을 만큼 누구에게나 잘 알려진 기관일 듯 하다. 그렇지만 이 기관의 전신(前身)이 예수 그리스도께 헌신하는 길의 일환으로 영국인인 조지 윌리엄스(George Williams)가 1840년대 초 건립한 의류 판매인 복음 조합(Draper's Evangelical Union)이었다는 사실을 아는 사람은 아마 그리 많지 않을 것이다. 애초 이 조직의 목적은 대도시 지역에서 일자리를 찾으려고 지방에서 런던으로 상경한 젊은이들을 돕기 위한 것이었는데, 이들이 결국 저급하고 퇴폐적인 생활로 내몰리게 되는 일이 당시 흔하게 발생했기 때문이었다. 따라서 윌리엄스가 이 조직을 설립하면서 내세웠던 최초의 목표는 "의류업과 기타 상업 분야에 종사하는 젊은이들의 영적 상태를 향상시키는 것"이었고, 조직의 명칭을 의류 판매인 복음 조합(Draper's Evangelical Union)으로 정한 것도 바로 그러한 이유에서였다.[23]

1844년 "기독교 청년 모임(Young Men's Christian Association)"으로 명칭을 변경한 이 조직은 보스톤과 몬트리올을 시작으로, 1851년 북미 전역까지 사역을 확대하면서 급격한 성장을 이루어 나갔다. 곧이어 구직이나 여행을 목적으로 타 도시에서 묵으려는 젊은 이들을 위해 값싼 임시 거처를 제공해 주는 호텔 건립으로까지 그 목적과 활동 영역을 확장함에 의해, 오늘날 이 "Y" 호텔은 북미의 많은 주요 도시에서 흔히 볼 수 있는 시설로 자리 잡게 되었다.[24]

젊은 여성들의 YMCA 가입도 늘 환영받는 일이기는 했지만 1855년에 들면서 그들만의 단체가 런던에서 결성되었는데, 초기에는 크림 전쟁(Crimean War) 참전 간호사들의 숙소 제공에 사역의 중점을 두었던 이 단체가 이후로는 급속하게 그 활동 영역을 확장해 나갔다. 1858년 미국 내에 처음 설립된 단체는 기독교 여성 모임(the Ladies' Christian

왜 사람들은 믿음을 갖지 않는가

Association)이라는 이름으로 알려졌으나 1868년 들어 그 명칭을 기독교 젊은 여성 모임(the Young Women's Christian Association)으로 변경하였다. [25]

아직도 두 단체의 공식 명칭에 기독교라는 단어가 유지되고는 있지만 처음 설립 당시와 달리 현재 이들은 명시적인 기독교 조직이 아니며 기독교 교회의 교인만을 구성원으로 인정하는 등의 의무 조항도 없다. 그러나 이들이 기독교에 의해 세상에 주어진 선물이라는 점에는 여전히 변함이 없으며, 자신들의 신앙적 명령을 따르면서 주변에서 목격되는 구호의 요청에 부응하려던 기독교인들이 설립한 이 두 기관이 오늘날의 세상을 보다 더 나은 곳으로 만들었다는 것 역시 변함없는 사실이라고 하겠다.

적십자

적십자 또한 기독교의 영향으로 시작되었던 조직들 중의 하나로서, 제네바의 부유한 은행가 가문 출신이자 노벨 평화상 최초 수상자이기도 한 스위스인 쟝 앙리 듀낭(Jean Henri Dunant)에 의해 1864년 창설되었다. 자신의 특권적 배경에도 불구하고 "1세기 당시 예수님의 제자들과 같은 평범한 사람"[26]이라고 스스로를 칭했던 그는, 1859년 이탈리아 통일 투쟁 중 발발한 솔페리노(Solferino) 전투에서 부상병들이 겪었던 고통을 직접 목격한 후, 동료 네 명을 포함한 16개국 24명의 대표들과 함께 국제 적십자를 창설하기에 이르렀다. [27]

이 신설 조직의 원래 목표는 전쟁에서 부상을 입은 병사들의 아픔을 위로하고 상처를 치료해 주는 것 ― 현재까지 세계적으로 특화되어 있는 임무인 ― 이었는데, 1871년 대서양 너머로 활동 지역이 확장되면서, 남북전쟁 당시 병사들의 간호에 열성적으로 참여했던 클라라 바튼

(Clara Barton)의 활약에 힘입어, 미국에서의 건립도 공식적으로 진행되었다.

예수님에 대한 듀낭의 신앙을 바탕으로 그리스도의 고난과 죽음, 세상에 대한 구원을 의미하는 붉은 십자가를 조직의 상징으로 정한 것이었는데, 회교 국가인 터키가 적십자의 인도주의 정신을 자신들의 국가에 적용해 1876년 상응 조직을 설립하면서, 상징과 명칭을 붉은 초승달(Red Crescent)로 전환해 채택하게 되었다. 이와 같이 회교도들의 붉은 초승달이라는 기관 역시 적십자의 부산물임을 생각할 때, 기독교의 사역이 아니었다면 적십자는 물론 붉은 초승달 또한 지금과 같이 존재할 수 없었을 것임을 깨닫게 된다.

보건 의료 사역

대부분의 현대인들은 병원이나 의료 혜택이 존재하지 않는 세상을 상상할 수도 없겠지만, 알빈 슈미트의 표현처럼 그리스 — 로마 시대에 기독교인들이 살던 세계는 환자나 죽어 가는 이들을 다룸에 있어 커다란 진공 상태 안에 놓인 것과 같은 형국이었다.[28] 서기 250년경의 알렉산드리안 역병(Alexandrian plague) 기간 동안 로마인과 희랍인들이 병자들을 다룬 방식에 대해 3세기의 기독교 주교였던 디오니시오스(Dionysius)가 기술한 내용에 따른다면, "[그들은] 누군가 아프게 되면 혐오감을 보이면서 따로 격리시켰으며, 고통스러워하는 사람들을 함부로 길가에 버려두었을 뿐 아니라, 사망한 시신을 회피하면서 매장도 하지 않고 방치했다."[29]

그렇다면 이번에는 기독교인들이 환자를 돌보던 — 자신들의 생명이 위태로울 수 있는 경우에도 — 자세에 대한 디오니시오스의 서술과 비교

왜 사람들은 믿음을 갖지 않는가

해보자: "대다수의 우리 형제들은 스스로의 건강을 개의치 않으면서…
개인적인 불편을 감수한 채 병자를 찾아가고, 그들의 쾌유를 위해 그리
스도 안에서 최선을 다해 간병했으며, 때로 이웃의 질병에 감염되어 죽
음을 맞게 된 때에도 커다란 기쁨 속에 눈을 감고는 했다…."[30]

이러한 차이는 역사가들에 의해서도 인정을 받았는데, "전염병이 발
발하면 [로마인들은] 보통 두려워 도망쳤으며 아픈 이들을 돌보지 않
으면서 혼자 죽음에 이르도록 방기했다"라고 비난하는 하워드 해가드
(Howard Haggard)는,[31] 이에 반해 예수님의 말씀, 특히 선한 사마리
아인의 우화를 알고 있던 초기 기독교인들의 태도는 그것과 크게 대조된
다면서, 이는 그들이 병자를 돌보는 일을 그들을 섬기는 일로서만이 아
니라 하나님을 섬기는 일로도 믿었기 때문이라고 증언한다. 또한 그는
하나님께서 모든 사람들을 각자의 건강 상태와 관계없이 동등하게 보시
는 것은 인간의 본질적 존엄성 때문이며, 더우기 몸이 불편한 병자들에
게는 보다 세심한 도움이 절실히 요구되는데도, 당시의 로마인들은 그
러한 선행을 인간적 나약성의 징표쯤으로 치부했다면서 격심한 분노를
표하기도 한다. 미국 역사학자인 로드니 스타크 역시 태도나 행위에 있
어서의 이와 같은 격차는 당시의 상황으로 볼 때 "혁명에 가까운 이질성
(異質性)"이었다고 묘사하고 있다.[32]

엄밀하게 따질 경우 교회의 최초 출현 당시 의료 행위가 전무했다고
말하는 것이 원칙적으로 맞지 않을 수도 있지만 사실상 이 문제에 관해
서는 확실하거나 정확한 자료가 없다. 한 예로서 희랍 신화에 등장하는
치료의 신, 아스클레피오스(Aesculapius)를 모시던 300개 가량의 사
당이 병원이었으리라는 일부의 추측도 있지만, 이는 병원이라기보다 사
당 근처에서 머물려는 사람들이 하룻밤을 묵던 숙박 시설이었다고 주장

하는 해거드의 의견에 더욱 개연성이 부여되는 경우를 들 수 있다.[33] 병원의 유래를 다루는 글을 썼던 조지 게스크(George Gask)와 존 토드(John Todd)도, 아스클레피오스 신의 사당을 병자들이 찾은 것은 사실이지만 의료적 치료를 기대한 방문은 아니었으며, 오히려 그곳에 가면 신이 꿈속에서 나타나 각 사람에게 필요한 처방을 알려 준다는 믿음이 있었기 때문이라고 설명한다.[34] 고대 기독교 구호 분야의 전문가로 19세기 당시 활동했던 게하르드 얼호른(Gerhard Uhlhorn) 역시, 이들이 밤 동안 묵을 수 있었던 그 건물은 "오직 임시 거처로서의 숙소였으며, 간호와 치료를 위한 병원이 결코 아니었다"[35]고 단언하고 있다.

이아트레이아(iatreia)라고 불리던 희랍의 한 기관이 초기 병원으로서의 역할을 했으리라는 추측도 있었으나, 의료 행위의 역사를 기록한 데이빗 리스먼(David Riesman)의 말대로라면, 의사의 진단과 처방을 받으려고 이아트레이아에 왔던 병자들이 있기는 했지만 이곳에서 간호적 처치는 제공되지 않았다고 봄이 더욱 옳을 듯하다.[36]

알빈 슈미트는 또한 로마 제국의 의사와 질병들(Doctors and Diseases in the Roman Empire)이라는 책을 통해 랠프 잭슨(Ralph Jackson)이 로마 시대의 병원이라고 단정하고 있는 발레투디나리안(valetudinarian)[37]에 대해 언급하면서, 오히려 병든 노예들과 검투사, 부상당한 병사들만을 돌보는 시설이라고 결론지은 대다수 역사가들의 견해를 보다 정확한 것으로 봐야 한다고 설명한다. 그러므로 결국 당시의 일반인들이나 수공업 노동자들, 그리고 형편이 어려운 사람들에게 의료적 치료를 제공해 주는 별도의 시설이나 장소는 없었다는 것이다.[38] 이같이 아스클레피오스 사당이나 이아트레이아 혹은 발레투디나리안 중 그 어느 것을 살펴보더라도, 21세기의 관점에서 생각하는 병원이나 초기 기독교인들이 설립한 시설 같은 병원은 당시에 존재하지 않았으며, 가난한 이들과 일반 환자들을 위한 구호 병원은 기독교인들이 처음 도입하기 이전에는 존재하지 않았다고 보고 있는 하워드 해거드의 견해에 신빙성을 부여할 수 있을 것이다.

기독교 교회가 생긴 후의 첫 3세기 동안 늘 박해의 대상이던 기독교인들은 병자나 가난한 이들을 돌보려 해도 자신의 집으로 데려가는 것 외에 할 수 있는 일이 거의 없었지만, 4세기 들어 기독교가 합법화되자 이들에게 의료적 도움을 제공하기 위해 전면에 나서기 시작했다. 최초의 범세계적 기독교 교회 회의로서 서기 325년 개최된 니케아(Nicea) 의회에서는, 성당이 있는 모든 도시에 병원의 건립을 명하는 주교들의 결정이 있었는데,[39] 제노도키아(xenodochia)로 불렸던 이 초기의 병원들은 환자를 위한 의료적 처치, 집 없는 사람들의 보호, 기독교 순례자들이 묵을 숙박 시설 제공 등 다양한 역할을 담당하게 되었다. 이후 유럽 전역에 병원들이 세워지기 시작하여 6세기경까지 수도원의 통합 시설로 운영되었으며,[40] 16세기 중엽 들어서는 환자들을 돌보는 베네딕트(Benedictine) 수도원의 숫자가 무려 3만 7천 개에까지 이르렀다.[41]

계속해서 기독교인들은 다양한 의료 관련 수도회를 설립했는데, 여성 직원을 고용해 환자들을 돌보도록 한 자선 종교인 동맹(the Order of Hospitallers)과[42] 환자 간호를 주 임무로 삼았던 성 나자로 자선 종교인 단체(the Hospitallers of St. Lazarus) 등이 그 가운데 속한다.[43] 13세기 당시 유럽의 병원들 대부분이 기독교 주교들의 지도하에 운영되었다는 사실만으로도, 초기 기독교인들에 의해 시작된 환자들에 대한 관심과 돌봄의 사역이 오늘날은 감사조차 안 할 만큼 당연시된 제도들을 형성하는 데에 지대한 영향을 미쳤음을 확인할 수 있다. 사실상 이제 병원이 없는 세상은 상상하기도 어려운 시대가 되었으니 말이다.

노예제도 철폐

인간을 노예로 삼는 제도는 길고도 부끄러운 역사를 가진 관습이다. 원칙적으로 노예제도가 백인이 흑인을 노예로 삼은 범죄적 행위라고 생각하는 일반적 통념과 달리, 유럽에서의 보편화 이전에도 이미 그 제도는 아프리카와 아랍 지역에서 대대적으로 실행되고 있었다.[44] 알빈 슈미트는 예수님께서 이 땅에 거하시던 당시 아테네 인구의 75퍼센트, 로마인구의 반 이상이 노예 신분의 사람들이었다고 기록했는데,[45] 당시 대부분의 왕과 사제, 철학자들이 노예제도를 지지했으며 희랍 철학자 중 하나로 막강한 영향력을 소유하고 있던 아리스토텔레스(Aristotle) 역시이를 자연스럽고 정당한 생활 방식으로 보면서, "도구들이 생명 없는 노예라면 인간 노예들은 생명 있는 도구이다. 그러므로 노예와의 사이에 우정이란 결코 존재할 수 없다"[46]라고 일갈하기까지 했다.

노예들의 인간으로서의 가치는 여러 측면에서 폄하되었던 반면, 재산을 소유한 자유로운 신분의 사람들은 노예의 의무로 간주되는 수공업 노역으로부터 완전히 면제되었다. 오늘날의 여행객들이 아피아 가도(the Appian Way)나 세계 7대 불가사의(the Seven Wonders of the World), 혹은 이들과 동시대에 제작된 중동과 유럽의 아름다운 예술품들을 보며 감탄할 때 그 작품들이 바로 노예 노역의 산물임을 알고나 있는 것일지 의문을 품게 된다.

실제로 노예제도가 세계 여러 지역에서 상당히 최근까지 잔존했다는 사실을 알면 대다수의 사람들이 무척 놀라겠지만, 미국에서 1865년 폐지된 이 제도가 이디오피아에서 1942년, 사우디 아라비아에서 1962년,

페루의 경우는 1964년, 인도에서는 1976년까지 실시되었을 뿐 아니라, 아프리카 지역의 가장 큰 국가인 수단에서는 현재까지도 계속 시행되고 있다.[47]

　과거의 역사에서 일부 기독교인들이 특정 인종 노예화의 정당성을 주장하기 위해 성경을 이용하려 시도했던 일이 있지만, 사실 이 제도는 초기 기독교도들의 삶 전반에 영향을 주던 기독교적 사고방식에서 볼 때 무척 혐오스러운 관습에 불과했다. 슈미트는 2세기 당시 서머나의 주교였던 폴리캅(Polycarp)과 동시대 기독교 철학자인 아테나고라스(Athenagoras), 알렉산드리아의 클레멘트(Clement of Alexandria)와 오리겐(Origen), 3세기의 여러 교부들, 그리고 13세기의 성 보나벤투라(St. Bonaventure) 등을 재능 있는 기독교인이면서도 노예제도를 승인, 혹은 정당화한 인물들의 사례로 지적하면서, 의도적으로든 무지의 소치로든 바울과 예수님의 말씀을 무시하고 당시 만연하던 세속 문화에 스스로를 방치했던 이들은 정도(正道)에서 이탈한 기독교인이라고 비난을 가한다.[48] 그러나 4세기의 신학자이자 저술가이던 락탄티우스(Lactantius)와 같이 "하나님의 눈에는 노예가 없다"[49]고 신의 교훈(Divine Institues)이라는 자신의 책을 통해 선포하면서 이 문제에 관한 기독교의 가르침을 정확히 대변했던 인물은 물론, 그와 동시대에 활동하면서 노예제도가 죄의 산물이자 하나님의 계획에 거스르는 관습이라는 이유로 반대 입장을 역시 분명히 했던 성 어거스틴의 경우도 있었다.[50] 모든 인간은 사랑의 하나님께서 자신의 형상으로 지으신 목적성 있는 창조물이기에 하나님의 눈에는 모두가 동등한 가치를 지니며 또한 실제로도 그렇게 대우받아야 한다는 이유에서였다.

　짧은 분량의 서신 안에 노예제도에 대한 기독교적 관점을 정확히 요약하고 있는 빌레몬서는 이 사안과 관련된 중요한 시사점을 제공해 준다. 수신인이 노예 소유자인 이 서신을 통해, 도망쳤던 그의 노예를 더이상 노예로 다루지 말고 그리스도 안에서의 형제로 대우하라고 권면하는 바울의 말은(몬 15 - 16) 당시의 관점에서 보면 급진적이라고까지 일컬을 만한 내용이었다. 노예들의 일자리와 주거를 책임지는 그 소유자에게 자신의 노예들에 대해 인간애를 갖고 존중해 주며 형제와 자매로서 대우하라고 당부하는 이야기를 그 당시에 들어 본 사람이 과연 있었겠는가? 사실상 이것은 그 제도의 종식에 대한 요청이라 볼 수 있는 말이었다.

같은 맥락에서 바울은 갈라디아 지역에 살고 있던 기독교인들에게도 "유대 사람이나 그리스 사람이나, 종이나 자유인이나, 남자나 여자나 차별이 없습니다. 그것은 여러분이 그리스도 예수 안에서 다 하나이기 때문입니다"(갈 3:28 표준새번역)라는 기독교적 평등관을 제시하고 있는데, 신약성경에 기록된 위의 두 구절은 모든 인간이 본질적 존엄성을 가지고 있다는 신념에 바탕을 둔 것이기에, 노예제도에 대한 반론의 근거로서 든든하게 역할할 수 있는 말씀들이다.

기독교인들이 최초로 꾀했던 노예제도에의 대항은 노예들에게 세상 사람들과 전혀 다른 태도를 보이는 단순한 방식으로부터 시작되었다. 역사가이자 영국 학술회의 회원이던 W. E. H. 레키(W. E. H. Lecky)는 초기 기독교인들이 노예들과 교류할 때 자유인들에게와 똑같은 태도를 취했으며 교회에서는 옆자리에 나란히 앉아 동등하게 대화했다고 보고하고 있다. 이는 곧 그들이 노예들도 본질적으로 자유인과 동등한 가치와 존엄성을 소유했음을 인정하고 또 그렇게 대우했다는 의미이다. 이러한 수용과 존중의 자세가 당시의 많은 노예들로 하여금 이 새로운

왜 사람들은 믿음을 갖지 않는가

신앙을 기꺼이 받아들이도록 장려하는 역할을 했으며, 그들 중에는 이후에 교회의 사제가 되는 이들까지 생겨났다. 그 가운데 가장 특기할 만한 인물이 3세기의 칼리스투스(Callistus)였는데, 노예 신분에서 사제가 된 그가 주교로까지 임명됨으로써 교회사에 초창기 감독의 한 명으로 이름을 남길 수 있었다.[51]

기독교인들은 여기에 그치지 않고 기회가 생길 때마다 노예들을 풀어 주는 일을 시작했는데, 옥스퍼드의 역사학자이자 로마 이방 종교와 초기 기독교 관계 분야의 전문가인 로빈 레인 폭스(Robin Lane Fox)는 이러한 "자유 부여 행사"가 종종 교회 안에서 주교의 입회하에 실시되었다고 말한다.[52] 기독교의 초기 시대에 얼마나 많은 노예들이 해방되었는지 정확히 파악하는 일은 불가능하지만 레키의 보고에 따르면 그 숫자가 상당하다는 것만은 분명히 알 수 있다. 그가 남긴 기록의 내용은 다음과 같다:

> 성 멜라니아는 8,000명, 갈리아의 부유했던 순교자 성 오비디우스는 5,000명, 그리고 디오클레시안 황제하에서 로마 총독을 지낸 크로마티우스는 1,400명, 트라얀 황제 하의 총독이었던 헤르메스는 1,200명의 노예를 해방시켰다. 그와 함께 성 어거스틴의 휘하에 있던 히포의 성직자 다수와 그 외의 많은 개인들이 경건 행위의 하나로서 자신의 노예들을 풀어 주었다.[53]

밀란 칙령의 발효 2년 후인 서기 315년에 기독교도 황제인 콘스탄틴이 어린이를 유괴해 노예로 삼는 행위를 범죄로 규정한 후, 기독교 주교와 위원회가 수 세기간 노예의 속량과 해방을 호소하면서 수도자 개개인이 자발적으로 노예를 풀어 주는 모범을 보이기 시작했다.[54] 그 결과는 참으로 놀라운 것이었는데, 12세기 당시 유럽에서는 노예 신분의 사람을 찾아보기 어려운 현상이 나타났고 14세기에 들자 영국을 포함한 유럽 대륙 전역에서 노예가 거의 발견되지 않을 정도였다.[55]

하지만 불행히도 이 제도는 17세기경 영국에서 부활되었다. 노예제도를 불법으로 간주한 1102년의 런던 교회 의회의 결정을 무시한 채 아프리카에서 노예들을 모아 온 영국인들은 자국과 서인도제도, 미국 등으로 이들을 수출하기 시작했다.[56] 포르투칼과 스페인 역시 아프리카에서 끌고 온 노예들을 브라질과 중미, 그리고 남미에 있는 자신들의 식민지로 배에 실어 수송했다. 당시 노예 무역 부활의 가장 통탄할 요소는 이러한 행위가 스스로를 기독교인이라 일컫는 개인과 국가들에 의해 자행되었다는 점이다. 그 나라들에서의 기독교가 분명 문화적 현상이기는 했지만 실제적으로 예수님의 가르침이 개개인의 가치관이나 일상생활 방식에는 거의 영향을 미치지 못했던 결과였다. 이를 두고 여타의 신실한 기독교인들은 그 제도가 모든 인간의 동등하고 내재적인 존엄성을 믿는 기독교적 신념에 크게 위배되는 행위임을 상기시키면서 그에 대항하는 전투를 재개하려 새롭게 준비에 나섰다.

당시 이 일에 앞장섰던 여러 인물들 중 윌리엄 윌버포스(1759 - 1833)의 역할이 특히 두드러졌는데, 영국 의회의 핵심 인물이자 다선 의원이었던 그는 자신의 국가의 기본 사고를 혁신하고자 길고 험난한 투쟁을 시작했다. 그리고 그 사회의 견고한 권력 체제과 경제 구조에 대항해 분투 노력함으로써 마침내 본인이 시작한 전투 — 노예제도의 종식 — 에서 승리했을 뿐 아니라, 다른 여러 분야에서까지 사회정의 구현을 위한 의식 계몽에 공헌할 수 있었다. 그가 쏟은 노고의 결과는 오늘날 서구 지

왜 사람들은 믿음을 갖지 않는가

역에서 노예제도를 바라보는 시각에도 잘 드러나는데, 윌버포스의 시대에 보편적이었던 그 제도가 오늘날은 상상도 할 수 없는 일로 간주되는 급격한 인식 전환이 이루어진 것이다.

윌버포스의 이야기는 간략하게나마 반드시 살펴보아야 할 내용이다. 특권적 배경 출신인데다 젊은 시절부터 눈에 띄던 여러 능력을 보유했던 그는, 항상 주변에 많은 친구들을 불러 모을 정도의 재치와 유머 감각은 물론이고 토론이나 연설에서 돋보이던 지성과 언변으로 인해 의회 의원으로서의 확실한 성공을 보장받은 인물이었다. 게다가 청중들에게 장시간 연설을 해야 할 때에도 계속 그들을 즐겁게 만들 수 있는 재능 또한 겸비하고 있었기에, 청년 시절 종교 같은 문제와는 그다지 관련될 이유가 없었으며 오히려 런던의 사교계와 아주 잘 어울린다고 할 만한 사람이었다. 윌버포스가 살던 당시 하나의 거대한 카지노로 묘사되던 그 도시는 특권층의 사교 클럽, 도박장과 매춘굴, 그리고 지극히 퇴폐적인 행태를 일삼는 전문적 매춘부들로 유명했다.

이렇게 사치스럽고 타락한 생활 방식은 성공적 사업 분야로서 뿐 아니라 국가적 정책으로까지 채택된 어린이 노역과 노예 무역에 의해 가능했는데, 당시 노예 무역은 이를 통해 얻은 부와 이윤으로 의회에서 점점 강한 권력을 휘두르게 된 농장주와 신사들에 의해 특히 지지받고 있던 사업이었다. 자신들의 대표를 하원에 내세울 수 있는 분량의 행정구역을 사들이고자 기꺼이 5천 파운드를 지불할 정도였던 그들은, 이 노예제를 영국의 경제정책 중 가장 견고하다고 할 만한 제도로 확립시켰으며, 따라서 이에 대한 도전은 — 몇몇 종교적 집단의 시도가 있기는 했지만 — 거의 희망 없는 일처럼 보이고 있었다. 그러나 다행히도 이 모든 일들은 윌리엄 윌버포스의 영향력이 아직 이 나라에 미치기 전의 상황이었다.

이러한 가운데에도 그의 옛 스승인 아이작 밀너(Isaac Milner)의 권고로 성경 읽기를 매일 계속하던 윌버포스는, 1785년의 일기에 나타나듯이 과정을 통해 자신의 당시 삶에 점점 더 큰 공허감을 느끼게 되었다. 드디어 그의 생애에 극적 전환점이 찾아왔는데, 왕립 해군에 억류되었다가 이후 노예상으로 일하던 중 기독교인이 된 존 뉴턴(John Newton)에 의하여 그리스도에 대한 신앙으로 인도된 일이 그것이었다.

하지만 기독교인이 된다는 것이, 특히 18세기를 살던 의회 의원인 그에게 어떤 의미여야 할 것인가? 이 질문에 대해 스스로 깊이 숙고하던 윌버포스는 자신의 회심에는 하나님으로부터 개인적 구원을 얻었다는 것 이상의 보다 큰 사명이 있어야 함을 깨닫게 되었다. 진정한 기독교는 구원의 문제만이 아니라 섬김의 문제이며, 그것은 곧 억압받는 이들에게 하나님의 자비를 전달하는 일이라고 그는 확신했다. 그리고 그 실천 방법은 결국 억압하는 자들에게 맞서는 일일 것이었다.

뛰어난 수필가이자 목회자이며 자신의 소책자를 통해 노예 무역의 잔혹성을 자세히 소개했던 토마스 크라크슨(Thomas Clarkson)의 영향으로 사회적 의식이 촉발된 윌버포스는, 1787년 기록한 글에서 다음과 같이 선포하고 있다: "전능하신 하나님은 두 가지 거대한 목표를 내 앞에 펼쳐 놓으셨다: 노예 무역 폐지와 삶의 태도(도덕성)의 개혁이다."[57] 그는 이러한 확신에 따라 노예제도는 물론이고 채무법이나 어린이 노역 등과 같은 영국 사회의 고질적 병폐들에 맞서고자 대규모 투쟁을 시작했다. 이 투쟁은 그가 사망하기 며칠 전인 1833년 7월 26일, 자신이 1823년 의회에 제출했던 노예제도 폐지령이 마침내 통과되었다는 소식을 들었을 때에야 비로소 완결을 볼 수 있었고, 결국 영국은 이 법에 따라 식민지인 서인도 제도로 실어 보낸 70만명의 노예들을 해방시키게 되

왜 사람들은 믿음을 갖지 않는가

었다.[58] 윌버포스의 노력과 그를 도왔던 사람들의 수고에 의해 1840년 노예제도가 영국 제국 전역에서 완전한 종식을 맞음으로써 영국은 노예제도를 불법화한 첫 근대국가가 되었으며 곧이어 다른 국가들도 이 정책을 채택하였다.[59]

지금까지도 윌리엄 윌버포스의 이야기는 핍박받는 이들을 위해 정의 구현 투쟁을 하는 전 세계 기독교인들에게 고무적인 성공 사례로 인용되고 있다. 그렇다면 그의 이 같은 성공은 어떻게 가능할 수 있었을까? 윌버포스의 삶의 자세와 억압받는 사람들에 대한 열정, 그리고 정의 실현을 목표로 그가 사용한 전략을 살펴보면, 우리 각자의 문화 안에서 효율적인 사회 변혁에 적용할 수 있는 몇 가지 교훈이 발견된다. 그 교훈이란 곧, 앞 장에서 자세히 설명하고 분석했던 기독교의 기본적 가르침들로서, 결코 그 의미가 경시되어서는 안 될 중요한 개념들이다.[60]

대학의 설립

앞에서 여러 번 언급되었듯 기독교 역사의 초기 당시부터 그리스도를 따르는 참된 신앙인들은 인간의 존엄성과 모든 인간의 동등한 가치를 믿었는데, 이 믿음의 기반이 된 것은 인간 존재를 사랑의 하나님께서 지으신 목적성 있는 창조물로 인식하는 관점이었다. 인간 안에 내재하는 하나님의 형상이라는 특질에는 이성의 힘 — 사고하면서 스스로를 자각하는 능력 — 이 포함되는바, 이 점이 바로 정신의 개발과 향상에 기독교인들이 늘 헌신해 왔던 이유이기도 하다. 사실상 그와 같은 노력의 시작점은 치유자와 구속자로서뿐 아니라 교사로서 더욱 유명했고 또한 위대한 능력을 보이셨던 예수님이었으며, 이후에는 그분의 사역을 계승받았던 직속 제자, 즉 초기 사도들의 가르침을 통해 꾸준히 전승, 발전되었다. 누가의 기록에서 보듯 "그들은 날마다 성전에서, 그리고 이집 저집에서 쉬지 않고"(행 5:42 표준새번역) 가르쳤을 만큼 그 사역에 몰두했기에, 바울이 자신의 서신을 통해 교회 감독의 자격으로 꼽았던 조건들 중에도 "가르치기를 잘하며"(딤전 3:2 우리말성경)라는 항목이 포함되어 있을 정도였다.

이런 맥락에서 초대교회는 그 시작부터 여러 가지 교육 관련 자료와 입문서 등을 제작하면서 가르침의 사역에 특히 역점을 두었는데, 이들 중 가장 잘 알려진 것이 디다케(Didache)라는 이름의 새 신자 교육 안내서였으며 그 외의 다른 자료들도 신앙 입문자에게 주어지는 교리문답 강의안으로 함께 사용되었다. 강의안을 이용한 이러한 교습법이 문학적 중요성을 강조하는 교리문답 학교들에 의해 장기간에 걸쳐 개발되면서 기독교인이 있는 곳이면 어디에서든 이들 학교가 꾸준히 건립되었는데, 서기 150년 에베소서와 로마에는 기독교 교회가 낳은 최초의 학자로 일컬어지는 순교자 저스틴에 의해 교리문답 학교가 세워지기도 했다. 물론 이들 학교의 주요 교육 내용은 기독교 교리와 관련한 것이었지만 알렉산드리아 등 일부 지역의 학교들은 수학이나 의학과 같은 과목도 가르쳤으며, 이후 오리겐이 알렉산드리아의 클레멘트를 계승하고부터는 문법 수업까지도 교과 과정에 포함되었다.[61]

교육에 대한 중요성 강조는 교육기관 역할도 함께 맡는 수도원의 설립으로 이어졌는데, 이를 두고 알빈 슈미트는 수사와 사제 훈련을 기본 목표로 했던 그 기관들이 오늘날의 대학처럼 완벽한 형태는 아니었지만 이후 정식 대학이 발전할 수 있는 학문적 기반을 제공했다는 점에서 "초기 대학"이라 불리어 마땅하다고 말하고 있다.[62] 마찬가지의 이유에서 대학을 기독교의 발명품이라고 일컬었던 로드니 스타크가 지적했듯, 역사상 최초의 두 대학은 실제로도 앨버트 마그누스(Albert Magnus)와 토마스 아퀴나스가 교육 사역을 하던 파리와, 12세기 중엽의 볼로냐에서 출현했다.[63] 1200년경 옥스퍼드(Oxford)와 캠브리지(Cambridge)가 설립된 이래 13세기에는 새로운 교육기관 건립이 하나의 사조가 되면서 툴루즈(Toulouse), 올리언스(Orleans), 나폴리(Naples), 살라망카(Salamanca), 세빌(Seville), 리스본(Lisbon), 그르노블(Grenoble), 파두아(Padua), 로마(Rome), 페루지아(Perugia), 피사(Pisa), 모데나(Modena), 플로랑스(Florence), 프라하(Prague), 크라쿠프(Cracow), 비엔나(Vienna), 하이델베르크(Heidelberg), 쾰른(Cologne), 오펜(Ofen), 에르푸르트(Erfurt), 라이프치히(Leipzig), 로스톡(Rostock) 등의 학교가 연이어 설립되었다.[64]

미국의 종교, 문화 분야 전문가이자 노틀담 대학의 교수이기도 한 조지 마스든(George Marsden)은, 기독교 초기의 수도원 교육 시대부터 19세기까지 설립된 모든 대학은 법학, 신학, 의학 등의 개설 과목과 관계없이 기독교 기관으로서 세워진 후 신학의 바탕 위에서 운영되었다고 설명한다.[65]

수준 높은 고등교육을 담당하는 대학의 역할은 그때까지 세상이 경험해 보지 못했던 새로운 무언가로서, 수도원도 명상 기관도 아니었으며 중국의 관료 훈련 기관이나 선승 학교 등과도 그 성격이 달랐다. 중세의 대학들이 가장 중점을 두었던 임무는 물려받은 지혜의 전승이 아니라 혁신적 사고의 개발로서, 이 새로운 사고 체계는 타 지역에서도 강의 요청이 쇄도했을 정도의 명예와 인정으로 보상받게 되었다.[66]

고등교육 분야에 미친 기독교의 영향은 북미 지역까지 이어졌는데, 오늘날 북미권 대학과 대학교의 강한 세속적 특성을 생각하면 1932

년 도널드 툭스버리(Donald Tewksbury)가 남북전쟁 이전의 미국 대학과 대학교의 건립(The Founding of American Colleges and Universities before the Civil War)이라는 책을 발간할 당시 존재하던 182개의 대학과 대학교 중 92퍼센트가 기독교 교파들이 설립한 것이었다는 점은 많은 이들에게 놀라운 사실일 것이다. 그러나 북미 지역에서 현재 잘 알려진 대학과 대학교의 대다수가 애초에 기독교 학교로서 출발했음에는 이견의 여지가 없다. 1636년 하버드 대학이라는 이름으로 건립된 오늘날의 하버드 대학교는 회중교회 학교로 건립되었으며, 윌리엄 앤 메리 대학은 성직자를 양성하기 위해 감독교회 학교로서 시작된 곳이었다. 또한 예일 대학교가 본래 "우리 나름의 방식으로 사역자들을 길러낸다"[67]는 사명을 가지고 시작된 교회 학교였던 한편, 일리노이 에반스톤에 있는 노스웨스턴 대학교는 감리교 교파가 처음 설립한 학교였다. 초창기에 왕의 대학(King's College)으로 불리던 컬럼비아 대학교가 감독교회에 의해 건립된 대학인가 하면, 프린스턴 대학교는 애초에 장로교 학교로서 세워진 경우였다. 켄터키 대학교와 캘리포니아 버클리 대학교, 테네시 대학교 등의 주립 대학교들조차 그 기원은 모두 교회학교였다.[68]

대학과 대학교에 남겨진 기독교의 족적은 성 앤(St. Anne), 성 안토니우스(St. Anthony), 성 마리아(St. Mary), 성 버나드(St. Bernard), 성 올라프(St. Olaf)와 같이 기독교 성자들의 이름으로 명칭을 정한 학교들과, 그리스도(Christ), 삼위일체(Trinity), 엠마누엘(Emmanuel), 막달라(Magdalene), 왕의 소유(King's) 등 성경적 의미를 가진 학교들의 이름에서 뚜렷이 드러난다. 이러한 명칭을 가진 학교들 역시 기독교 신앙이 아니었다면 오늘날 존재할 수 없었을 중요한 교육기관들이다.

왜 사람들은 믿음을 갖지 않는가

기독교의 계속적인 긍정적 영향력

"나는 무신론자이지만 아프리카가 신을 필요로 한다는 사실만은 진심으로 믿는다. 보조금이 아닌 선교사들이 아프리카의 가장 큰 문제 — 사람들의 정신에 내재하는 심각한 소극성 — 에 대한 해결책인 것이다." 무신론자인 매튜 패리스(Matthew Parris)는 어린 시절 떠나 온 고향 아프리카 말라위(Malawi)를 다시 다녀 온 후 결국 인정할 수밖에 없던 사실에 대해 이같이 놀라운 말로 고백하고 있다.

말라위라는 아프리카 국가에서 어린 시절을 보낸 패리스는, 영국 자선 단체인 펌프 에이드(Pump Aid)가 아프리카 지역민에게 깨끗한 물을 공급하려 진행 중인 양수기 설치 보조 사역에 대해 알게 되면서, 떠난지 45년이 지난 그곳을 자신도 다시 방문하기로 결심한다. 그리고 이 방문은 개발 구호 사역에 대한 그의 생각을 완전히 변화시켰을 뿐 아니라 그의 과거 신념에도 위기를 초래하게 되었는데, 이는 기독교의 선교 활동이 아프리카에서 일구어 낸 실질적 기여가 무신론자인 그를 당황스럽게 만들었기 때문이었다. 이러한 사실을 자신의 무신론과 조화시킬 수 없었던 그였지만, 결국 그들의 사역이 진심에서 우러난 행동이며 말라위에서 시행되고 있는 다른 형태의 보조나 개발 사업과는 전혀 다른 차원의 것임을 인정할 수밖에 없게 되었다.

이와 같이 기독교인들의 선교 사역이 일반적인 비정부 조직 사업이나 정부 차원의 노력과 확연히 다름을 알게 된 그는, 세속 조직에 의해 제공되는 사업들은 교육이나 훈련을 적절히 제공하지 않음으로써 최선의 방식으로 실행될 때조차 부족한 점을 드러낼 수밖에 없다는 사실도 발견하게 된다. 반면에 기독교가 보여 주는 가장 큰 특징은 사람들의 마음 안에 일어나는 변화임을 깨달았기에, "그것은 영적 전환을 가져온다. 재

탄생은 실제이며 그로 인한 변화는 참으로 훌륭하다"는 말로 자신의 생생한 감격을 표현하고 있다.

이것은 패리스의 관점에 나타나는 중대한 변화를 보여 주는데, 아프리카에서 행해지는 기독교인들의 인도주의적 사역에 대하여 ― 학교와 병원 설립, 청정수 공급원 건설 등의 ― 이전에 그가 했던 이야기는, 그것들이 좋은 일이긴 하지만 그곳 사람들이 도움을 받는다는 사실이 중요하지 그 일을 하는 사람들의 신앙은 중요한 문제가 아니라던 것이었기 때문이다. 자신의 과거 생각이 옳지 않았음을 깨닫고 난 이후 그는 더이상 그런 식의 주장을 하지 않는데, 이는 사람들이 선행을 하게끔 만드는 단순한 동기 이상으로서의 신앙의 힘과 그 힘의 엄청난 영향력을 통해 일어나는 삶의 변화를 스스로 목도한 결과였다.

패리스는 어린 시절 기독교 선교사가 자신의 집에 머물렀던 때의 일을 회상하면서 "그들은 모든 면에서 다른 사람들과 달랐으며 그들의 신앙은 그들을 자유롭고 여유 있게 만드는 것 같았다. 거기에는 전통적 아프리카인들의 삶에서 찾기 어려운 호기심과 생기, 사회에의 적극적 참여의식 ― 타인들과의 직접적인 교제 ― 이 있었다"고 말한다. 그는 또한 청년 시절 네 명의 친구들과 함께 알제리에서부터 나이로비와 케냐까지 자동차로 여행하던 당시의 경험도 인상 깊게 기억하고 있는데, 밤 동안 묵을 안전한 잠자리를 찾던 그들은 우연히 기독교 선교원 근처까지 가게 되었다고 한다. 당시 묵었던 선교사 거주 지역에서 이들이 목격하게 된 모습은 인근 지역 사람들에게서 나타나는 뚜렷한 삶의 변화였으며, 그곳 사람들은 타인을 외면하거나 경멸하는 태도 없이 모든 이에게 직접적으로, 그리고 일대일의 관계로 다가와 주었다는 것이다.

말라위 '고향'으로의 최근 여행에서도 그는 "펌프 에이드 팀 멤버 중 가장 감동을 주는 아프리카인들은(대체로 짐바브웨 출신인) 강인한 믿음을 소유한 기독교인들"이라는 사실을 확인했다. 그들의 정직과 근면, 그리고 스스로의 일에 대한 낙관적 태도 등 자신에게 큰 감명을 남긴 부분들을 개인적 신앙과 무관한 것으로 보고 싶어 했던 패리스는, 결국 자신의 관점이 옳지 않다는 사실을 깨닫게 되었고 그들의 자기 인식이 우주에서의 인간의 위치에 대한 믿음 ― 기독교가 가르치고 있는 ― 에 기반을 둔 것이라는 점을 인정할 수밖에 없었다.[69]

매튜 패리스가 경험을 통해 도달한 결론에 동의하고 싶지 않은 사람들도 있겠지만, 이것은 그의 거짓 없는 고백이자 어디에서든 쉽게 발견할 수 있는 기독교의 깊이 있고 긍정적인 영향력에의 간증이기도 하다.

⑨
앞으로 어떻게 전진해야 할 것인가?
—
진정한 신앙의 길

이제는 무척 실제적인 질문 하나가 남게 된다. 이 지점에서부터 우리가 어디로 향해 나가야 할 것인가? 종교적 폭력의 문제를 해결하기 위해 우리가 취할 수 있는 어떤 해결책, 혹은 최소한 건설적으로 내딛을 수 있는 발걸음이 있는가? 전진할 길이 과연 우리 앞에 존재하는가? 이것은 간단한 몇 마디 말로 답변될 수 없는 실로 중차대한 질문이다. 하지만 한 가지만은 분명해 보이는데, 종교를 세상으로부터 몰아내는 일은 — 만약 그러한 일이 가능하더라도 — 종교적 폭력을 포함한 세상의 폭력들을 종결시키려는 노력에 아무런 도움도 될 수 없다는 사실이다. 우리가 앞에서 살펴보았듯 종교를 말살하려는 시도는 세계가 경험해 온 가장 극악한 폭력들 중 상당수의 배후가 되었다. 게다가 이제 우리가 분명히 아는바, 종교적으로 동기화된 것처럼 외관상 보이는 많은 폭력 행위들이 사실은 종교가 사라지더라도 여전히 잔존할 보다 깊은 정치적, 문화적, 또는 이념적 동기들에 의해 촉발되어 왔던 것이다.

물론 슬프게도 종교는 폭력을 계획하는 주도자들이 자신들의 악행을 대행해 줄 '병사들'을 모집하면서 유용하게 사용하는 도구의 기능이 되기도 한다. 종교의 이름을 도용한 이들 폭력이 종교를 악의적으로 오용하는 상황을 두고 대다수의 종교인들은 분노를 표하는데, 그들 가운데에는 그런 사악한 행위를 저지르는 사람들과 같은 집단으로 취급받을 일로 인해 인간적 모멸까지 느낀다고 고백하는 이들이 있었다.

그렇지만 우리는 종교가 악용되거나 악한 목적을 위해 변질될 수 있는 유일한 이상, 혹은 관념이 아니라는 점도 기억해야 한다. 종교 이외에도 자유, 평등, 관용, 공동체, 심지어 무신론과 같은 또 다른 요소들이 존재하고 있기 때문이다. 우리는 앞에서 한 사회가 세속화될수록 어느 누구의 도전도 허락하지 않을 만큼 강력한 개념들, 즉 앨리스터 맥그래스가 "유사신성 권위"라고 일컫는 막강한 비종교적 개념들이 더욱 강화되는 경향이 있음을 살펴보았는데, 그런 상황에 이르면 어떤 세속적 개념이든 더욱 심각하게 악용될 수 있는 조건이 갖추어지게 된다. 역시 앞에서 다루었던 것처럼, 프랑스 대혁명 당시 날조된 혐의로 사형을 언도받아 1792년 단두대에 서게 된 마담 롤랑이라는 여성이 "자유여, 그대의 이름으로 얼마나 많은 범죄가 용인될 것인가"[1]라고 자유의 여신상에 조롱조로 머리를 조아리며 했다는 말을 통해서도 충분히 증명되듯 말이다.

이러한 사실은 상당히 중요한 의미를 함축하고 있는데, 만약 모든 개념들이 폭력을 증진하기 위해 악용될 가능성이 있다면 이는 곧 각 개념 그 자체보다 그것의 근간에 존재하는 보다 본질적 요인들이 문제가 된다는 의미이기 때문이다. 그러므로 어떤 특정 개념을 모든 폭력의 원천인 양 비난하기에 앞서 그 개념의 악용을 방지할 수 있는 방법이 먼저 모색되어야 하며, 이를 위한 노력이 충분히 이루어지지 않을 경우 목표물을 잘못 정하거나 근본적인 문제점을 건드리지 못한 채로 방치하는 우를 범할 수 있게 된다.

하지만 근본적이고 본질적인 그러한 요인을 어떻게 해야 정확히 짚어낼 수 있을까? 그 작업에 성공할 수 있는 최선의 방법을 어디에서 찾아야 할 것인가? 만약 이 책에서의 분석이 정확하다면 그 근본 요인은 우리가 지금까지 생각했던 것보다 훨씬 더 가까이에 — 불편할 정도로 가까이에 — 있을 수 있다는 점에서 상황이 무척 흥미로워진다. 역사 전반을 통해 어떤 개념이든 악용을 일삼은 것은 결국 인간 자신이었기 때문에, 그 근본 문제가 우리에게, 혹은 우리 내부라고 말할 수 있는 곳에 있다는 진단을 피할 수 없으리란 이유에서이다.

어쩌면 G. K. 체스터턴이 영국의 타임즈(The Times)로부터 의뢰받은 수필을 작성할 당시 이 사실에 대해 누구보다 정확히 이해하고 있었던 것인지도 모른다. 이 신문은 몇몇 유명 작가들에게 "세상을 이토록 문제 많은 곳으로 만든 요인이 과연 무엇인가?"라는 질문에 답변을 제시하도록 요청했는데, 그 때 체스터턴이 제출한 것은 다음과 같은 짧은 편지였다.

선생님,
그것은 바로 저 자신이랍니다.
안부 전하면서,
G. K. 체스터턴[2]

왜 사람들은 믿음을 갖지 않는가

우리 모두가 마음 속 깊이에서 짐작하는 어떤 것을 체스터턴은 이미 알고 있었던 듯 하다 — 세상에서 가장 복잡한 문제들의 근원은 저 바깥 세상 어딘가가 아니라 바로 우리 인간들 내부에 있다는 사실 말이다. 그리고 만약 이것이 옳은 진단이라면 모든 문제들의 해결책은 분명 우리 내부의 변화를 포함해야 마땅할 것이다. 그러나 이 모든 가정이 옳다고 하더라도, 과연 인간 내부의 변화라는 것이 있을 수 있는 일일까? 우리가 진정한 의미에서 새로운, 현재의 우리 자신과 전혀 다른 그 어떤 존재로 변화하는 일이 말이다. 그렇지만 놀랍고도 흥미롭게도, 과거 수백 년 간 철학자와 신학자들이 추구해 온 심오한 가치, 즉 우리 내부의 그와 같은 변화는, 오래 전 세상을 다녀가셨던 나사렛 예수께서 이미 우리에게 제안하셨던 바로 그것이다. 기독교인으로서 나는 이러한 깨달음이 무척 고무적인 통찰인 동시에 또한 우리 모두에게 주어진 희망임을 발견하게 되었다.

이제는 책의 시작 부분부터 줄곧 다루어 왔던, 종교를 세상 모든 문제들의 근본 원인으로 지목해 비판하는 관점으로부터 눈을 돌려 다른 무언가 — 혹은 누군가 — 에게로 시선을 고정할 때가 된 듯 하다. 이것은 일부 사람들에겐 단순히 종교적으로 들릴 수도 있을 나사렛 예수라는 분을 가리키는 말로서, 문제들의 원천으로서가 아니라 그것들의 해결책으로서 고려되어야 할 대상이다. 진정 우리에게 필요한 것이 내부로부터의 변화라면 그분의 말씀에 주의를 기울이지 않는 일은 그러한 변화의 가능성을 차단해 버리고 마는 일이 될 것이다.

예수님에 대해 말해 주는 역사적 자료인 사복음서는 그분이 세상에 불러온 변화에 대한 이야기로서, 예수께서 전해 주시고자 하는 새로운 삶의 형태와 그 안에 거하는 새로운 창조물로서의 인간의 모습을 우리에게 소개하려는 목적으로 기록된 책이다. 한 사람의 인간으로 이 땅에 오시기 위해 성육신을 하셨던 예수님을 통하여, 우주의 창조자가 인간 중에서도 연약한 어린 아기가 되셨고, 보다 앞서서는 한 여성의 몸 안에 있는 태아이기까지 하셨던 것이다. 더욱 믿기 어려운 일은 우리가 원하기만 한다면 그분의 생명이 우리 안에서 역동할 수 있는 장치를 마련하신 것인데, 그러한 신비에 의하여 예수님은 자신의 삶이 우리의 삶 내부에서, 그리고 우리의 삶을 통해 되살아남으로써, 마침내 사는 것이 우리가 아니고 우리를 통해 당신께서 살아 숨쉬는 차원이 되기를 꿈꾸셨다. 이것이 바로 우리를 진정으로 새롭고 지금의 우리 자신과 다른 어떤 존재로 만드는 그분만의 방식이다.

워낙 놀라울 수밖에 없는 이야기들인 만큼이나 이와 같은 내용이 기록된 신약성경의 책들을 신뢰하는 일은 더욱 어려울 수도 있을 것이다. 게다가 그런 책들의 내용은 현실과 전혀 관계없는 '종교적인' 것이라는 인식 때문에 여기에서 다시 종교의 본질에 대한 질문이 제기될 수도 있겠지만, 혹 그 책들을 단지 성경 안에 포함된 것이라는 이유만으로 무시해 버린다면, 발생론적 오류(genetic fallacy)라고 하는 가장 기본적인 논리상의 오류를 범하는 결과가 된다. 이 논리적 오류는 어떤 개념을 단지 그 기원 때문에 거부하거나 무시하는 경우 범하게 되는 실수로서, 한 개념의 진실성이란 그 기원과는 별개의 문제이며 각 개념은 그 자체의 가치를 가지고 판단되어야 한다는 사실을 우리에게 상기시켜 주고 있다.

이러한 관점은 사복음서의 경우에 특히 중요한 의미를 갖는데, 그 책들이 예수님의 시대와 삶, 가르침에 대한 정보를 우리에게 전달하려는 분명한 목적을 가지고 기록된 종교의 역사라는 점과, 예수님의 직속 제자들이나 그들을 통해 예수님께로 인도된 직접 목격자들에 의해 쓰여진 사실적 역사라는 면에서, 그 신뢰성이 확실하게 보장될 수 있는 문서들이기 때문이다. 더구나 이 사복음서는 자신들이 언급하고 있는 여러 사건의 발생 직후에 기록되었기에 — 25년에서 40년 이내에 — 예수님의 삶과 관련된 각 사실들이 전설처럼 허황되게 꾸며질 시간적 여유조차 없었다.[3]

이 자료들은 그 외에도 다른 신뢰할 만한 근거(4장에서 논의된)를 내포하고 있는데, 그 가운데 특히 주목할 내용은, 예수님의 매장과 빈 무덤의 이야기(눅 23:55-24:10) 같은 중요한 사실에서 핵심적 목격자로 여성들을 지목해 증거하고 있는 부분이다. 1세기 팔레스타인에서 그들이 갖던 낮은 지위를 생각할 때 이런 식으로 여성을 등장시키는 일은 — 특히나 남자들(예수님의 제자들)을 사용하는 것이 충분히 가능한 상황에서-자신의 이야기를 타인들이 믿게끔 꾸며대려는 사람이라면 생각조차 할 수 없을 일이기 때문이다. 예수님의 시신을 십자가에서 내리고 자신이 소유한 무덤에 매장할 수 있도록 허락을 요청했던 아리마대의 요셉(눅 23:50-53)의 구체적 신분에 대한 언급 역시 그에 버금가는 중요성을 띠고 있는 내용이다. 그가 당시 유대인들의 대법원과 같았던 산헤드린이라는 기관의 명망 있는 구성원이었다는 점에서, 이런 이야기를 지어내려고 할 어느 누구라도 신속한 사실 확인이 가능하고 내용의 진위 여부 파악이 너무도 용이한 요셉과 같은 인물을 조작된 이야기에 포함시켰을 리는 만무할 테니 말이다.

이와 같은 모든 위험을 감수한 것은 예수님과 제자들의 이야기를 있는 그대로 전하겠다는 저자들의 확고한 의도 때문으로서, 그들은 부끄럽거나 당혹스러운 몇몇 사건들에 대해서도 감추려는 시도를 하지 않았다. 어떤 경우는 제자들이 — 훗날 초기 기독교 운동의 지도자가 될 —

하나님의 나라에서 자신들 중 누가 가장 위대한 인물이 될지에 대해 논쟁하는 장면을 그리고 있으며(막 9:33-35), 또 다른 경우는 예수님을 결코 부인하지 않겠다고 서약한 베드로가 채 몇 시간도 지나지 않아 맹세와 저주까지 반복하면서 세 번을 연달아 그분을 모른다고 부인한 사실을 보고하고 있는데(마 26:35, 69-75), 이들로 그다지 자랑스러운 이야기는 아닐지라도 최소한 예수님의 삶과 가르침에 관련된 의심할 바없는 실상을 제공하는 기록이라는 점만은 명확하게 증명해 주는 내용들인 것이다.

예수님에 대한 기록을 읽으면서 마주치게 되는 일차적 문제는, 겉으로 보기에 서로 양립할 수 없을 듯한 두 가지 개념의 조화가 필요한 딜레마적 상황으로, 그 중 한 가지 개념은 기독교를 반대하는 이들조차 거의 이의를 제기하지 않는, 예수님의 도덕적 교훈의 깊이와 전반적인 탁월성이다. 사실상 우리 대부분은 다음과 같은 말이 기독교에 대한 사람들의 비난 앞에 덧붙여지는 것을 들어 본 적이 있을 것이다: "아, 오해하지 마세요, 나는 예수님의 도덕적 가르침에는 동의합니다. 그분은 위대한 도덕 교사시니까요." 물론 그들의 말은 옳다. 그분의 가르침에서 도덕성은 가장 심오하고 정련된 모습으로 제시되고 있으니 말이다.

그러나 또 다른 한 가지 개념은 예수님이 자신에 대해 하신 놀라운 주장과 관련된 것으로, 그분은 이 주장을 단지 한 번 혹은 몇 차례 정도가 아니라 늘상, 그리고 다양한 상황에서 거듭하셨다. 그분은 유일무이한 하나님의 아들임을 자처하셨으며 "아브라함이 있기 전부터 내가 있었다"(요 8:58 표준새번역)라고 말씀하시기도 했다. 이러한 언행이 유대의 청중들에게는 하나님과의 동일시라는 있을 수 없는 행태로 간주됨으로써, 불경죄라는 죄목하에 수차례 그분을 돌로 쳐죽이려 하게 만드

왜 사람들은 믿음을 갖지 않는가

는 결과를 낳기도 했다. 하지만 예수님은 결코 — 돌맞음을 피하기 위해서만이라도 — 스스로가 하셨던 주장을 철회하지 않으셨으며, 오히려 제자들에게 자신이 수 세기에 걸쳐 현자와 지도자들을 세상에 보냈던 당사자라고 말씀하시거나(마 23:34-37) 하나님의 아들로서 역사의 마지막 때에 세상의 심판자로 나타날 것임을 주장하시기까지 했다(마 25:31-46).

이러한 과정에서 예수님은 자신에게 믿음을 두었던 사람들에 대한 죄 사함을 선포하시곤 했는데, 이는 단지 그분에게 대항하여 지은 죄뿐 아니라 그들이 지어 왔던 모든 죄를 용서하신 것으로서(막 2:5-12), 실제적인 의미에 대해 깊이 생각하지 않는다면 그 참뜻이 간과되기 쉬운, 무척 위험할 수 있는 행동이었다. 누군가가 자신의 이웃에게 불쾌감을 주는 일을 한 후 뒤늦게나마 그에 대해 용서를 구한다면 잘못을 용서하는 일은 피해자의 재량이 되겠지만, 만약 이 문제와 전혀 관련 없는 제삼자가 그 가해자를 자신이 용서해 주겠다고 나선다면 대체 사람들이 이 행동에 대해 어떤 반응을 보일 것인가. 그런데 바로 이와 같은 일을 예수님께서는 늘상 반복하셨던 것이다. C. S. 루이스의 말처럼 예수님은 본질적으로 사람들이 범한 모든 죄가 그분 자신에게 거스르는, 그리고 자신과 관련된 것인 듯 행동하셨는데, 이는 정말로 예수님이 세상의 어떤 죄로 인해서든 당신의 법이 어겨지고 당신의 사랑이 배반당하는 진정한 하나님일 경우에만 성립될 수 있는 이야기이다.[4]

여기에 바로 딜레마의 상황이 놓여 있다. 풍부한 내용을 포함한 사려 깊은 가르침이, 그야말로 유사 이래 가장 병적일 만큼 자기중심적 주장을 하는 — 만약 그 주장들이 사실이 아니라면 — 동일한 사람에 의하여 전해진 것이다. 하지만 만약 그 주장들이 사실이라면 예수님은 명백하게 유일무이한 분이시며, 그분에 대해 진지하게 고려하는 일은 우리가 마땅히 해야 할 의무가 된다. 다른 종교나 혹은 다른 어떤 관념 체계에서도 이와 같은 사례는 존재한 바 없으며, 그분이 하신 각각의 말씀은 여타의 교사들이 제시하던 가르침과도 크게 다르다. 다른 모든 교훈들이 진리가 있는 곳의 방향을 가리켜 주는데 반해 예수님은 "내가 곧 길이요 진리요 생명"(요 14:6)이라고 말씀하고 계신 것이다.

예수님에 대한 이러한 사실들을 바탕으로 우리는 자신의 입장을 결정해야만 한다. 여기에서 우리에게 허락되지 않는 한 가지 선택은 오늘날 많은 사람들이 선호하는 바로 그것, 즉 예수님은 위대한 도덕적 스승이지만 그 이상은 아니라고 생각하는 태도이다. 만약 그것이 사실이라면 그분은 최고로 좋게 생각하더라도 비정상적인 정신 상태의 소유자이며 더 나쁘게 볼 경우 사악한 거짓말쟁이일 수밖에 없기 때문이다. 단지 추종자들을 얻기 위해 자신이 줄 수 없음을 알고 있는 영생을 주겠다고 약속한 것이라면 이보다 더 사악한 행위가 있을 수 있겠는가? 하지만 이와 관련된 자료를 근거로 볼 때, 예수님의 말씀을 직접 접했던 제자와 청중들은 결코 그분을 단순한 도덕 교사로 여기지 않았음이 명확히 드러난다. 당시 사람들은 그분을 증오하며 죽이려고 했거나, 두려워하며 거리를 두고 피했거나, 혹은 하나님으로 흠모하며 경배했다. 지금의 우리 역시 각자에게 주어진 선택을 해야 할 것이다.

초기 기독교 시대부터 지금까지 예수님을 따르는 이들은 그분이 스스로에 대해 하신 주장 — 우리에게 새로운 생명을 전해 주고자 인간의 몸으로 자신을 드러낸 우주의 창조자라는 — 과 완벽히 일치하는 분이라는 사실을 일관되게 선언해 왔다. 그분은 자신의 생명이 우리 안에서, 그리고 우리를 통해 살아 숨쉬기를 원하신다. C. S. 루이스가 표현했듯 이같이 우리 안에 거하시는 예수님의 생명은 우리를 과거의 자신들과 전혀 다른 모습으로 치환(置換)하는데, 그분의 손가락, 팔, 혹은 근육이 된 우리는 예수님께서 계속 세상에서 일하실 수 있도록 돕는 수단이자 지체로서의 역할을 하게 된다. 우리를 통해 일하시는 과정에서 예수님은 우리를 완전히 다른 사람, 바울의 말처럼 "새로운 피조물"로 만들어 주시는데, 이 같은 '혁명적' 여정은 문제 많은 오늘의 세상에서 발생하는 폭력과 잔인성에 대한 해결책을 추구하는 사람들이 반드시 지나야 할, 변화로 인도되는 경로이기도 하다. 게다가 우리 안에 그리스도의 생명을 품음으로써 하나님과 올바르게 연결된다면 주변 사람들과 맺는 우리의 관계 또한 변화하는데, 이것을 자전거 바퀴에서 바퀴살과 바퀴의 중심, 그리고 또 다른 바퀴살들과의 관계로 예시하는 C. S. 루이스는, 바퀴살들이 중심과 테두리에 적절하게 잘 들어맞을 때 그들 상호 간에도 역시 올바른 관계가 형성된다고 설명하고 있다.[5]

반면, 우리 안에 살아 일하실 그리스도의 생명과 분리될 경우 다른 사람과의 원활한 관계 정립도 당연히 어려워지며, 이것의 사실성을 확인하는 방법도, 마땅히 그래야 할 것으로 우리가 알고 있는 방식으로 — 남들이 우리를 그렇게 대해 주기를 바라는 방식으로 — 자신도 타인들을 대하면서 살고 있는가라는 단순한 질문을 스스로에게 던짐으로써 쉽게 가능해진다. 도덕적으로 완벽한 하나님의 이상은 둘째치고 개인적인 도덕적 이상만이라도 잘 따르면서 살 수 있는 방법이 있을까? 더 열심히 노력할수록 우리는 더 처참히 실패하게 되는데 말이다. 그러나 이것이 바로, 자신이 알고 있는 대로 살기 위해 최선을 다해 보았지만 결국 그것이 불가능하다는 사실을 깨달음으로써, 스스로의 이상에 따라 사는 일의 불가능성을 마침내 인식하게 되는 지점이다. 예수님은 이 단계에 다다른 우리가 그냥 그분에게로 돌아서서 이렇게 말하라고 요청하신다: "당신이 해 주셔야겠습니다. 저는 할 수 없으니까요." 물론 이러한 종류의 변화는 한 순간에 갑자기 일어날 수도, 특정 시점을 지정할 수 없을 만큼 점진적으로 일어날 수도 있지만, 여기에서 무엇보다 요구되는 태도는, 그분께서 세상에 계실 동안 살아 내신 완벽한 삶을 우리에게 전해 주시고 우리를 그분과 닮아 가게 만드실 수 있도록 예수님께 모든 것을 내맡기는 겸손함이다.

이 모두를 이해하는 것은 어려운 일일 수 있다. 창조되지 않은 영원의 존재, 자연의 테두리 너머에 거하시는 하나님이 자연 안으로 들어와서 자신의 삶을 우리와 나눈다는 개념은 결코 납득하기 쉽지 않은 것이니 말이다. 하지만 어떻게 산소가 폐 안에서 기능하고 혈류 속으로 유입되는지를 모르는 사람도 숨을 쉬며 살아가는 데에 문제가 없듯, 그 모든 과정이 어떻게 진행되는지 이해할 수 없는 사람이라도 그리스도께서 하시는 일들을 그대로 받아들일 수는 있다.

한편 그렇다고 하더라도, 진정으로 그리스도를 따르는 사람들은 폭력과 불의를 거부하리라는 사실을 우리가 확신해도 좋은 것일까? 예수님을 따른다고 주장하면서도 이 책에서 다루었던 범죄와 불의한 행동들을 적지 않게 범했던 사람들도 있지 않았던가? 불행히도 대다수의 사람들이 예수님의 일부 추종자들, 예수님을 따른다고 자처하면서도 불친절하고 부정직하며 위선적인 자신의 이웃, 동료, 혹은 동업자들로 인해 좋지 않은 경험을 했던 일이 있을 것이다. 그렇다면 대체 우리가 추구하는 변화가 어떻게 예수님을 따르는 일을 통해 이루어질 것이라고 기대할 수 있는가?

이 중요한 질문과 관련해 우선적으로 기억할 사실은, 우리 모두가 아직 가야 할 길이 먼 불완전한 인간들이라는 점이다. 우리 중 누구도 단번에 변화할 수는 없기 때문이다. 그것은 실제로 기나긴 과정이며 그 과정 동안 예수님이 우리에게 원하시는 삶의 모습에 항상 부응할 수도 없는 일이다. 이와 더불어 기억할 또 다른 사실은, 예수님이 자신들 속에서 일하고 계신다고 주장하면서도 예전과 똑같이 살아가는 이들이 있다는 이유로 그분이 우리를 통해 이루기로 약속하신 삶을 거부하려 든다면 이는 크나큰 실수가 된다는 점이다. 혹시라도 어떤 것이 악용된 결과에 의해 그것 자체를 판단해서는 안 될 일이다. 더구나 지금의 그들은 예수님의 삶이 그 안에 거하지 않았을 경우와 비교한다면 훨씬 더 사랑스럽고 점잖고 정직하고 친절한 사람이 된 것일지도 모르는 일 아닌가.

그 무엇에 앞서 우리에게 요구되는 자세는, 실제로 예수님을 이웃으로 가까이 모시고 살 경우 우리의 삶이 어떤 모습으로 변할지 각자가 진지하게 질문해 보는 것이다. 우리가 따르도록 부름받은 분, 당신의 삶을 우리에게 전해 주겠다고 약속하신 분이 예수님이라는 점에서 이런 마음가짐은 매우 중요하다. 특히 이 책의 중심 주제인 종교의 이름으로 행해지는 폭력과 관련해 생각할 때, 어느 누구에게도 폭력을 행하지 않으셨던 예수님께서 폭력의 대상이 되시기는 했을 망정 그것의 원인이 된 적은 한번도 없으셨다는 사실이 우리에게 주는 시사점은 크다. 자신이 범하지 않은 죄악으로 인해 십자가에 달리는 것으로써 이 땅에서의 사역을 끝맺으신 예수님은, 폭력을 폭력으로 분노를 분노로 맞받는 대신, 다른쪽 뺨을 돌려대고 5리를 더 가주고 해 질 때까지 분을 품지 말라고 우리에게 명령하신다. 예수님께서 전하시고자 하는 삶은 이런 모습이며, 바로 그 사실로 인해 우리의 삶도 조금씩 그분의 것을 닮아갈 수 있게 된다. 지난 2천 년 간 그분의 진실한 제자들이 폭력을 종교적 목적의 수단으로 사용하는 사람들에게 충격받고 분노해 온 이유가 바로 이것으로 서, 분명 예수님은 그들보다 훨씬 더 큰 충격과 분노를 느끼셨을 것임이 분명하다. 폭력은 결코 예수님의 방식이 아닐뿐더러 진정으로 그분을 따르는 이들이 취해야 할 방식 역시 될 수 없기 때문이다.

예수님은 단지 폭력을 피하는 정도에서 그치지 않으셨으며 자신의 제 자들에게 이웃을 사랑하라고 요청하시고는 그 내용을 두 가지 면에서 특징적인, 유명한 명령으로 확장하신다. 첫째로 그분은, 자신과 공통점 이 많은 이웃을 사랑하는 일이 좋은 출발일 수는 있지만, 거기에서 더 나아가 원수까지도 사랑해야 한다고 말씀하신다(마 5:44). 단지 이웃 만 사랑하는 일도 우리에겐 충분히 벅찬 것이지만 말이다.

둘째로 이 책의 앞부분에 논의되었던 선한 사마리아인의 비유(눅 10:30-37)를 통해 예수님은, 이웃 사랑의 기본적 의미에 대한 질문을 바탕 삼아 생각의 틀 자체를 철저히 바꾸라고 요구하신다. 참된 질문은 누가 나의 이웃이기에 내가 그들을 사랑할 수 있는가가 아니라 오히려 어떻게 내가 모든 사람들, 특히 내가 속한 집단 밖의 외부인들에게 이 웃이 되어 줄 수 있는가여야 한다는 것이다. 이 질문이 바로 그 유명한 이야기의 진정한 관심사이자 예수님을 비판하는 이들에게 반론으로 제 시될 수 있는 접근 방식이다. 예수님은 스스로 이러한 원칙에 따라 사심 으로써 우리가 자신과 전혀 다른 사람들, 자신이 속한 집단의 구성원이 아닌 사람들을 사랑하며 그 이웃으로 살아갈 수 있는 방법을 몸소 보여 주셨다. 이와 같은 삶이 결과적으론 그분의 반대자들로 하여금 죄인, 세 리, 창녀 등 당시 부정(不淨)하다고 외면받는 사람들을 수용하고 접촉 (마 8:3; 9:20-25; 21:31-32; 눅 15:1-2)했다고 하여 비난과 정죄를 퍼 붓는 구실이 되도록 했지만 말이다. 당시 사람들의 눈에는 참으로 파격

왜 사람들은 믿음을 갖지 않는가

적인 일이었음에도 예수님께서는 누구보다 이러한 사회적 약자들을 환영하셨다. 우리 기독교인들이 실제로 이 같은 수준의 삶을 살아 내지 못함으로써 종종 비난의 대상이 되기도 하지만, 예수님의 가르침의 핵심에 그러한 내용이 정확히 존재한다는 사실만은 반드시 기억되어야 마땅하다. 그러기 위해서는 또한 마태복음(5:44-47)을 포함한 여러 신약성경의 말씀들을 통해 예수님께서 우리에게 가르쳐 주신 다음의 명령들(의역됨)을 늘 마음에 새기고 살아가야 할 것이다.

자신의 친구에게 친절한 것은 누구나 할 수 있는 일이다
— 사랑은 더 힘든 일도 할 수 있어야 한다.
원수를 사랑하고 박해하는 자들을 위해 기도하라!
이것이 바로 진정한 하나님의 자녀가 행동하는 방식이다.

주

1. 종교가 갖는 힘

1. Sam Harris, *The End of Faith: Religion, Terror, and the Future of Reason*(New York: W. W. Norton, 2005), 11.
2. 같은 책, 11-12.
3. 같은 책, 26.
4. 같은 책, 133.
5. 같은 책, 26.
6. 같은 책, 13.
7. 한가지 짚고 넘어갈 중요한 문제가 있다. 이 책 전반을 통해 분명하게 표명했듯 나는 폭력의 가해자들이 종교적 이유를 앞세우며 행하는 모든 폭력 행위들을 "종교적 폭력"이라고 일컫는것이 옳지 않다고 생각한다. 다만 신 비평가들이 종교적 폭력이라고 잘못 인식하고 있는 폭력 행위들을 다룸에 있어 불가피하게 이런 표현을 쓸 뿐이며, 따라서 앞으로 이 표현이 등장할 때마다 그 둘 간의 차이점을 설명해야 하는 불편함은 생략하려 한다.
8. Richard Dawkins, *God Delusion*(Boston: Houghton Mifflin, 2006), 31.
9. Jerry Adler, "The New Naysayers," *Newsweek*, 11 September 2006, 47-49.
10. Daniel C. Dennett, *Breaking the Spell: Religion as a Natural Phenomenon*(New York: Penguin Books, 2006), 4.

2. 두려움의 근거

1. Harris, *End of Faith*, 44.
2. 같은 책, 29-33.
3. 같은 책, 84.
4. John Adams. Dawkins, *God Delusion*, 43에서 인용.
5. Joseph Brean, "A Day in the Intellectual Glare of Hitchens,"

왜 사람들은 믿음을 갖지 않는가

National Post 18, November 2007, A1, A3.

6. 같은 곳.

7. Brian Bethune, "Is God Poison?" *Maclean's*, April 16, 2007, 42.

8. Harris, *End of Faith*, 45.

9. 같은 책, 19.

10. 같은 책, 23.

11. 같은 책, 17.

12. Dawkins, *God Delusion*, 306 에서 인용.

13. Harris, *End of Faith*, 17.

14. Dawkins, *God Delusion*, 304.

15. Nehru. 같은 책, 45에서 인용.

16. Dawkins, *God Delusion*, 33.

17. Adler, "New Naysayers," 48.

18. Alister McGrath and Joanna Collicutt McGrath, *The Dawkins Delusion*(Downers Grove, IL: InterVarsity, 2007), 25.

19. Richard Swinburne. Dawkins, *God Delusion*, 65에서 인용.

20. Dawkins, *God Delusion*, 51-54.

21. 같은 책, 319.

22. Harris, *End of Faith*, 76.

23. 같은 책, 13, 17, 31, 65.

24. Dawkins, *God Delusion*, 99.

25. 같은 책, 237-39. Robertson이 하나님과 기독교를 심각하게 왜곡한 것은 분명하지만, 이에 관해 도킨스는 인터넷 상에 떠도는 낭설을 인용하고 있다. 실제로 Robertson은 뉴올리언스가 입은 피해의 원인을 낙태로 들었다. 물론 그가 동성애에 대해서도 논란의 여지가 많은 말을 여러 번 한 것은 사실이다 (http://www.snopes.com/katrina/satire/robertson.asp 참조.)

26. 같은 책, 245.

27. 같은 책 242-43.

28. Adler, "New Naysayers," 48-49를 참조할 것.

29. Dawkins, *God Delusion*, 31.

30. 같은 책, 263.

31. Tamarin의 연구에 대한 정보와 인용구들은 같은 책의 255-57에서 찾을 수 있다.

32. 같은 책, 250.

33. Harris, *End of Faith*, 36-38.

34. 같은 책, 31.

35. 같은 책, 38.

36. Bethune, "Is God Poison?" 44.

37. Harris, *End of Faith*, 128-29.

38. Alan Bloom, *The Closing of the American Mind*(New York: Simon and Schuster, 1987), 25-26.

39. 다음 책은 관용이 사회에서 중요한 위치를 차지하게 된 문화적 원인들을 간단히 분석하고 있다. Bloom, *Closing of the American Mind*, 25-26.

40. Harris, *End of Faith*, 13.

41. Dawkins, *God Delusion*, 286.

42. 같은 책, 289-90.

43. 같은 책, 291.

44. Gary Potter. Dawkins, *God Delusion*, 290에서 인용.

45. Randall Terry. 같은 책, 292에 인용.

46. Sam Harris, *Letter to a Christian Nation*. Dawkins, *God Delusion*, 342에서 인용.

47. Adler, "New Naysayers," 49를 참조할 것.

3. 종교와 폭력: 가까이 들여다 보기

1. McGrath and McGrath, *Dawkins Delusion*, 22.

2. Garry Potter. Dawkins, *God Delusion*, 290에서 인용. 도킨스는 이 인용문과 또 이후에 나오는 다른 인용구들을 아래의 웹사이트에서 차용했다고 한다: http://adultthought.ucsd.edu/Culture_War/The_American_Taliban.html.

3. Randall Terry. Dawkins, *God Delusion*, 290에서 인용.

4. Fred Phelps. 같은 책, 290-91에서 인용.

5. McGrath and McGrath, *Dawkins Delusion*, 14, 22.

6. 같은 책, 13.

7. 이 실화는 dc Talk and Voice of the Martyrs, *Jesus Freaks: Stories of Those Who Stood for Jesus, the Ultimate Jesus Freaks*(Tulsa, OK: Albury Publishing, 1999), 30-35에서 찾아볼 수 있다. 여러 비슷한 이야기들을 위해서는 Voice of the Martyrs 웹사이트를 참조할 것: http://www.persecution.com.

8. Paul Marshall, ed., *Religious Freedom in the World: A Global Report on Freedom and Persecution*(Nashville: Broadman and Holman, 2000).

9. Paul Marshall, *Their Blood Cries Out: The Worldwide Tragedy of Modern Christians Who Are Dying for Their Faith*(Nashville: Thomas Nelson, 1997), 122.

10. Anna Dickinson, "Quantifying Religious Oppression: Russian Orthodox Church Closures and Repression of Priests 1917-1941," *Religion, State and Society* 28(2000): 327-35. McGrath and McGrath, *Dawkins Delusion*, 78에서 인용.

11. Marshall, *Religious Freedom*, 99-101.

12. Marshall, *Their Blood Cries Out*, 75-79.

13. 같은 책, 78.

14. Marshall, *Religious Freedom*, 101-3.

15. Dawkins, *God Delusion*, 273, 278.

16. 자살 공격 행위의 다양한 정치적 동기에 대한 자세한 설명은 Robert A. Pape, *Dying to Win: The Strategic Logic of Suicide Terrorism*(New York: Random House, 2005)을 참조할 것. 또한 Diego Gambetta, ed., *Making Sense of Suicide Missions*(Oxford: Oxford University Press), 2005를 참고할 수 있다.

17. Robert Louis Wilken, "Roots of Jihad," *First Things*, October 2003, 67-68.

18. Charles Taylor, *Reconciling the Solitudes: Essays on Canadian Federalism and Nationalism*, ed. Guy Laforest(Montreal: McGill-Queen's University Press, 2005), 45.

3
주

19. Kevin Michael Grace, "Just a Few 'Young Toughs,'" *Alberta Report Newsmagazine* 28, no. 3, February 5, 2001, 15.

20. Ingrid Peritz, "Include 'Values of Quebec Nation' in Provincial Charter, PQ Says," *The Globe and Mail* 15, December 2007, A16.

21. Steve Chase, "No Thanks for the Memories," *Alberta Report Newsmagazine* 21, no. 9, February 14, 1994.

22. Barry Came, "Lasagna Unmasked," *MacClean's* 106, no. 13, March 29, 1993.

23. Bernard Lewis, *The Crisis of Islam: Holy War and Unholy Terror*(New York: Modern Library, 2003), 63.

24. John C. Zimmerman, "Roots of Conflict: The Islamist Critique of Western Value," *Journal of Social, Political, and Economic Studies* 30, no. 4, Winter 2005, 426.

25. Hasan al-Banna, *Selected Writings of Hasan al-Banna Shaheed*(Karachi: International Islamic Publishers, 1983), 63, 153-56.

26. Sayyid Qutb, *This Religion of Islam*(Palo Alto: Al Manar Press, 1967), 25.

27. Zimmerman, "Roots of Conflict," 435-39.

28. 같은 책, 433. 아야톨라 호메이니의 견해들을 보다 폭넓게 이해하기 위해서는 다음 책을 참조할 것: Amir Taheri, *Holy Terror: The Inside Story of Islamic Terrorism*(London: Sphere Books, 1987).

29. 이 현상에 대한 더 자세한 정보를 위해서는 Malise Ruthven, *Fundamentalism: The Search for Meaning*(Oxford: Oxford University Press, 2004)을 참고할 수 있다.

30. McGrath and McGrath, *Dawkins Delusion*, 81.

31. Gwynne Dyer, *War*(Toronto: Random House, 2005), 230-31.

32. Guglielmo Ferrero, *Peace and War*(London: Macmillan, 1933), 63-64.

33. Dyer, *War*, 231, 236.

34. 이항대립이 사회적 담론과 분열, 그리고 사람들의 교류에 얼마나 중요한 영향을 미칠 수 있는지를 이해하기 위해서는 다음의 내용을 참고할 것: Kathy

Mills, "Deconstructing Binary Oppositions in Literacy Discourse and Pedagogy," *Australian Journal of Language and Literacy* 28(2005): 67-82.

35. 오랜 세월 동안 계속되어 온 천주교와 개신교 사이의 분열에 대한 더 자세한 설명은 Michael Wheeler, *The Old Enemies: Catholic and Protestant in Nineteenth-Century English Culture*(Cambridge: Cambridge University Press, 2006)를 참조할 것. 끊임 없이 변화하는 세상에서 정체성이 어떻게 생겨나는지에 대한 보다 깊이 있는 분석을 위해서는 Stephen E. Cornell and Douglas Hartmann, *Ethnicity and Race: Making Identities in a Changing World*(Thousand Oaks, CA: Pine Forge, 1998)를 참조.

36. Darryl Li, "Echoes of Violence," in *The New Killing Fields: Massacre and the Politics of Intervention*, ed. Nicolaus Mills and Kira Brunner(New York: Basic Books, 2003), 121.

4. 기독교는 비합리적이며 증거 불충분의 개체인가?

1. Harris, *End of Faith*, 17.

2. 같은 책, 19.

3. 합리성, 정당성, 근거와 증거 같은 주제들에 대한 보다 자세한 설명은 다음 책을 참조할 것. Alvin Plantinga, *Warranted Christian Belief*(New York: Oxford University Press, 2000), 67-70.

4. C. S. Lewis, *Surprised by Joy: The Shape of My Early Life*(New York: Harcourt Brace, 1955), 221.

5. 사도 바울이 여러 부류의 청중들에 맞추어 다양한 방법으로 증거를 사용했던 유용한 사례 두 가지가 사도행전에 기록되어 있다. 사도행전 13장에서의, 유대인 청중에게 복음을 전할 때는 예수님의 구세주 되심에 대한 증거를 제시하고, 17장에 소개된, 훌륭한 교육을 받은 이방의 지식인들을 만나서는 그들의 철학자의 말을 인용하여 예수님의 부활과 미래에 세상을 심판하러 오실 것에 대해 설명하는 내용이 그것이다.

6. Wolfhart Pannenberg, *"Ist Jesus wirklich auferstanden?"* in *Ist Jesus wirklich auferstanden? Geistliche Woche fur Sudwestdeutschland der*

Evang. Akademie Mannheim vom 16. bis 23. Februar 1964(Karlsruhe: Evangelische Akademie Mannheim, 1964), 24.

7. Rudolph Bultmann, *Faith and Understanding I*, 6th ed., R. W. Funk, trans. L. P. Smith(London: SCM, 1969), 83.

8. 예수님의 부활에 대한 찬반의 증거를 적절히 다룬 책으로는 Gary Habermas and Anthony Flew, *Did Jesus Rise from the Dead?* ed. Terry L. Miethe(San Francisco: Harper and Row, 1987)가 있다. 또한 다음 책들은 예수님의 부활과 다른 중요한 기독교의 주장들에 대한 증거를 설명하는 데에 도움이 된다. N. T. Wright, *The Challenge of Jesus: Rediscovering Who Jesus Was and Is*(Downers Grove, IL: InterVarsity, 1999), and William Lane Craig, *Reasonable Faith: Christian Truth and Apologetics*, 3rd ed. (Wheaton: Crossway, 1994).

9. Harris, *End of Faith*, 64-65.

10. 자연적인 악의 존재에도 불구하고 완벽히 선하며 전능한 신에 대한 믿음을 갖는 것은 충분히 논리적인 일이며 이는 복음주의 신학에 의해 증명될 수 있다고 하는 내용의 책이 캐나다 신학자인 D. H. Lunn에 의해 현재 집필 중이다.

11. Alvin Plantinga, *God, Freedom, and Evil*(Grand Rapids: Eerdmans, 1974), 10.

12. McGrath and McGrath, *Dawkins Delusion*, 25.

13. 같은 책, 24-26.

14. Dawkins, *God Delusion*, 51-54.

15. Alvin Plantinga, "Two Dozen (or So) Theistic Arguments," lecture at Calvin College, http://www.calvin.edu/academic/philosophy/virtual_library/articles/plantinga_alvin/two_dozen_or_so_theistic_arguments.pdf(accessed February 16, 2009).

16. Kai Nielsen, *Reason and Practice: A Modern Introduction to Philosophy*(New York: Harper and Row, 1971), 143-44, 강조 표현은 내가 추가한 것임.

17. Dawkins, *God Delusion*, 33.

18. Millard Erickson, *Christian Theology*(Grand Rapids: Baker Books, 1998), 346.

19. 같은 책, 346-67.

20. C. S. Lewis, *Mere Christianity*(San Francisco: HarperCollins, 1980), 161-62.

21. Richard Swinburne. Dawkins, *God Delusion*, 65에서 인용.

22. Dawkins, *God Delusion*, 50.

23. 같은 책, 65.

24. Harris, *End of Faith*, 96.

25. Blaise Pascal, *Pensees*, trans. A. J. Krailsheimer(Baltimore: Penguin Books, 1966), 149.

26. Thomas Nagel, *The Last Word*(New York: Oxford University Press, 1997), 130, 강조 표현은 내가 추가한 것임.

27. Pascal, *Pensees*, sec. 234, 강조 표현은 내가 추가한 것임.

28. Swinburne. Dawkins, *God Delusion*, 65에서 인용.

29. Dawkins, *God Delusion*, 77-79.

5. 기독교는 반(反)과학적인가?

1. Dawkins, *God Delusion*, 319.

2. Harris, *End of Faith*, 76.

3. 같은 책, 13, 17, 31, 65.

4. James W. Sire, *Naming the Elephant: Worldview as a Concept*(Downers Grove: InterVarsity, 2004), 19.

5. Gilbert K. Chesterton, *Heretics/Orthodoxy*(Nashville: Thomas Nelson, 2000), 279-80.

6. Dawkins, *God Delusion*, 284-85.

7. Stephen Jay Gould, "Impeaching a Self-Appointed Judge," *Scientific American* 267, no. 1, 1992. 과학과 종교의 관계에 대한 보다 폭넓은 설명은 *Rock of Ages: Science and Religion in the Fullness of Life*(New York: Ballantine, 2002)를 참조할 것.

8. Dawkins, *God Delusion*, 57.

9. Rodney Stark, *For the Glory of God: How Monotheism Led to*

Reformations, Science, Witch-hunts, and the End of Slavery(Princeton: Princeton University Press, 2003), 124.

10. St. Augustine, *The Literal Meaning of Genesis*, translated and annotated by John Hammond Taylor, S. J., 2 vols. (New York: Newman Press, 1982), 1:41.

11. 다음의 책은 세상의 기원/근원을 다룬 성경 구절의 해석에 대한 성 어거스틴의 견해를 보다 자세하게 설명한다. Davis A. Young, "The Contemporary Relevance of Augustine's View of Creation," *Perspectives on Science and Christian Faith* 40, no. 1(1988): 42-45.

12. Augustine, *Literal Meaning of Genesis*, 42-43.

13. Nancy R. Pearcey and Charles B. Thaxton, *The Soul of Science: Christian Faith and Natural Philosophy*(Wheaton: Crossway Books, 1994), 19.

14. Stark, *For the Glory of God*, 124.

15. 같은 책, 147.

16. Melvin Calvin, *Chemical Evolution*(Oxford: Clarendon Press, 1969), 258.

17. Alfred North Whitehead. Stark, *For the Glory of God*, 147에서 인용.

18. 같은 책, 148.

19. Pearcey and Thaxton, *Soul of Science*, 23-24.

20. Stark, *For the Glory of God*, 149.

21. 비기독교 문명에서의 과학의 존재나 부재에 대해서는 다음 책들을 참조할 것. Pearcey and Thaxton, *Soul of Science*, 그리고 Stark, *For the Glory of God*, 124.

22. Bertrand Russell, *The Problem of China*(London: George Allen and Unwin, 1922), 193.

23. Joseph Needham, *Science and Civilization in China*, 6 vols. (Cambridge: Cambridge University Press, 1954-1984), 1:581.

6. 성경적 도덕성은 끔찍한 것인가?

1. Dawkins, *God Delusion*, 31.

2. McGrath and McGrath, *Dawkins Delusion*, 89.

3. Dawkins, *God Delusion*, 253.

4. 같은 책, 241.

5. 같은 책, 243.

6. C. S. Lewis, *The Problem of Pain*(Glasgow: Fountain Books, 1940), 21-22.

7. Dawkins, *God Delusion*, 251.

8. 같은 책, 257.

9. 하나님께서 자신을 거부하고 죄를 반복하는 사람들에게 심판을 내리시는 내용인 이사야 10장과 47장에서 이와 같은 경고를 발견할 수 있다.

10. 예레미야 애가 3장 33절에는 하나님께서 백성들을 심판해야 할 때 느끼시는 비탄에 대해 저자가 애통해하는 내용이 나와 있다.

11. Plantinga, *God, Freedom, and Evil*, 10.

7. 예수님이 제안하신 삶을 살기

1. John Redekop, "The Biblical Roots of Liberal Democracy," unpublished paper, Canadian
   Christian Political Science Association, June 3, 2008, 2.

2. Lewis, *Mere Christianity*, 78.

3. Analects of Confucius, 15:39, 강조 표현은 내가 추가한 것임.

4. C. S. Lewis, *The Abolition of Man*(New York: Harper, 2001), 45-46.

5. Douglas Todd, "Christian Soldiers March to a New Tune," *Vancouver Sun* 23, December 2006, C5.

6. Redekop, "*The Biblical Roots of Liberal Democracy*," 12.

7. Thomas Hobbes, *Leviathan: Parts One and Two*(Indianapolis: Bobbs-Merrill, 1958), 107.

8. David Moberg는 Alvin J. Schmidt의 책 *How Christianity Changed the World*(Grand Rapids: Zondervan, 2004)를 칭찬하면서 이 말을 했다.

8. 세상에 대한 기독교의 선물들

1. Frederick Farrar, *The Early Days of Christianity*(New York: A. L. Burt, 1882), 71.

2. Polybius, *Histories*, 6.

3. James S. Denis, *Social Evils of the Non-Christian World*(New York: Revell, 1898), 69-70.

4. *Didache*, in *The Apostolic Fathers*, trans. Kirsopp Lake(Cambridge: Harvard University Press, 1955), 1:319.

5. Michael W. Holmes, ed., *Apostolic Fathers in English*, 3rd ed.(Grand Rapids: Baker Academic, 2006), 196.

6. Schmidt, *How Christianity Changed the World*, 52.

7. 같은 책.

8. Clement of Alexandria, *The Instructor*, in *The Ante-Nicene Fathers*, ed. Alexander Roberts and James Donaldson(Grand Rapids: Eerdmans, 1982-83), 2:279.

9. Tertullian, *Apology*, in *The Ante-Nicene Fathers*, 3:24-25.

10. Schmidt, *How Christianity Changed the World*, 52.

11. 같은 책, 133.

12. 같은 책.

13. Justin Martyr, *Apology*, 67.

14. Tertullian, *Apology*, 39.

15. Edward Ryan, *The History of the Effects of Religion on Mankind: In Countries Ancient and Modern, Barbarous and Civilized*(Dublin: T. M. Bates, 1802), 132. 사도헌장에 대한 배경 설명은 다음 책들을 참조할 것. Bruno Steimer, "Apostolic Constitutions," in *Dictionary of Early Christian Literature*, ed. Siegmar Döpp and Wilhem Geerlings, trans. Matthew O'Connell(New York: Crossroad, 2000), 44; 그리고 E. A. Livingstone and F. L. Cross, eds., "Apostolic Constitutions," in *The Oxford Dictionary of the Christian Church*, 3rd ed.(Oxford: Oxford University Press, 1997), 90.

16. J. Beaudry, "Orphans in the Early Church," in *New Catholic Encyclopedia*(New York: McGraw-Hill, 1967), 10:785.

17. C. Schmidt, *The Social Results of Early Christianity*, trans. R. W. Dale(London: Wm. Isbister, 1889), 327.

18. Cyril J. Davey, "George Müller," in *Great Leaders of the Christian Church*, ed. John Woodbridge(Chicago: Moody, 1988), 320.

19. Matthew A. Crenson, *Building the Invisible Orphanage: A History of the American Welfare System*(Cambridge: Harvard University Press, 1998), 26.

20. Schmidt, *How Christianity Changed the World*, 134. 인용된 성경 구절들은 New International Version이다.

21. Roger J. Green, *The Life and Ministry of William Booth: Founder of the Salvation Army*(Nashville: Abingdon Press, 2005), 109, 111, 114, 130.

22. 같은 책, 166-68. 구세군의 역사와 업적에 대해 자세히 다룬 책으로는 다음이 있다. David Malcolm Bennett, *The General: William Booth*(Longwood, FL: Xulon Press, 2003).

23. L. L. Doggett, *History of the Young Men's Christian Association*(New York: International Committee of Young Men's Christian Association, 1896), 47, 116.

24. Owen E. Pense, "Young Men's Christian Association," in *The World Book Encyclopedia*(Chicago: Field Enterprises Educational Corporation, 1958), 18:8978.

25. Schmidt, *How Christianity Changed the World*, 141-42.

26. Martin Gumpert, *Dunant: The Story of the Red Cross*(New York: Oxford University Press, 1938), 300에서 인용됨.

27. 같은 책, 63. 그리고 D. James Kennedy and Jerry Newcombe, *What if Jesus Had Never Been Born?*(Nashville: Thomas Nelson, 1994), 152 참조할 것.

28. Schmidt, *How Christianity Changed the World*, 152.

29. Dionysius, *Works of Dionysius*, epistle 12:5.

30. 같은 책, 12:4.

31. Howard W. Haggard, *The Doctor in History*(New York: Yale University Press, 1934), 108.

32. Rodney Stark, *The Rise of Early Christianity: A Sociologist Considers History*(Princeton: Princeton University Press, 1996), 86.

33. Haggard, *Doctor in History*, 78.

34. George E. Gask and John Todd, "The Origin of Hospitals" in *Science, Medicine, and History*, ed. E. Ashworth Underwood(New York: Arno Press, 1975), 122.

35. Gerhard Uhlhorn, *Christian Charity in the Ancient Church*(New York: Charles Schribner's Sons, 1883), 323.

36. David Riesman, *The Story of Medicine in the Middle Ages*(New York: Harper and Brothers, 1936), 355.

37. Ralph Jackson, *Doctors and Diseases in the Roman Empire*(Norman, OK: University of Oklahoma Press, 1988).

38. 병원의 역사적 기원과 초기 기독교가 그 과정에서 한 역할에 대한 자세한 설명은 Schmidt, *How Christianity Changed the World*, 152-60를 참조할 것.

39. Nathaniel W. Faxon, *The Hospital in Contemporary Life*(Cambridge: Harvard University Press, 1949), 7.

40. Riesman, *Story of Medicine*, 356.

41. C. F. V. Smout, *The Story of the Progress of Medicine*(Bristol, UK: John Wright and Sons, 1964), 40.

42. Faxon, *Hospital in Contemporary Life*, 10.

43. E. Nasalli-Rocca, "Hospitals, History of," in *New Catholic Encyclopedia*(New York: McGraw-Hill, 1967), 3:160.

44. David R. James, "Slavery and Involuntary Servitude," in *Encyclopedia of Sociology*, ed. Edgar F. Borgatta and Marie L. Borgatta(New York: Macmillan, 1992), 4:1792.

45. Schmidt, *How Christianity Changed the World*, 272.

46. Aristotle, *Politics* 1.1255, *Nichomachean Ethics*, 8.11.

47. Brian Eads, "Slavery's Shameful Return to Africa," *Reader's Digest*, March 1996, 77-81.

48. Schmidt, *How Christianity Changed the World*, 272.

49. 같은 책, 274에서 인용.

50. Augustine, *The City of God*, 19:15.

51. W. E. H. Lecky, *History of European Morals: From Augustus to Charlemagne*, vol. 2(New York: D. Appleton, 1926), 76-78. 노예 해방과 인권 향상에 기독교가 미친 영향에 대한 보다 폭넓은 설명은 Schmidt, *How Christianity Changed the World*, 272-91를 참고할 것.

52. Robin Lane Fox, *Pagans and Christians*(San Francisco: Perennial Library, 1986), 298.

53. Lecky, *History of European Morals*, vol. 1, 69.

54. Ryan, *History of the Effects of Religion*, 151.

55. Lecky, *History of European Morals*, vol. 2, 71.

56. Kenneth Scott Latourette, *A History of Christianity*(New York: Harper and Brothers, 1953), 558.

57. Garth Lean, *God's Politician*(Colorado Springs: Helmers and Howard, 1987), 47. 보다 자세한 윌리엄 윌버포스의 전기는 John Pollock의 잘 알려진 책인 *Wilberforce*(Belleville, MI: Lion, 1986)를 참조.

58. Kennedy and Newcombe, *What if Jesus Had Never Been Born?* 21.

59. 다음 책들은 윌리엄 윌버포스의 생애와 노예제도 폐지를 위한 그의 노력을 상세히 서술하고 있다. John Stoughton, *William Wilberforce*(New York: A. C. Armstrong and Son, 1880); 그리고 Pollock의 책, *Wilberforce*(Belleville, MI: Lion, 1986).

60. 노예제도, 미성년 노동, 가혹한 채무법 등의 사회악에 맞서 싸우며 윌버포스가 사용했던 전략들에 대한 설명과 분석을 위해서는 Chamberlain, *Talking about Good and Bad without Getting Ugly: A Guide to Moral Persuasion*(Downers Grove, IL: InterVarsity, 2005), 103-26을 참조할 것.

61. Schmidt, *How Christianity Changed the World*, 171.

62. 같은 책, 186-87.

63. Stark, *For the Glory of God*, 63. 책의 각주에서 Stark는 최근의 일부 역

사학자들이 아일랜드에는 6세기 당시 이미 대학교들이 존재했을 것이라 믿고 있다고 설명한다(그 중 Clonmacnois에 있는 대학이 가장 유명하다). 그 당시 아일랜드 학자들이 많은 존경을 받았으며 유럽의 교리 학교들에서 환영받았다는 사실을 고려했을 때 이 주장은 신빙성이 있다. 만약 이런 대학들이 실제로 존재했었다면 노르드인의 강점기 중에 파괴되었을 것으로 보인다.

64. Stark, *For the Glory of God*, 62-63.

65. George H. Marsden, *The Outrageous Idea of Christian Scholarship*(New York: Oxford University Press, 1997), 15.

66. Stark, *For the Glory of God*, 63.

67. Donald Tewksbury, *The Founding of American Colleges and Universities before the Civil War*(New York: Teachers College Columbia University, 1932), 82.

68. Schmidt, *How Christianity Changed the World*, 190.

69. Matthew Parris, "As an atheist, I truly believe Africa needs God: Missionaries, not aid money, are the solution to Africa's biggest problem—the crushing passivity of the people's mindset," *Times Online*, December 27, 2008, http://www.timesonline.co.uk/tol/comment/columnists/matthew_parris/article5400568.ece (accessed January 20, 2009).

9. 앞으로 어떻게 전진해야 할 것인가? - 진정한 신앙의 길

1. McGrath and McGrath, *Dawkins Delusion*, 81.

2. G. K. Chesterton. Philip Yancey, *Soul Survivor: How My Faith Survived the Church*(New York: Doubleday, 2001), 58에서 인용.

3. 복음서들의 연대 결정과 역사적 신뢰도에 대한 보다 자세한 자료와 논증은 F. F. Bruce, *The New Testament Documents: Are They Reliable?* 5th ed.(Downers Grove, IL: InterVarsity, 1970), 특히 13-19를 참고할 것; 그리고 Craig, *Reasonable Faith*, 특히 334-37를 참조.

4. Lewis, *Mere Christianity*, 55.

5. 같은 책, 127.

색 인